结构方程模型应用

Application of Structural Equation Modelling

刘 源 刘红云 著

高级心理统计学丛书

刘红云 丛书主编

U0652264

北京师范大学出版集团
BEIJING NORMAL UNIVERSITY PUBLISHING GROUP
北京师范大学出版社

图书在版编目(CIP)数据

结构方程模型应用/刘源,刘红云著. —北京:北京师范大学出版社,2020.9

(高级心理统计学丛书/刘红云主编)

ISBN 978-7-303-25332-6

Ⅰ. ①结… Ⅱ. ①刘…②刘… Ⅲ. ①统计模型－研究 Ⅳ. ①C815

中国版本图书馆 CIP 数据核字(2019)第 263489 号

营 销 中 心 电 话 010-58807651

北师大出版社高等教育分社微信公众号 新外大街拾玖号

JIEGOU FANGCHENG MOXING YINGYONG

出版发行:北京师范大学出版社 www.bnup.com

　　　　　北京市西城区新街口外大街 12-3 号

　　　　　邮政编码:100088

印　　刷:北京京师印务有限公司

经　　销:全国新华书店

开　　本:787 mm×1092 mm　1/16

印　　张:13

字　　数:260 千字

版　　次:2020 年 9 月第 1 版

印　　次:2020 年 9 月第 1 次印刷

定　　价:75.00 元

策划编辑:何　琳　　　　责任编辑:马力敏

美术编辑:李向昕　　　　装帧设计:李向昕

责任校对:康　悦　　　　责任印制:马　洁

总　序

对于社会科学而言，研究方法的发展在一定程度上能够起到推动整个学科发展的作用。近年来，随着量化研究方法的深入和发展，随着统计分析软件的开发和应用，研究者越来越重视社会学科领域的实证研究。许多多元统计分析技术在社会学科实证研究中被普遍应用，许多专业、易用的操作软件的开发大大促进了这些方法在各个学科分支的应用和普及。然而，对于社会科学领域的应用研究者而言，想要紧跟研究方法发展的趋势，在研究中正确选用合适的方法，绝非简单地掌握统计软件操作那么容易。现阶段，系统介绍社会科学量化研究方法新进展和应用的著作很少，这一现状严重阻碍了新技术和新方法在实际研究中的应用，在一定程度上也限制了有关学科领域研究的不断深入和发展。因此，我们编辑一套社会科学领域量化研究方法的系列丛书，以供应用研究者学习和参考。

随着社会科学领域实证研究的不断深入，社会科学研究方法同时也经历着一场空前的革新和发展，计算机技术的发展使得许多复杂的算法得以实现。技术的可行性促使研究者不断思考社会科学实际问题的复杂性，不断审视各种量化研究方法在解决实际问题时假设条件的合理性，从而快速推动了量化研究方法本身的发展和实际研究问题的深入。新的量化研究的方法虽然看起来深奥不易掌握，但却给社会科学的研究带来了新的契机。一方面，社会科学不同领域理论的发展不断对量化研究方法提出新的要求，从而促进方法的发展和完善；另一方面，量化研究方法的发展也不断促进社会科学理论的验证和拓展。同时，新的方法对变量间关系的分析更加精确，对测验工具的发展和跨文化研究的适用性也提供了更好的验证方法，对复杂情景数据的处理提供了更加合理的解决方案，同时新的方法的发展也为研究者从变量和个体的不同视角综合分析问题提供了可能。这套丛书试图从量化研究方法的视角，比较系统地介绍近年来统计技术的前沿，从应用研究者的角度为社会科学领域的实证研究提供新方法选择和使用的参考。

综合 20 世纪社会科学领域普遍采用的统计分析方法，以及在研究文献中出现的顺序，回归分析、相关分析、卡方检验、方差分析、t 检验、协方差分析、因素分析、聚类分析以及非参数分析，这些常用的统计分析技术占了所有量化分析方法的四分之三，这些方法目前依然是许多社会科学领域本科生和研究生课程的主要内容。近年来，统计方法的应用呈现不断整合的趋势，从广义线性模型的视角来看，t 检验、方差分析和回归分析是其特例；从结构方程模型的视角来看，回归分析、相关分析、因素分析等也是其特例。这一不断整合的趋势也在一定程度上体现了方法的进展。

自 20 世纪 90 年代以来，统计学家发展出了多种分析方法，其中处于主流地位的当属结构方程模型，原因一是结构方程模型适用范围特别广，许多传统的方法都是其特例；原因二是其提供了非常灵活的框架来处理潜变量和观测变量之间的关系，使得分析的结果更加精确。同时，结构方程模型还有极大的拓展性，如对于变量之间影响机制的探讨、测验工具的信效度以及等价性都在其框架下给出更加合理的估计和解释。

很多新的统计分析方法的发展都是来源于实际研究中存在的理论和应用问题，多水平模型的发展就是这一模式下统计方法发展的典型代表。多层和嵌套数据分析的思想由来已久，传统回归分析方差齐性和独立性的假设带来的参数估计和假设检验的偏差被普遍关注，多水平分析技术系统地解决了长期困扰社会科学研究的生态谬误的问题。同时，这一技术的出现，也使得社会科学关注的不同层次变量的影响以及交互影响得到很好解决，使得研究问题不断深入。

随着信息技术的发展和研究问题的不断深入，收集数据的方式近年来也发生了很大的变化，大规模测试数据的获得，不仅使研究者关注变量之间的关系，而且逐渐关注从个体差异的角度分析可能存在的不同质群体以及群体的特征。近年来，潜类别模型和混合模型的发展促使研究者从个体的视角探讨多变量之间可能存在的类别特征，以及不同类别变量之间关系的特点。

同时，新一代统计技术的发展还体现在不同专题领域方法的不断深入和融合。例如，关于追踪数据的分析和发展、有关中介和调节的相关议题等，这些进展主要是借助和延伸已有的方法（如结构方程模型和多水平模型），将其用于特殊的研究数据或研究问题。这些专题方法的发展，通过结合具体的实际研究问题和数据特点，巧妙运用已有的统计分析技术，各自形成一套相对独立和有特色的分析系统。

这套丛书将陆续介绍近年来量化研究方法的进展，旨在让读者了解这一领域的发展和各种方法的应用，以推动我国社会科学领域研究方法的发展和普及。这套丛书不仅包括作为量化研究基础的回归分析和因素分析的内容，更重要的是从应用者的视角介绍近年来发展的一些统计分析技术的原理和应用，并通过实例结合软件应用演示其在实际研究中的应用。每一本专著的作者都是长期从事该领域理论研究和实际应用研究的学者，在写作风格上尽量采用通俗易懂的实例介绍各种方法的原理和应用。因此，强调方法的实用性是本套丛书的出发点和主要特色。

这套丛书可以作为社会学科领域各个专业本科生高年级、研究生的教材，也可以作为社会科学领域研究人员的参考资料。我们希望这套丛书的出版能够对社会科学领域实证研究起到积极的推动作用。

刘红云

于北京师范大学心理学部

致　谢

　　本书中除了统计方法的介绍，在大部分章节后面都加入了相应的讨论主题，用于拓展、整合与升华；行文中还有一些需要我们深入思考的心理学思维和研究思维，以及将我们所学的数理统计知识串联与拔高的思维模式。这要特别感谢我的博士生导师、香港中文大学教授侯杰泰的指导和鞭策。侯老师对我的训练、他个人学术上的造诣、洞察问题与联系关键突破方向的敏感性，都是对我研究思维、创新思维、开放思维、反思思维的训练和提升。我也希望通过这本书，让读者对研究思维略有体会。

　　编写过程还得益于其他同事、老师、学生的帮助，北京师范大学出版社何琳编辑的精心策划；我教授过的西南大学的本科生与研究生、统计工作坊中的学员在学习过程中的问题和疑惑也成为本书的宝贵教学的第一手资料。在此一并表示感谢！

　　由于作者水平有限，时间仓促，在编写过程中难免有不足之处，对上述写作理念的表达或不尽如人意，对此我深表歉意，并诚挚地欢迎读者给我们提出修改意见。

　　本书由自然科学基金青年科学基金项目(31800950)资助。

2020 年 6 月
于西南大学心理学部

如何学统计？（代序）[①]

如果你觉得你统计足够好，那么请只看最后一段。

其他的"童鞋"可以看一下全文，所谓的"经验"；但是，一定要看最后一段。学了几年统计，我不敢说学业有成，只想跟大家分享一点什么，让大家少走些弯路。因为最近处于研三的论文收尾阶段，每天都有"童鞋们"络绎不绝地过来问我各种各样的数据处理的问题。我很想回答："不知道！"因为我自己也要写论文啊。所以，学好统计是很重要的，而且统计也是很好学的。对于一个高中数学从来没有上过 140 分，偶尔才考个 120＋分的人来说，大家的数学功底应该都不在我之下。

首先，大家需要树立两个基本观点，这两个观点将是大家学习统计的动力和自我效能感的重要来源。

一、我们学心理学！

大家知道学心理学有什么用吗？我一直不知道。直到大三上过舒华老师的课之后，我才顿悟了，也是舒华老师教会我们的，学心理学别的不行，但是会实验设计！我们一定要知道，我们是会实验设计的，是总领、总括以及总揽全局的角色。任何研究都是从实验设计，换言之就是从研究问题开始的。设计是一个上层位的任务，如果我们都能够弄清楚，那么统计真的只是一点点小的问题。而且，所有的统计方法都是针对特定的研究问题和研究设计而产生的，有了心理学才有心理统计学的必要性。

二、我们不学数学！

大家可能又要疑惑了，特别是对于很多外系考过来的同学。统计就是数学呀（广义来说）？为什么不学数学反而是优势呢？因为，我们不需要知道统计是怎么来的，只需要知道怎么用就可以了。对于一个统计方法，我们（至少现阶段）不需要推导其过程。我们只需要知道，在什么时候可以用它，就可以了。

在树立了上面两个观点之后，首先，我认为，作为一个需要了解高级统计的学生，统计是很简单的。

[①] 这篇小文写于 2013 年 5 月，我还在读研三。应院学生会的邀请给院刊的期末复习专刊撰写的，有改动，但基本保留原行文风格。年轻气盛，行文略显张扬，个别词汇略有偏激，不能称其为"范"。但我想用这篇以"学生"的视角的小文来作为激励各位读者学习统计的动力。毕竟，统计老师和普通学生的认知是不同的，知识结构不同，建构也不同。特别是学习心理学与教育学等社会科学的本科生、研究生，并没有非常强的数理基础；而本书的读者恰恰就是这群人。谨以此，以我在学生时代学统计的视角，分享给需要这本书的读者。

其次，我想说说，我们应该怎么学统计，或者我们学统计应该遵循的原则。

（一）不求甚解

这一点，对于很多刚刚上大一的同学，包括我，都是很令人郁闷的问题。我记得以前我们班的路一石同学曾经说过一句经典的话：学了统计才知道，未知的永远是未知的。同样一个数据，你们做不显著，我做就显著了？你不可能弄懂这是为什么的。对于大一的同学来讲，我们开始兴致勃勃地想学好统计，因为师兄师姐都告诉我们，统计是很重要的，统计作业是很多的，等等。我们也有过野心，我们几乎藐视统计，平均数、标准差都是些什么啊，这需要学吗……但是突然有一天，没有任何征兆，我们完全听不懂统计老师在说什么……对的，从假设检验开始，我们就完全不懂统计了。

当然，如果你可以厘清假设检验的思路，你也只是知道它的假设罢了。我们在应用的时候其实不需要知道那么多。对于一个初学统计者来讲，这是最好的方法。我们只需要知道，在什么条件下，我们用什么方法，在 SPSS 里怎么放数据、怎么操作，最后结果有没有星号，就可以了。

所以，"不求甚解"对初学统计者来说，是再适合不过的了。对于我们来讲，我们要做到的是尽可能多地知道有什么，而不是知道为什么。所以，从应用的角度来讲，假设检验就是去论证样本结论是否可靠的一种方法。至于为什么可以用这种方法，"大数定律""中心极限定理"等，那自然是统计学家去证明的；你甚至不需要知道他证明的对不对，其中到底做了多少合理或不合理的假设才得到这些结论的，但凡你可以引用一篇文献，大胆用就可以。要是他真的做了太多错误的或者不合适的假设，自然会有统计学家提出新的方法，贝叶斯统计由此便孕育而生。

（二）为用才学

先问研二的同学们一个问题，有人还会"对应分析"吗？或者我问本科生三、四年级一个问题，有人还会"克瓦氏分析"吗？我估计大家都瞠目结舌了吧？没错，我不记得了……因为，我从来不用它们，或者说，没有机会去用它们。不用就忘，这是统计的特点。

我一直很奇怪，统计是一种技能呀，为啥不能像游泳或者骑自行车那样，会了就终生难忘呢？实际上，我们学的统计方法，印象最深刻的可能是回归分析，因为我们老是会用它。其他的方法，你不用的话肯定就不会了。大家是这样，我也是这样，一个方法，只要不去用它就会忘掉。我们写的程序，半年不去看它，就会不知道之前写的是什么；需要花很多时间去回忆。所以，给大家一个忠告，不要太贪心，什么都想学，你要用什么就学什么，而且学了之后一定要去用。不然，真的是白学！

这和前面一点看似矛盾，实际不然。前一点强调的是，我需要知道很多的"有什么"；这一点，我强调的是要"用什么"，也就是"怎么做"。先知道有 100 种方法，但当我需要用其中一种的时候，我再去仔细地了解 A 方法或者 B 方法是怎么用的，甚至去了解它的原理。我认为这是最快也是最高效的学统计的策略。

当然，这两点对初学者可能操之过急了些，因为你们还要考试嘛，不管是本科生还是研究生。不过，换一个角度，考试也就相当于"用"嘛，你为了"用"它去考试，肯定还是要"学"的！

（三）明确关系

对心理学或者其他社会科学的研究问题而言，无外乎就是几个变量之间关系的表征方法。我们做研究，就是想知道一些变量之间到底有怎样的关系。所以，用什么统计方法，只要我们能明确这些变量之间的关系就可以迎刃而解了。我们需要知道的是以下 4 种关系：自变量 vs. 因变量，显变量 vs. 潜变量（这个适合研究生来看），连续变量 vs. 类别变量，组内变量 vs. 组间变量。弄清楚了这些关系，我们就可以选择相应的统计方法了。学习统计的终极课题就是，在何种情况下需要选择何种统计方法。简言之就是自变量和因变量各满足什么条件的时候，应该使用怎样的统计方法。

对于做研究而言，无外乎就是找到自变量和因变量。心理学论文的经典题目不就是"在 Z 的条件下 X 对 Y 的影响"吗？导师老是说我的题目不够吸引人。我绞尽脑汁想了一个，"震惊！在 Z 的条件下 X 对 Y 竟然有影响！"，可惜最后还是被毙掉了。此外，心理学还喜欢做"中介效应和调节效应"，建议大家去看温忠麟等人的同名著作，中文的哦！如果，大家的研究都这么去做，那么所有的研究就都变得清晰了。而且明确了这些变量之后，你的统计方法也有了保障。

（四）敢于尝试

我不知道各位的家长在学使用计算机的时候有没有这种想法：我按错了之后，计算机是不是会坏掉？同样的道理，在我看来，大多数对统计不太在行的人会有类似的想法：我用了这个方法之后，数据是不是会坏掉？

既然里面的道理大家都知道，那么我们自然不用害怕我的方法用错了。因为计算机是不知道我的设计是什么的，它可以跑出任何一个结果。有时候我们自己也不知道结果应该是怎样，我们当然是想让结果更显著。所谓"无知者无畏"，你不知道这个方法对不对，那就试吧！别怕，多尝试几次，SPSS 不会坏的！数据不会坏的！

但是，如果出现"warning"，那么我们就要注意了。其实每次运算之前，我也不知道会不会有结果，出现了"warning"反而很开心，因为软件给我找到问题了，知道问题了，就知道怎么去改。我最怕的就是程序没有给出"warning"，而我又用了一种我不知道对不对的方法。所以，学会看"warning"是很关键的"技能"，虽然说不上是攻击技能，但是也是很好的辅助技能了。

此外，偷偷告诉大家一下，每次试程序的时候，我也是惴惴不安的。因为不知道会出什么样的错。几乎不可能一次完美地跑出程序，教科书中的例子都是骗人的……但是有错没关系，改了就行了，我们又不是计算机。

最后，我想强调一点，那就是学统计有且仅有的方法：过手！没有别的方法，一定要过手。这也是为什么你的统计课有很多作业的原因。统计和一般的讲座不一样，听了统计专题的讲座之后，会的还是原来会的，不会的还是不会的。如果不过手的话，"未知的永远是未知的"。看我这篇文章到这里，也就最后这一段才是干货。所以，把我前面讲的都忘了吧。看这么多不如去推一遍公式，听一大堆讲座不如自己去算一个数据。好了不多废话，如果你还有统计作业没做，或者上周作业是引用别人的还没写出参考文献，赶紧行动去吧！

目 录
CONTENTS

扫码获得本书
配套数据资源

第一部分　结构方程模型的概述

第一章 结构方程模型概要

在以前学习统计的时候，我们对个体观测数值的变异进行了分析。比如，在回归分析或者方差分析中，我们的常用方法是考虑自变量（或因素）影响的条件下，对目标个体的方差进行最小化处理。在这个过程中，所体现的是对每一个个体观测值和预测值之间差异最小化的思想。

而在这本书中，我们将以另一种视角来衡量变量之间的关系。我们所探讨的目标成分不再是每一个"个体"，而是"协方差"。如果说，在回归分析当中，我们想要解决的问题是个体观测值和估计值之间的差异达到最小化，那么这本书的议题就是在"观测协方差"与"估计协方差"之间差异的最小化。这就是"协方差结构模型（covariance structure modeling，CSM）"，或我们常听说的"结构方程模型（structural equation modeling，SEM）"。

在协方差结构模型中，我们想做的事是用一个新的协方差矩阵去替代观测的协方差矩阵。而这个新的矩阵的目标是要用更少的，或者说是更典型的"参数（parameter）"去替代原始的观测矩阵。

第一节 概述

设想一下这个问题：有 50 个学生的班，参加了一套有 22 道题目的数学测验。这 22 道题目能给我们提供怎样的信息呢？在这里我们给出协方差（covariance）与方差（variance）的定义[①]。两个变量的协方差，或称为协变异，定义为 $\text{cov}(x_1,x_2) = E[(x_1 - E(x_1))(x_2 - E(x_2))]$，表示两个变量协同变化的变异程度。而方差可以看成是相同变量的变异程度，即 $\text{var}(x_1) = \text{cov}(x_1,x_1) = E[(x_1 - E(x_1))^2]$。考虑到协方差矩阵对称性的特点，对角线上的元素即方差，非对角线上的元素即协方差，并且可以知道 $\text{cov}(x_1,x_2)$ 与 $\text{cov}(x_2,x_1)$ 相同，即协方差矩阵为对称矩阵。除去对角线上下对应的相同元素，这个协方差矩阵中包含 253 个不相同的元素

---

① 这里给出的是总体协方差与方差的计算方法。样本协方差与方差的计算在加权上有所不同，即 $\text{cov}(x, y) = \sum_{i=1}^{N} \dfrac{(x_i - \bar{x})(y_i - \bar{y})}{(N-1)}$。

（22×23/2＝253）。当想去描述这个测验的 22 道题目之间关系的时候，研究者不可能用这个协方差矩阵上的每一个元素来表述，这样太冗余。而我们可能想用更少的几个具有代表性的"知识结构"去描述它——比如，1～8 题考查的是代数、9～16 题考查的是几何、17～22 题考查的是统计。这就是协方差矩阵模型可以告诉我们的内容——用一套新的符合理论假设的估计矩阵，去替换原始的观测矩阵。

所以，在本书中，我们尚可用如下的方程来表述协方差矩阵模型的基本假设。

$$\boldsymbol{\Sigma} = \boldsymbol{\Sigma}(\boldsymbol{\theta}) \tag{1.1}$$

在公式 1.1 中，$\boldsymbol{\Sigma}$ 表示总体的协方差矩阵。$\boldsymbol{\theta}$ 表示参数向量，包含了新矩阵中所有的参数。$\boldsymbol{\Sigma}(\boldsymbol{\theta})$ 表示对参数向量的推导函数（称为推导矩阵或再生矩阵，reproduced matrix）[①]。再生矩阵既符合原始的协方差矩阵，又跟理论模型相关。实际上，用了这个基本假设之后，可以将之前初等统计中学的统计方法进行推广。

以回归分析模型为例，回归分析所考查的基本模型是 $y = \gamma x + \zeta$，其中 γ 是回归系数，ζ 是残差（估计误差）。在这个方程中，满足残差的期望值 $E(\zeta)$ 为零，自变量 x 和残差 ζ 之间不相关。所以，如果我们用协方差模型的视角来重新审视回归分析，观测矩阵就是由自变量 x 和因变量 y 组成的矩阵，而推导矩阵中，我们希望用新的参数 γ，ζ 来替换原有的因变量 y。所以，带入公式 1.1，可得

$$\begin{bmatrix} \operatorname{var}(y) & \\ \operatorname{cov}(x, y) & \operatorname{var}(x) \end{bmatrix} = \begin{bmatrix} \gamma^2 \operatorname{var}(x) + \operatorname{var}(\zeta) & \\ \gamma \operatorname{var}(x) & \operatorname{var}(x) \end{bmatrix} \tag{1.2}$$

在公式 1.2 左侧的矩阵中，对角线上的元素 $\operatorname{var}(y)$ 和 $\operatorname{var}(x)$ 表示变量的方差，而非对角线（一般用下三角元素）上的元素 $\operatorname{cov}(x, y)$ 表示它们的协方差。右侧的矩阵，γ 和 $\operatorname{var}(\zeta)$ 是未知参数，分别表示回归系数和残差方差，需要进行估计。我们可以用 $\boldsymbol{\theta}$ 表示未知参数组成的向量，即 $\boldsymbol{\theta} = [\gamma, \operatorname{var}(\zeta)]'$。如果加入更多的预测变量 x_1，x_2，$\cdots$，x_n，上述方程就可以表述成多元回归模型。

结构方程模型就是以上述协方差矩阵的运算为基本思路的一种统计手段。

第二节　模型定义与识别

结构方程模型，之所以称之为"结构"，最开始提出来的时候是想考察变量内部的"因果推断"能力。这个结构所表示的并非是变量之间简单的相关关系。但

　　[①]　特别地，总体协方差矩阵为 $\boldsymbol{\Sigma}$，总体推导矩阵为 $\boldsymbol{\Sigma}(\boldsymbol{\theta})$；样本协方差矩阵（或观测矩阵）可记为 $\boldsymbol{S}$，样本推导矩阵（再生矩阵）可记为 $\boldsymbol{\Sigma}(\hat{\boldsymbol{\theta}})$。为了描述简化，除了在本章第三节中加以区分，其余地方不再区分总体和样本之间的差异。

是，要讨论真正的"因果关系"并非易事，不仅需要严格的统计设计，还需要很强的理论假设和实验设计的方案。这一点将在第十章再详细描述。这里，我们继续沿用"结构"这个概念，以表示变量之间的关系。

那么，怎样的变量关系才可以称为"结构"？这里需要引入"潜变量"这个概念。潜变量(latent variable)或者称为非观测变量(unobserved variable)，与观测变量(observed variable)或者外显变量(manifest variable)相对应。顾名思义，潜变量就是潜在的，不能直接通过测量工具测查到的变量。比如，在第一节中，一套数学测验有 22 道题目，这 22 道题目就是观测变量，也叫题目/项目(item)、(观测)指标(indicator)等。这 22 道题目所反映出来的，如整体的数学能力，就是一个潜变量。因为数学能力不能直接通过简单的测量工具测到，需要通过一定的理论假设，设计合理的题目(如 22 道题)来反映。而根据经典测量理论，测量的题目对真实测量的特质并不能完美表述，具有一定的测量误差(measurement error)。所以，假设一个学生在 22 道题目上获得了 140 分的成绩，但是并不能证明这个学生的数学能力就是 140，这个成绩具有一定的误差。具体测量理论可以参考心理测量学相关教材。

一般地，我们可以认为，经典测量理论中真分数就是一个"潜变量"，测验观测分数包含测量误差。而当我们用一个潜变量去解释或预测另一个潜变量的目标特质时，这个解释或预测过程在 SEM 视角中就被称为"结构"。所以，一个典型的结构方程模型具有两个部分——"结构部分(structural model)"和"测量部分(measurement model)"。在结构部分中，研究者需要用一个潜在特质去预测另一个目标特质。特别地，预测特质(也就是我们常说的自变量)被称为外源变量(exogenous variable，或外生变量、外衍变量)，因为它是由模型以"外"的原因变量所决定的。而被预测的特质(也就是我们常说的因变量)被称为内源变量(endogenous variable，或内生变量、内衍变量)，因为它受到模型"内"部其他特质的影响。比如，个体的自我效能感会影响学习的内在动机，自我效能感越高的学生，即越觉得自己有学习潜能，学习的内部动力越强。这里自我效能感和内部动力都是用问卷测量的，包含多个题目。这里的自我效能感就是外源变量，而内部动力就是内源变量。

一、模型定义

(一)结构部分

特别地，在 SEM 中，结构部分的参数(潜变量)常用希腊字母来表示(假设有 m 个内源变量、n 个外源变量)(表 1-1)。

表 1-1

符号	名称（读法）	矩阵维度	定义
变量			
$\boldsymbol{\eta}$	Eta /'etə/	$m \times 1$	潜在内源变量
$\boldsymbol{\xi}$	Xi /kse/	$n \times 1$	潜在外源变量
$\boldsymbol{\zeta}$	Zeta /'zetə/	$m \times 1$	内源变量的残差
系数			
$\boldsymbol{B}$（单个系数 β）	Beta /'betə/	$m \times m$	内源变量间影响关系的系数（矩阵）
$\boldsymbol{\Gamma}$（单个系数 γ）	Gamma /'gamə/	$m \times n$	外源变量对内源变量影响关系的系数（矩阵）
协方差矩阵			
$\boldsymbol{\Phi}$（元素 φ）	Phi /fe/	$n \times n$	内源变量的协方差矩阵，即 $E(\xi\xi')$
$\boldsymbol{\Psi}$（元素 ψ）	Psi /pse/	$m \times m$	残差的协方差矩阵，即 $E(\zeta\zeta')$

比如，学生的高考数学能力，是受到中考数学能力影响的。此外，高考的物理能力，同时受到高考数学能力和中考数学能力的影响。在这个例子中，我们可以用以下两个方程来表示。

$$\eta_1 = \gamma_{11}\xi_1 + \zeta_1 \tag{1.3}$$
$$\eta_2 = \beta_{21}\eta_1 + \gamma_{21}\xi_1 + \zeta_2 \tag{1.4}$$

其中，η_1 表示高考数学能力，η_2 表示高考物理能力，ξ_1 表示中考数学能力。这些能力是潜变量，是通过考试的题目（观测变量）反映的。在方程 1.3 中，η_1 是"因变量"，由于在潜变量量尺上，所以我们把它称为内源变量；ξ_1 是"自变量"，也称为外源变量。而在方程 1.4 中，η_1 也是内源变量。可以看出，内源变量是可以同时被内源变量和外源变量影响的，所以内源变量之间仍然可以具有预测关系。在本例中，高考数学能力和高考物理能力（等号左边的变量），实际上是受到模型中其他变量影响的，是从模型"内部"产生的，因为高考物理能力同时受到高考数学能力和中考数学能力的影响。而中考数学能力，并未被模型中其他的变量所解释，是从模型"外部"产生的。

上述两个方程，是以单个元素来呈现的。如果用矩阵的形式来表达，即

$$\begin{bmatrix} \eta_1 \\ \eta_2 \end{bmatrix} = \begin{bmatrix} 0 & 0 \\ \beta_{21} & 0 \end{bmatrix} \begin{bmatrix} \eta_1 \\ \eta_2 \end{bmatrix} + \begin{bmatrix} \gamma_{11} \\ \gamma_{21} \end{bmatrix} \begin{bmatrix} \xi_1 \end{bmatrix} + \begin{bmatrix} \zeta_1 \\ \zeta_2 \end{bmatrix} \tag{1.5}$$

或

$$\boldsymbol{\eta} = \boldsymbol{B}\boldsymbol{\eta} + \boldsymbol{\Gamma}\boldsymbol{\xi} + \boldsymbol{\zeta} \tag{1.6}$$

有兴趣的读者可以根据表 1-1 的内容，推算一下每一个矩阵或者向量的元素个数。

值得注意的是 $\boldsymbol{B}$ 矩阵。如果 $\boldsymbol{B}$ 矩阵为 **0** 矩阵，意味着内源变量之间没有相互

影响。这种情况在实际当中也是存在的。比如,高考数学能力受到中考数学能力的影响,高考英语能力只受到中考英语能力的影响,而不受到高考数学能力的影响,这个时候 **B** 矩阵就为 **0** 矩阵。特别地,**B** 矩阵一般被认为是一个下三角矩阵。因为①**B** 矩阵对角线上的元素一定为 0,即我们在分析的时候,并不希望变量有自相关(auto-correlation)。②如果下三角矩阵和上三角矩阵都有不为零的元素,说明模型存在着变量之间相互影响的关系,在 SEM 中被称为"非递归模型(non-recursive model)"。关于非递归模型的内容,第五章中还会进一步进行探索。本书中所提及的模型,都不含自相关或相互影响的关系。

表 1-1 中还列举了两个协方差矩阵。其中,**Φ** 为外源变量的协方差矩阵,它表示了外源变量的方差(对角线)以及变量之间的协方差(非对角线)。如果将其进行标准化,**Φ** 则变成外源变量之间的相关矩阵。所以,**Φ** 是一个对称矩阵。此外,**Ψ** 为残差的协方差矩阵,常常和方程 1.6 中的向量 **ζ** 相对应。除了一些特殊情况,残差之间也被认为相互独立,所以 **Ψ** 常常是一个对角矩阵,对角线的元素对应了向量 **ζ** 上的元素。

(二)测量部分

除了结构部分,SEM 中链接潜变量和观测变量之间的便是测量部分。其中,观测变量是我们在研究中实际测得的内容,在 SEM 中用英文字母来表示(表 1-2)。

表 1-2

符号	名称(读法)	矩阵维度	定义
变量			
y	—	$p \times 1$	内源变量 η 的指标
x	—	$q \times 1$	外源变量 ξ 的指标
ε	Epsilon /ˈepsələn/	$p \times 1$	y 的测量误差
δ	Delta /ˈdeltə/	$q \times 1$	x 的测量误差
系数			
Λ_y(单个系数 λ)	Lambda /ˈlamdə/	$p \times m$	η 到 y 的系数
Λ_x(单个系数 λ)	—	$q \times n$	ξ 到 x 的系数
协方差矩阵			
Θ_ε(元素 ε)	Theta /ˈθetə/	$p \times p$	ε 的协方差矩阵,即 $E(\varepsilon\varepsilon')$
Θ_δ(元素 δ)	—	$q \times q$	δ 的协方差矩阵,即 $E(\delta\delta')$

回到我们之前的例子中。高考数学能力由 22 道题目($y_1 - y_{22}$)构成,物理能力由 12 道题目构成($y_{23} - y_{34}$),中考数学能力由 22 道题目构成($x_1 - x_{22}$)。所以,这些题目和能力的关系应该是

$$y_1 = \lambda_1 \eta_1 + \varepsilon_1, \qquad y_{23} = \lambda_{23} \eta_2 + \varepsilon_{23}, \qquad x_1 = \lambda_{35} \xi_1 + \delta_1,$$
$$y_2 = \lambda_2 \eta_1 + \varepsilon_2, \qquad y_{24} = \lambda_{24} \eta_2 + \varepsilon_{24}, \qquad x_2 = \lambda_{36} \xi_1 + \delta_2, \qquad (1.7)$$
$$\cdots \qquad\qquad\qquad \cdots \qquad\qquad\qquad \cdots$$
$$y_{22} = \lambda_{22} \eta_1 + \varepsilon_{22}, \qquad y_{34} = \lambda_{34} \eta_2 + \varepsilon_{34}, \qquad x_{22} = \lambda_{56} \xi_1 + \delta_{22}.$$

用矩阵的形式表示，即

$$y = \boldsymbol{\Lambda}_y \boldsymbol{\eta} + \boldsymbol{\varepsilon} \qquad (1.8)$$

$$x = \boldsymbol{\Lambda}_x \boldsymbol{\xi} + \boldsymbol{\delta} \qquad (1.9)$$

特别地，由于有两个内源变量，所以 $\boldsymbol{\Lambda}_y$ 有两列；学科题目和能力之间对应，不存在交叉影响的情况（如物理题目不影响数学能力），对应的矩阵元素为 0（公式1.10）。这也是验证性因素分析（confirmative factor analysis，CFA）的基本假设之一（参见本书第三章）。

$$\boldsymbol{\Lambda}_y = \begin{bmatrix} \lambda_1 & 0 \\ \lambda_2 & 0 \\ \vdots & \vdots \\ \lambda_{22} & 0 \\ 0 & \lambda_{23} \\ 0 & \lambda_{24} \\ \vdots & \vdots \\ 0 & \lambda_{34} \end{bmatrix}, \quad \boldsymbol{\Lambda}_x = \begin{bmatrix} \lambda_{35} \\ \lambda_{36} \\ \vdots \\ \lambda_{56} \end{bmatrix} \qquad (1.10)$$

在表 1-2 中，测量误差 $\boldsymbol{\varepsilon}$ 和 $\boldsymbol{\delta}$ 一般被认为是题目的特异性。在验证性因素分析中，又称独特性（uniqueness）。所以，它们所对应的矩阵一般都为对角矩阵。但是有些特殊情况，可以允许下三角矩阵的元素被自由估计（允许题目之间存在相关，具体内容参见本书第七章）。

二、路径图

除了用矩阵表示，研究者常用路径图（path diagrams）来表示 SEM 中变量之间的关系。这样更为直观，也便于更广泛的读者的理解。一般地，用方框表示观测变量，用圆圈表示潜变量，用单向箭头表示影响系数，用双向箭头表示相关。详见表 1-3。

表 1-3

标识	意义
$\boxed{x}$	方框表示观测变量或外显变量

续表

标识	意义
η	圆圈表示非观测变量或潜变量
$\eta \rightarrow x \leftarrow \varepsilon$	单向箭头表示影响路径 开放式箭头表示误差部分(测量误差或残差)
$\xi_1 \quad \xi_2$	曲线双向箭头表示相关
$\xi_1 \leftrightarrow \xi_2$	两条单向箭头链接两个变量表示非递归关系

所以，回到我们之前的例子，基本模型为高考数学能力(η_1，22 题)受中考数学能力(ξ_1，22 题)的影响，同时，高考物理能力(η_2，12 题)也受到高考数学能力和中考数学能力的影响，模型见图 1-1。

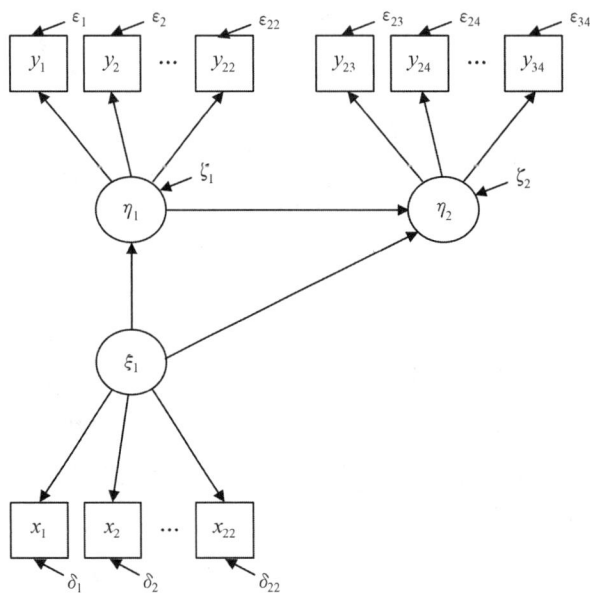

图 1-1

三、模型识别

(一)模型识别的含义

回想一下，在初等数学中我们学过，如果需要解未知数，方程的个数需要至少等于未知数的个数。比如，二元一次方程：

$$X + Y = 10 \tag{1.11}$$

如果没有指定的 X 或者 Y 的值，方程 1.11 就会有无限多个解。这个时候，

方程叫作不识别或无法识别(unidentified)。除非,给定第二个方程:

$$X+2Y=20 \tag{1.12}$$

这个时候,我们可以得到唯一一组特定解(0,10)。这种情况叫作恰好识别或充分识别(just identified)。倘若现在还有第三个方程:

$$X+3Y=40 \tag{1.13}$$

此时,也会造成无特定解的情况。但是,此时可以利用估计的方式,求出符合这三个方程的"最佳解",称为过度识别(over identified)。比如,将(0,10)代入方程1.11~1.13,可知在方程1.13中有10的差距(残差);若将(1,11)代入方程,则三个方程的差距分别为0,1,8,总和为9,所以解(−1,11)相对于(0,10)来说残差更小,它对模型的估计情况更好。

回到公式1.1所描述的问题。在SEM中,我们需要用已知的信息(协方差矩阵或相关矩阵)去估计再生矩阵中的元素。

$$\boldsymbol{\Sigma}=\boldsymbol{\Sigma}(\boldsymbol{\theta})$$

举个例子(如公式1.2),现在已知的参数是x和y各自的方差,以及x和y之间的协方差三个元素,需要估计的再生矩阵中的未知数为x的方差、残差ζ的方差以及系数γ,同样也是三个元素。所以在这种情况下,包含未知参数$\boldsymbol{\theta}$的矩阵可以通过原始数据的矩阵中的元素来表达,公式1.2的模型就是可识别的(此例中为恰好识别)。

$$\begin{bmatrix} \text{var}(y) & \\ \text{cov}(x,y) & \text{var}(x) \end{bmatrix} = \begin{bmatrix} \gamma^2\text{var}(x)+\text{var}(\zeta) & \\ \gamma\text{var}(x) & \text{var}(x) \end{bmatrix}$$

由此,我们给出定义:如果一个未知参数$\boldsymbol{\theta}$可以用$\boldsymbol{\Sigma}$中的元素以某种函数的形式表达,那么这个参数就是可识别的。如果所有的未知参数$\boldsymbol{\theta}$都被识别了,那么模型就被识别了。

(二)模型识别的准则

根据公式1.2可知,当有两个变量的时候,协方差矩阵中不相同的元素为3个。而当有3个变量的时候,协方差矩阵中下三角元素应该有3个($C_3^2=3$),对角线元素有3个,一共有6个不相同的元素。由此可知,当研究问题中共有$p+q$个已知变量时(其中,p为外源变量的指标、q为内源变量的指标),其协方差矩阵当中的测量数据数(the number of data points,DP)为

$$DP=\frac{(p+q)(p+q+1)}{2} \tag{1.14}$$

在我们之前的例子中,数学、物理试题一共有56题,所以$DP=1596$。博伦(Bollen)等人(1989)利用DP与参数估计数目的比较判断模型的识别性,提出了衡量模型识别的t法则(t-Rule)。其中,t代表了模型当中自有估计参数$\boldsymbol{\theta}$的数目。

若 SEM 能被识别，则

$$t \leqslant DP = \frac{(p+q)(p+q+1)}{2} \tag{1.15}$$

注意，t 法则是模型识别的必要非充分条件，即若模型识别，则一定满足 t 法则，但满足 t 法则的不一定识别。

除了 t 法则之外，还有其他一些模型识别的准则。当模型中的 $\boldsymbol{B}$ 矩阵为 $\boldsymbol{0}$ 矩阵的时候，即内源变量和外源变量之间没有关系的时候，模型可以识别。此法则被称为零 $\boldsymbol{B}$ 法则（Null $\boldsymbol{B}$ Rule），是模型识别的充分非必要条件。此外，当模型为递归模型（recursive）时（参见本书第五章），即 $\boldsymbol{B}$ 为三角矩阵、$\boldsymbol{\Psi}$ 为对角阵时，模型亦可以识别，称为递归法则（recursive rule），亦是模型识别的充分非必要条件。关于零 $\boldsymbol{B}$ 法则和递归法则的原理，有兴趣的读者可以参考 Bollen 等人（1989）的证明。

在中考数学的例子当中（图 1-1），该模型是递归模型，$\boldsymbol{B}$ 为三角阵、$\boldsymbol{\Psi}$ 为对角阵，模型可以识别。这个例子中模型过度识别，具有最佳解。[①]

相关的模型识别法则的总结如表 1-4 所示。

表 1-4　模型识别法则

识别法则	要求	必要条件	充分条件
t 法则	$t \leqslant DP = \dfrac{(p+q)(p+q+1)}{2}$	是	否
零 $\boldsymbol{B}$ 法则	$\boldsymbol{B} = \boldsymbol{0}$	否	是
递归法则	$\boldsymbol{B}$ 为三角阵、$\boldsymbol{\Psi}$ 为对角阵	否	是

第三节　模型估计与评价

一、模型估计

(一)模型估计概述

在明确了模型可以识别之后，我们就可以对参数进行估计了。一般地，模型过度识别的情况比较多，而在这个时候，我们希望原始协方差矩阵 $\boldsymbol{\Sigma}$ 和再生矩阵 $\boldsymbol{\Sigma}(\boldsymbol{\theta})$ 之间的差异达到最小，即可找到最优解。例如，在上一节中的方程 1.11～1.13 中，三个方程对应两个未知数，$(0, 10)$ 和 $(-1, 11)$ 是方程组的两组解；但是 $(-1, 11)$ 得出的结果与已知条件之间相差的距离较 $(0, 10)$ 小。依此类推，可

---

① 注意：本例中没有考虑均值结构。均值结构的模型识别问题将在本书第三章中介绍。

以做此假设：能找到一个"距离"，使得协方差矩阵 $\boldsymbol{\Sigma}$ 和再生矩阵 $\boldsymbol{\Sigma}(\boldsymbol{\theta})$ 之间的差异达到最小。

特别地，由于 $\boldsymbol{\Sigma}$ 为总体矩阵，而在一般实际情况中，我们都是用样本矩阵替代总体矩阵，在这里用 $\boldsymbol{S}$ 代表。而经过估计的再生矩阵，可用 $\boldsymbol{\Sigma}(\hat{\boldsymbol{\theta}})$ 表示。对于总体矩阵 $\boldsymbol{\Sigma}$ 和其推导的矩阵 $\boldsymbol{\Sigma}(\boldsymbol{\theta})$，以及样本矩阵 $\boldsymbol{S}$ 及其推导的矩阵 $\boldsymbol{\Sigma}(\hat{\boldsymbol{\theta}})$，可以用下面的关系图表示（图 1-2）。

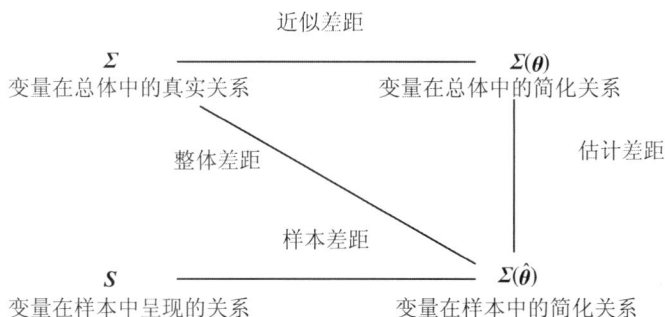

图 1-2　四种协方差矩阵的关系

一般地，估计的再生矩阵 $\boldsymbol{\Sigma}(\hat{\boldsymbol{\theta}})$ 收敛于总体推导矩阵 $\boldsymbol{\Sigma}(\boldsymbol{\theta})$。由此，可以记 $\boldsymbol{S}$ 和 $\boldsymbol{\Sigma}(\boldsymbol{\theta})$ 的函数为 $F(\boldsymbol{S}, \boldsymbol{\Sigma}(\boldsymbol{\theta}))$，这个函数称为"拟合函数（fit function）"。换句话说，如果想找到 $\boldsymbol{S}$ 和 $\boldsymbol{\Sigma}(\boldsymbol{\theta})$ 的最小距离，即求函数 $F(\boldsymbol{S}, \boldsymbol{\Sigma}(\boldsymbol{\theta}))$ 的最小值。在现代统计中，可以通过不同的估计方法找到这个函数的最小值（Bollen et al.，1989；Browne，1984）。

（二）模型估计方法简介

关于具体的求函数的方法，当前的统计软件都可以给出结论，故不要求读者会计算。在这里简单介绍几种估计方法的最基本原理以及当前比较新的流行的方法。读者只需知道什么时候用什么估计方法即可。

1. 极大似然估计与其稳健标准误形式

极大似然估计（maximum likelihood，ML）是比较常用的一种估计方法（Bollen et al.，1989；Jöreskog，1969），其函数表达式为

$$F_{\mathrm{ML}} = \mathrm{tr}(\boldsymbol{S}\boldsymbol{\Sigma}^{-1}(\boldsymbol{\theta})) + \ln|\boldsymbol{\Sigma}(\boldsymbol{\theta})| - \log|\boldsymbol{S}| - (p+q) \tag{1.16}$$

其中，$\mathrm{tr}(\cdots)$ 代表矩阵的迹（trace），$|\cdots|$ 代表矩阵的行列式，$p+q$ 是参数个数。它具有渐进无偏、一致性和渐进有效等特点。即当样本量足够大时，估计参数 $\hat{\boldsymbol{\theta}}$ 收敛于总体参数 $\boldsymbol{\theta}$。

穆特（Muthén）等人（2007）提出稳健极大似然估计（maximum likelihood with robust standard error，MLR）。MLR 估计仍然使用渐进无偏的估计方法，只不过对其标准误和卡方统计量进行了矫正。MLR 使用一种"三明治状"的估计策略，

而不使用费舍信息矩阵，其计算方法为

$$acov(\boldsymbol{\theta}) = N^{-1}(\boldsymbol{\Delta}'\boldsymbol{I}_{ob}\boldsymbol{\Delta})^{-1}\boldsymbol{\Delta}'\boldsymbol{I}_{ob}\boldsymbol{\Gamma}\boldsymbol{I}_{ob}\boldsymbol{\Delta}(\boldsymbol{\Delta}'\boldsymbol{I}_{ob}\boldsymbol{\Delta})^{-1}$$

$$\text{其中}\,\boldsymbol{I}_{ob} = \boldsymbol{D}'\left\{\boldsymbol{\Sigma}^{-1}(\boldsymbol{\theta})\bigotimes\left[\boldsymbol{\Sigma}^{-1}(\boldsymbol{\theta})\boldsymbol{S}\boldsymbol{\Sigma}^{-1}(\boldsymbol{\theta}) - \frac{1}{2}\boldsymbol{\Sigma}^{-1}(\boldsymbol{\theta})\right]\right\}\boldsymbol{D} \qquad (1.17)$$

这里，$\boldsymbol{\Gamma}$ 是 $\boldsymbol{S}$ 的估计渐进协方差矩阵，$\boldsymbol{\Delta}$ 是参数向量的一阶导数（$\partial\boldsymbol{\Sigma}(\boldsymbol{\theta})/\partial\boldsymbol{\theta}$），$\bigotimes$ 是克罗内克积（Kronecker product，或直积、张量积），$\boldsymbol{D}$ 是在进行克罗内克积运算时的一个"重复矩阵"。矫正后的标准误是上述渐进协方差矩阵对角线元素的算术平方根。

2. 最小二乘估计与广义最小二乘估计

传统最小二乘估计有两种：未加权最小二乘估计（unweighted least squares，ULS）和广义最小二乘估计（generalized least squares，GLS）。它们的函数表达形式分别为

$$F_{\text{ULS}} = \frac{1}{2}\text{tr}\left[(\boldsymbol{S} - \boldsymbol{\Sigma}(\boldsymbol{\theta}))^2\right] \qquad (1.18)$$

和

$$F_{\text{GLS}} = \frac{1}{2}\text{tr}\left\{\left[(\boldsymbol{S} - \boldsymbol{\Sigma}(\boldsymbol{\theta}))\boldsymbol{W}^{-1}\right]^2\right\} \qquad (1.19)$$

可以看出，公式 1.19 比公式 1.18 多了一个权重矩阵 $\boldsymbol{W}$。后者在满足一定条件下和 ML 具有很多相同的性质（Browne，1984）。

3. 加权最小二乘估计及其简化形式

此外，对于类别数据，常用的最小二乘估计方法会导致偏差。Muthén 等人（2007）提出加权最小二乘估计（weighted least squares，WLS）

$$F_{\text{WLS}} = (\boldsymbol{S} - \boldsymbol{\Sigma}(\boldsymbol{\theta}))'\boldsymbol{W}^{-1}(\boldsymbol{S} - \boldsymbol{\Sigma}(\boldsymbol{\theta})) \qquad (1.20)$$

并对上述方法进行了化简，提出矫正后的加权最小二乘估计（weighted least squares with means and variances adjusted，WLSMV），也被称为对角加权最小二乘估计（diagonally weighted least squares）。在 WLSMV 当中，权重矩阵 $\boldsymbol{W}$ 被替换为只有对角线元素的权重矩阵 $\boldsymbol{W}_D$。解决了模型估计上的一些问题（如不正定的问题），并且其估计结果比 WLS 方法更好。其方法如下

$$F_{\text{WLSMV}} = (\boldsymbol{S} - \boldsymbol{\Sigma}(\boldsymbol{\theta}))'\boldsymbol{W}_D^{-1}(\boldsymbol{S} - \boldsymbol{\Sigma}(\boldsymbol{\theta})) \qquad (1.21)$$

（三）方法选择的问题

目前对于 SEM 的估计问题，ML 为 Mplus 软件中的默认方法。整体来讲，ML 估计具有稳健性（robust）。但是，它的缺陷在于，ML 估计方法的前提假设是多元正态分布，故当数据不符合多元正态分布时，该估计可能不够可信。但是，有研究者指出，即使在违背多元正态分布假设的情况下，当样本量达到 2500 时，ML 同样具备可信的估计效果（Hu，Bentler & Kano，1992）。在因变量含有或不

含有分类变量时，ML 和 MLR 方法都可以使用；而在违背了多元正态分布的情况下，MLR 估计结果更好。

对于最小二乘法的变式，GLS 和 WLS 都对异方差的情况进行了矫正，在计算过程中加入了权重矩阵 W。区别在于两种加权方式的权重矩阵不同。在 GLS 中，权重矩阵基于多元正态分布的假设（normal-theory based weight matrix），而 WLS 中的权重矩阵采用全权矩阵（full weight matrix）。在因变量为连续变量时，两种方法都可以使用；而当因变量当中有分类变量或计数变量的时候，Mplus 中推荐使用 WLS 方法（Muthén，2011）。

在 Mplus 中，MLR 或 WLSMV 的方法都对违背多元正态假设、数据为多类别数据的情况有较好的表现。有研究者（Li，2016）指出，在对模型载荷的估计上，相对于 MLR 方法，WLSMV 的估计效果更佳，估计偏差更小；但是它在样本量较小的时候，会高估因素之间的相关。特别是在小样本的情况下（如样本为 200），MLR 对载荷的估计更好。研究者在选用模型估计方法的时候应该综合考虑以上因素，合理选用恰当的估计方法进行估计。

二、模型评价

在完成了模型估计之后，SEM 很重要的一个工作就是进行模型的评价与检验，以决定研究者所提出的理论假设模型是否能够用以描述实际观测到变量关系。这一过程叫作模型拟合评价（model-fit evaluation）。下面着重介绍几种 Mplus 软件输出中常用的拟合指数（goodness-of-fit index）的计算方法和评价标准，其他指数参见附录（Hu & Bentler，1998；Marsh，Wen & Hau，2004a；侯杰泰，温忠麟，成子娟，2004；邱皓政，林碧芳，2009）。

（一）卡方检验

卡方检验（χ^2 Test）是最早被提出来的关于 SEM 拟合优度检验的指标（Hu & Bentler，1998）。像卡方值这类的，只基于模型隐含的协方差矩阵和样本协方差矩阵的指数称为绝对指数（absolute index）。正如前面模型估计所讲的，在进行了 ML 和 WLS 估计之后，再生矩阵和原始矩阵之间的差异函数符合卡方分布，所以可以采用卡方检验的方法。在卡方检验中，原假设 H_0：$\Sigma = \Sigma(\theta)$。若检验不显著，则表示原始矩阵和再生矩阵之间没有差异，拟合良好；若检验显著，则表示原始矩阵和再生矩阵之间有差异，拟合欠佳。所采用的统计量为：

$$\chi^2 = (N-1)F_{\min} \tag{1.22}$$

符合自由度（degree of freedom）为 df 的卡方分布。在 SEM 中，自由度表示了自由参数的个数，即模型的已知参数减去需要估计的参数。

$$df = (p+q) - DP \tag{1.23}$$

例如，在中考数学的例子中，参数个数为 1596，需要估计的参数为 119，故自由度 $df = 1477$。在 SEM 中，自由度越大，反映了还原真实数据的能力越大（受到理论限制的参数越少）。

一方面，从公式 1.19 可知，卡方值是受到样本量影响的。但是在 SEM 的基本要求中，样本量是一个必须满足的前提，所以在传统的卡方检验中，显著是一件很容易的事情，而研究者们往往不再纠结于卡方值的显著。另一方面，在进行卡方检验时，自由度也会影响检验结果。自由度越大，卡方值显著的临界值越小，模型越容易显著。所以，卡方与自由度的比值也被研究者认为是一个衡量模型拟合优劣的指标。其计算公式为

$$\chi^2_{Normed} = \frac{\chi^2}{df} \tag{1.24}$$

被称为正规卡方值（Normed χ^2）。这个值一般小于 2 时，表示模型具有良好的拟合度。

（二）近似误差均方根

近似误差均方根（root mean square error of approximation，RMSEA）是较早被提出但一直受研究者青睐的指数之一（Steiger & Lind，1980），其计算方法为

$$RMSEA = \max\left[\sqrt{\frac{\chi^2 - df}{(N-1)/df}},\ 0\right] \tag{1.25}$$

RMSEA 衡量了离中参数（$\chi^2 - df$）的规范性质，受样本量影响小，惩罚了复杂模型。一般而言，RMSEA 在小于 0.06 或 0.05 时，可以认为是优良模型；而相对较宽松的指标为小于 0.10，表示模型拟合尚可（Steiger，1990）。

（三）相对拟合指数

最简单、也是拟合最差的模型为零模型（null model），其中的所有指标与假设都是不相关的，所以其卡方值应该是最大的，也叫作独立模型（independent model）或基线模型（baseline model）。问题是，相对于零模型，假设模型的卡方值减少了的部分占了多大比例，这类拟合指标称为相对拟合指数（relative fit index）（Bentler & Bonett，1980；林文莺，侯杰泰，1995）。其中正规拟合指数（normed fit index，NFI）就是按照上述思想发展的最基本的拟合指数（Bentler & Bonett，1980），其计算公式为

$$NFI = \frac{\chi^2_{Null} - \chi^2_{Test}}{\chi^2_{Null}} \tag{1.26}$$

其取值范围为 0~1，超过 0.9 可被认为模型拟合良好。但是根据研究发现，在样本小和自由度大时，一个拟合良好的模型的 NFI 也会有低估的现象——因为

此刻卡方值本身就比较小，造成相对减小的部分不够大。所以，在 NFI 的基础上，考虑模型复杂程度的影响，加入了自由度测度而成的非正规拟合指数（non-normed fit index，NNFI）（Bentler & Bonett，1980），其计算方法为

$$NNFI = \frac{\frac{\chi^2_{Null}}{df_{Null}} - \frac{\chi^2_{Test}}{df_{Test}}}{\frac{\chi^2_{Null}}{df_{Null}} - 1} \tag{1.27}$$

NNFI 也称为塔克-路易拟合指数（Tucker-Lewis Index，TLI）（Tucker & Lewis，1973）[①]。

比较拟合指数（comparative fit index，CFI）也是常用的指标（Bentler，1990），定义为

$$CFI = 1 - \frac{\max\left[(\chi^2_{Test} - df_{Test}),\ 0\right]}{\max\left[(\chi^2_{Test} - df_{Test}),\ (\chi^2_{Null} - df_{Null}),\ 0\right]} \tag{1.28}$$

它是下面相对离中指数（relative noncentrality index，RNI）的规范形式（低于 0 的数值记为 0，高于 1 的数值记为 1）（McDonald & Marsh，1990）。

$$RNI = \frac{(\chi^2_{Null} - df_{Null}) - (\chi^2_{Test} - df_{Test})}{\chi^2_{Null} - df_{Null}} \tag{1.29}$$

CFI 取值范围为 0~1；RNI 和 NNFI 的取值范围可能会超过 1。当 NNFI 超过 1 时，模型本身的卡方值就很小。一般认为超过 0.9 的模型拟合良好（一些研究者认为 NNFI 需要超过 0.95，但未被广大研究者所接受）。CFI 或 RNI 认为超过 0.9 模型可以接受，但是其缺点在于没有惩罚复杂模型。

（四）模型比较指数

前面讲过的卡方值，虽然受样本量和自由度影响，但在模型比较时是良好的指标。对于一个给定样本的模型，增加自由参数的卡方具有单调性。当一个模型增加一条路径的估计时，估计参数增加，而自由度减小，卡方值变大，模型变坏，前后两者形成"嵌套模型"关系（Bentler & Bonett，1980；林文莺，侯杰泰，1995；亦参见本书第三章）。当对应于相对的 Δdf 时，卡方值的增量（$\Delta\chi^2$）就衡量了变化后的模型是否显著地优于（或劣于）变化前的模型。

（五）信息指数

如果模型不一定是嵌套的，就可以用信息指数来对比两个模型的优劣（Akaike，1973；Nylund et al.，2007）。常用的信息指数有赤池信息指数（akaike information

---

[①] 在 LISREL 中，采用 NNFI 表示；在 Mplus 中，采用 TLI 表示。但本质上这两种指数是同一指数。

criterion，AIC)，贝叶斯信息指数(bayesian information criterion，BIC)和样本校正贝叶斯信息指数(sample-size adjusted bayesian information criterion，ABIC)。其计算公式分别如下。

$$AIC = -2\ln(F_{min}) + 2(p+q) \tag{1.30}$$

$$BIC = -2\ln(F_{min}) + (p+q)\ln(N) \tag{1.31}$$

$$ABIC = -2\ln(F_{min}) + (p+q)\ln\left(\frac{N+2}{24}\right) \tag{1.32}$$

由此可以看出，BIC 惩罚了样本量，实用性相比 AIC 更广。一般而言，BIC 的增量 ΔBIC 在 2 以内被认为不足以产生变化，在 10 以上的时候被认为产生强烈的变化。

(六)拟合指数的选择与评价

绝对指数，如卡方(公式 1.22)会受到样本量的影响。样本量使得卡方值虚高，所以很多时候，不能因为卡方值显著就说模型本身不合适。值得注意的是，由于其他的大多数拟合指标都是在卡方的基础上衍生出来的，所以研究者往往还会继续报告卡方值，但不再纠结于其显著性检验，而综合采用其他的指标。

目前，许多期刊中要求汇报 RMSEA 指标，以衡量模型的优劣。如果 RMSEA 居高不下，可能是由于误差之间具有强烈相关造成的；研究者可以考虑释放误差相关系数的估计路径(减小 χ^2、增加 df)而缓解 RMSEA 偏高的情形。

CFI 和 NFI 是 1990 年第 2 期的《心理学通报》(*Psychological Bulletin*)上同时推出的两个参数，它们几乎是一样的，区别在于 CFI 不超过 1。故常用 SEM 软件多提供 CFI 而非 RNI。两个指标的提出者各执一词，CFI 在特定的条件下略胜一筹，但总体表现相当。温忠麟等人 (2008)的研究中推荐使用 NNFI 和 CFI。

此外，有研究者也提出了 CFI 与 RMSEA 的关系，这两个指数并不会完全展示出相当的拟合优度，高 CFI(拟合好)并不意味着低 RMSEA(拟合好)，反之亦然(Rigdon，1996)。事实中，这两类指数都达到优秀的模型较少，研究者需要更为慎重地考虑模型的选择问题。

特别地，在使用了 MLR 或者 WLSMV 等非多元正态分布情况下的矫正估计方法时，卡方检验的方法亦需要做出调整。由于 Mplus 中会自动根据估计方法进行卡方检验的调整，故在这里不再列出其检验方法。感兴趣的读者可以参考 Mplus 网站[①]及相关的研究(Satorra & Bentler，2010)。

---

① http://statmodel.com/chidiff.shtml，2018-12-20。

附录：SEM 拟合指数一览

（一）卡方检验

1. 卡方检验

$$\chi^2 = (N-1)F_{\min}$$

卡方值是由拟合函数转换而来的统计量，反映了 SEM 假设模型的再生矩阵与原始矩阵的差异程度。N 为样本数，$F_{\min}$ 表示以各种不同参数估计方法（如 ML，GLS，ADF 等）得到的拟合函数最小函数估计值，该数值也反映了优化的参数统计量（假设模型与观察数据差异的最小值）。

2. 卡方自由度比

$$\chi^2/df$$

即正规卡方值（normed chi-square），可以进行模型间拟合度的比较。一般而言，卡方自由度比小于 2 时，表示模型具有理想的拟合度。

（二）模型拟合指数

1. GFI 与 AGFI 指数

$$\mathrm{GFI} = \frac{\mathrm{tr}(\boldsymbol{\Sigma}(\hat{\boldsymbol{\theta}})'\boldsymbol{W}\boldsymbol{\Sigma}(\hat{\boldsymbol{\theta}}))}{\mathrm{tr}(\boldsymbol{S}'\boldsymbol{W}\boldsymbol{S})}$$

GFI 指数是拟合指数的缩写，类似于回归分析当中的可解释变异量（R^2），表示假设模型可以解释观察数据的方差与协方差的比例。上式中，分子是理论假设模型的协方差导出的加权方差和，分母是样本实际观察所得到的协方差导出的加权方差和，$\boldsymbol{W}$ 是加权矩阵。由于模型导出值会小于实际观察值，因此 GFI 是小于 1 的比值。GFI 越接近 1，分子、分母越接近，表示模型的拟合度越高。

$$\mathrm{AGFI} = 1 - \frac{1-\mathrm{GFI}}{1-\frac{t}{DP}}$$

AGFI（adjusted GFI）类似于回归分析当中的调整后可解释变异量（adjusted R^2），是考虑了自由度之后算出的模型拟合指数。公式中的 t 为估计参数数目，DP 为测量数据数。GFI 和 AGFI 一般需要大于 0.90 才可以视为具有理想的拟合度。

2. PGFI 指数

$$\mathrm{PGFI} = \left[1 - \left(\frac{t}{DP}\right)\right]\mathrm{GFI}$$

PGFI（parsimony goodness-of-fit index）是 GFI 指数的另一种变形，它考虑到

了模型当中估计参数的多少，可以反映 SEM 假设模型的简效程度（degree of parsimony）。数值大于 0.50，表示模型拟合良好；越接近 1，表示模型越简单。

3. NFI 与 NNFI 指数

正规拟合指数（normed fit index，NFI）和非正规拟合指数（non-normed fit index，NNFI）是利用嵌套模型的比较原理计算出来的相对性指数，反映了假设模型与一个观测变量间没有任何共变假设的独立模型的差异程度。

$$NFI = \frac{\chi^2_{Null} - \chi^2_{Test}}{\chi^2_{Null}}$$

NFI 指数的原理是计算假设模型的卡方值（χ^2_{Test}）与零模型的卡方值（χ^2_{Null}）的差异量，可以视为某一个假设模型比起最糟糕模型的改善情况。

$$NNFI = \frac{\dfrac{\chi^2_{Null}}{df_{Null}} - \dfrac{\chi^2_{Test}}{df_{Test}}}{\dfrac{\chi^2_{Null}}{df_{Null}} - 1}$$

NNFI 指数考虑了自由度，由此可以避免模型复杂度的影响，改善了 NFI 的问题，但其数值波动性较大，有时会超过 0～1 的范围，有时也可能比其他指数来得低。

4. IFI 指数

$$IFI = \frac{\chi^2_{Null} - \chi^2_{Test}}{\chi^2_{Null} - df_{Test}}$$

Bollen 等人（1989）提出了一个增量拟合指数（incremental fit index，IFI）来处理 NNFI 波动的问题及样本大小对 NFI 指数的影响，其数值介于 0～1，且大于 0.90，表示拟合度良好。

（三）替代指数

1. 非集中性参数（NCP）

非集中性参数（non-centrality parameter，NCP）是一种主要的替代指数，其原理类似于离散量数的测量，即计算 SEM 模型估计得到的卡方统计量，距离理论预期的中央卡方分布的离散程度。这一作为中央点的卡方分布表示最佳的模式，模型越不理想，距离这一中央分布越远，以几个标准差来表示（NCP 数值）。数值越大，表示模型越不理想；数值为 0 时，表示模型具有完美的拟合度。

2. RMSEA 指数

另一个重要的替代性指数为平均概似平方误根系数（root mean square error of approximation，RMSEA）。

$$RMSEA = \max \left[\sqrt{\frac{\chi^2 - df}{(N-1)/df}}, \ 0 \right]$$

由上式可知，RMSEA 系数不受样本数大小与模型复杂度的影响，当模型趋近完美拟合时，$\hat{F}_0$ 接近 0，RMSEA 指数亦接近 0，其值越小，表示模型拟合度越好。由计算原理可以看出，与 CFI 和 NFI 不同的是，RMSEA 比较的是理论模型与完美拟合的饱和模型的差距程度。有学者建议以 0.05 为良好拟合的门槛，以 0.08 为可接受的模型拟合的门槛（McDonald & Ho，2002）。

3. CFI 指数

CFI 指数反映了假设模型与无任何共变关系的独立模型差异程度的量数，也考虑到被检验模型与中央卡方分布的离散性。其计算原理是基于非中央性改善比（the ratio of improvement in noncentrality；假设模型距离中央卡方分布距离的移动情形），得出一个非中央性参数 τ_i。τ_i 越大，代表拟合度越不理想；$\tau_i = 0$ 时，假设模型具有完美拟合。

$$\tau_{Null.\,test} = \chi^2_{Null.\,test} - df_{Null.\,test}$$

$$\tau_{Est.\,test} = \chi^2_{Est.\,test} - df_{Est.\,test}$$

$\tau_{Est.\,test}$ 为理论假设模型非中央性参数估计数，$\tau_{Null.\,test}$ 为虚无模型相对于假设模型的非中央性参数。故有：

$$CFI = 1 - \frac{\tau_{Est.\,test}}{\tau_{Null.\,test}}$$

CFI 指数的数值越接近 1 越理想，表示能够有效改善非中央性的程度，其性质与 NFI 接近，一般以 0.95 为通用的门槛。

4. ECVI 与 AIC 指数

有学者提出了一个期望交叉效度指数（expected eross-validation index，ECVI），扩大了非中央性参数的应用（Browne & Cudeck，1993）。ECVI 指数反映了在相同的总体下，不同样本重复获得同一个假设模型的拟合度的期望值，是用来诊断模型的复核效化的良好指数。ECVI 值越小，代表模型拟合度的波动性越小，该假设模型越好。

当我们必须进行不同竞争模型的比较时，或是从多个模型中挑选一个最佳模型时，ECVI 指数与另外一个类似的指数：赤池信息指数（AIC）与赤池一致信息指数（consistent akaike information criterion，CAIC）是非常理想的指数，因为 ECVI 与 AIC 指数可以同时考虑样本数与模型复杂度两项因素的非中央性参数。

5. CN 指数

关键样本指数（critical N，CN）由霍尔特（Hoelter）于 1983 年提出，用以说明样本规模的适切性。其原理是估计要产生一个适当的模型拟合度（不显著的卡方统计量），所需要的样本数的多少。Hoelter(1983)认为当 CN 指数大于 200 时，表示该模型可以适当地反映样本的数据。还有学者主张除了 200 是一个门槛之外，一个研究的样本数需大于 CN 指数所估计出来的样本数，该 SEM 分析才具有合理性(Byrne，1998)。

6. 残差分析指数(RMR)

残差均方根指数(root mean square residual，RMR)反映了理论假设模型的整体残差。

$$RMR = \sqrt{2\sum_{i=1}^{q}\sum_{j=1}^{i}\frac{(s_{ij}-\hat{\sigma}_{ij})^2}{(p+q)(p+q+1)}}$$

$s_{ij}-\hat{\sigma}_{ij}$ 代表样本(观察)与估计(理论假设模型)的方差或协方差差异。RMR 越小，表示模型越能拟合观察值。

第二章 结构方程模型的应用及其软件

随着心理与教育学等社会科学的发展，研究问题逐渐趋于复杂。针对大规模调查、复杂实验设计和复杂问卷设计的案例，均可以采用结构方程建模的方式进行数据论证。关于论文写作的方法，读者可以参见侯杰泰，邱炳武，常建芳（2013）的书籍。本章中我们将介绍一个国际权威且具有代表意义的大规模调查数据来给读者演示应如何将方法应用于实践当中。

第一节 大规模数据的应用：以 PISA 为例

本教材中的数据案例均采用 PISA 的数据资料。PISA，即国际学生评估项目，全称为 Programme for International Students Assessment，是世界经济合作发展组织（OECD）统筹的学生能力国际评估计划，每三年一次。主要对接近完成基础教育的 15 岁学生进行评估，测查学生们能否掌握参与社会所需要的知识与技能。该测验包含学科素养测验（literacy），学生问卷、家长问卷和学校问卷等部分，是衡量全球基础教育水平的测量工具之一。PISA 评估于 2000 年首次举办，此后每三年举行一次。评估主要分为 3 项：阅读素养、数学素养及科学素养，由这三项组成一评估循环核心，在每一个评核周期里，有 2/3 的时间会对其中一项进行深入评估，被称为核心领域（main domain），其他两项则进行综合评测。2012 年首次尝试引入了基于计算机的问题解决测试（OECD，2013）。

本书中采用 PISA 测验 2015 年的数据，参与成员包括全球 70 多个国家和地区。PISA 问卷整体测量了环境变量对于学科素养的影响，以及学科素养的决定因素——学习态度和学习策略。其中，2015 年主要测查的核心领域为科学；相应的背景问卷测查了科学学科相关的学习态度和学习策略。整体测验框架如图 2-1 所示。关于 PISA 测验更多的信息，可浏览网页 http://www.oecd.org/pisa/。

相关的数据可以从 PISA 官网下载。其中，北京、上海、广东、江苏（下简称"北上广苏"）参加了 2015 年的测验。北上广苏样本量由 9871 名 15 岁儿童组成。我们从里面随机选取了 2000 名儿童作为本研究的样本，如图 2-2、图 2-3 所示。

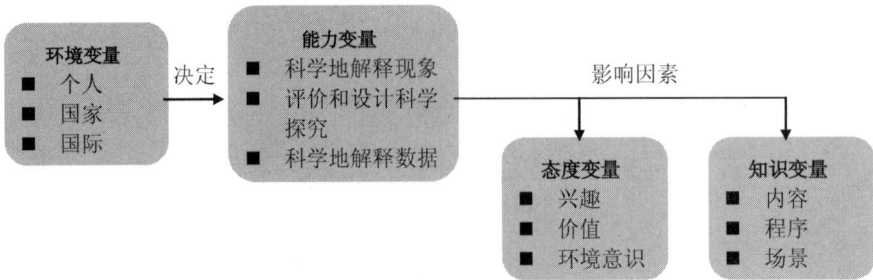

图 2-1　PISA 2015 测验框架图(改编自 PISA 2015 技术报告)

图 2-2　PISA 2015 数据视图(北上广苏 2000 名样本)

图 2-3　PISA 2015 变量视图(北上广苏 2000 名样本)

在这 2000 名学生中，女生有 924 名，占比 46.2%。在科学和科学各个分维度上的得分如表 2-1 所示(在 PISA 测验中，分数以 OECD 为常模，其均值为 500，标准差为 100)。

表 2-1　北上广苏在 PISA 2015 中科学及其分维度上的得分

科学总分		能力维度			知识维度			学科维度	
		解释现象	设计评价	实证数据	内容	程序与现象	物理科学	生命科学	地理科学
M	525	526	525	524	526	524	531	524	527
SD	98	101	107	106	103	103	106	97	106

我们选取的 62 个变量的大致情况如表 2-2 所示。

表 2-2　PISA 2015 选取变量说明

变量名称	变量标签	说明
CNTRYID	Country Identifier	国家编号
ST001D01T	Student International Grade(Derived)	年级编号
ST004D01T	Student(Standardized) Gender	性别
ST118Q01NA	To what extent do you disagree or agree about yourself? I often worry that it will be difficult for me taking a test.	考试焦虑题目
ST118Q02NA	To what extent do you disagree or agree about yourself? I worry that I will get poor <grades> at school.	
ST118Q03NA	To what extent do you disagree or agree about yourself? Even if I am well-prepared for a test I feel very anxious.	
ST118Q04NA	I get very tense when I study for a test.	
ST118Q05NA	I get nervous when I don't know how to solve a task at school.	
ST100Q01TA	How often does this happen in your <school science> lessons? The teacher shows interest every students learning.	课堂支持题目
ST100Q02TA	How often does this happen in your <school science> lessons? The teacher gives extra help.	
ST100Q03TA	How often does this happen in your <school science> lessons? The teacher helps students with their learning.	
ST100Q04TA	How often does this happen in your <school science>? The teacher continues teaching \ students understand.	
ST100Q05TA	How often does this happen in your <school science>? Teacher gives an opportunity to express opinions.	

变量名称	变量标签	说明
ST103Q01NA	How often does this happen in ＜school science＞? The teacher explains scientific ideas.	课堂讲解题目
ST103Q03NA	How often does this happen in ＜school science＞? A whole class discussion takes place with the teacher.	
ST103Q08NA	How often does this happen in ＜school science＞? The teacher discusses our questions.	
ST103Q11NA	How often does this happen in ＜school science＞? The teacher demonstrates an idea.	
ST104Q01NA	How often does this happen in ＜school science＞? The teacher tells me how I am performing in this course.	课堂反馈题目
ST104Q02NA	How often does this happen in ＜school science＞? The teacher gives me feedback on my strengths ＜school science＞subject.	
ST104Q03NA	How often does this happen in ＜school science＞? The teacher tells me in which areas I can still improve.	
ST104Q04NA	How often does this happen in ＜school science＞? The teacher tells me how I can improve my performance.	
ST104Q05NA	How often does this happen in ＜school science＞? The teacher advises me on how to reach my learning goals.	
ST107Q01NA	How often does this happen in ＜school science＞? The teacher adapts the lesson to my class needs and knowledge.	教学方法题目
ST107Q02NA	How often does this happen in ＜school science＞? The teacher provides individual help when a student has difficulties.	
ST107Q03NA	How often does this happen in ＜school science＞? The teacher changes the structure of the lesson on a topics.	
ST094Q01NA	Disagree or agree with the statements? I have fun when I am learning ＜broad science＞.	科学兴趣
ST094Q02NA	Disagree or agree with the statements? I like reading about ＜broad science＞ topics.	
ST094Q03NA	Disagree or agree with the statements? I am happy working on ＜broad science＞ topics.	
ST094Q04NA	Disagree or agree with the statements? I enjoy acquiring new knowledge in ＜broad science＞.	

续表

变量名称	变量标签	说明
ST094Q05NA	Disagree or agree with the statements? I am interested in learning about ＜broad science＞.	
ST113Q01TA	Making an effort in my ＜school science＞ subject(s) is worth it because this will help me in the work I want to do later on.	科学工具性动机
ST113Q02TA	What I learn in my ＜school science＞ subject(s) is important for me because I need this for what I want to do later on.	
ST113Q03TA	Studying my ＜school science＞ subject(s) is worthwhile for me because what I learn will improve my career prospects.	
ST113Q04TA	Many things I learn in my ＜school science＞ subject(s) will help me to get a job.	
ST129Q01TA	Recognise the science question that underlies a newspaper report on a health issue.	科学自我效能感
ST129Q02TA	Explain why earthquakes occur more frequently in some areas than in others.	
ST129Q03TA	Describe the role of antibiotics in the treatment of disease.	
ST129Q04TA	Identify the science question associated with the disposal of garbage.	
ST129Q05TA	Predict how changes to an environment will affect the survival of certain species.	
ST129Q06TA	Interpret the scientific information provided on the labelling of food items.	
ST129Q07TA	Discuss how new evidence can lead you to change your understanding about the possibility of life on Mars.	
ST129Q08TA	Identify the better of two explanations for the formation of acid rain.	
AGE	Age	年龄
DISCLISCI	Disciplinary climate in science classes(WLE)	课堂氛围变量
TEACHSUP	Teacher support in a science classes of students choice (WLE)	教师支持变量
IBTEACH	Inquiry-based science teaching an learning practices(WLE)	探究学习变量
TDTEACH	Teacher-directed science instruction(WLE)	接受学习变量

续表

变量名称	变量标签	说明
JOYSCIE	Enjoyment of science(WLE)	科学兴趣变量
INSTSCIE	Instrumental motivation(WLE)	科学工具性动机变量
SCIEEFF	Science self-efficacy(WLE)	科学自我效能感变量
ANXTEST	Personality：Test Anxiety(WLE)	考试焦虑变量
MOTIVAT	Student Attitudes，Preferences and Self-related beliefs：Achieving motivation(WLE)	成就动机变量
ESCS	Index of economic，social and cultural status(WLE)	社会经济地位变量
PV1SCIE	Plausible Value 1 in Science	科学成绩
PV1SCEP	Plausible Value 1 in Competency Subscale of Science — Explain Phenomena Scientifically	
PV1SCED	Plausible Value 1 in Competency Subscale of Science — Evaluate and Design Scientific Enquiry	
PV1SCID	Plausible Value 1 in Competency Subscale of Science — Interpret Data and Evidence Scientifically	
PV1SKCO	Plausible Value 1 in Knowledge Subscale of Science — Content	
PV1SKPE	Plausible Value 1 in Knowledge Subscale of Science — Procedural & Epistemic	
PV1SSPH	Plausible Value 1 in System Subscale of Science — Physical	
PV1SSLI	Plausible Value 1 in System Subscale of Science — Living	
PV1SSES	Plausible Value 1 in System Subscale of Science — Earth & Science	

注：题目即指标；变量即合成的特质分数。

第二节　Mplus 软件基本介绍

在进行 SEM 估计的时候，有许多分析软件。其中 LISREL(linear structural relations)是一个较早问世的软件。它主要是以矩阵运算的命令符执行的。SPSS 公司也提供了窗口操作的软件 AMOS(analysis of moment structures)。除此之外，Mplus 由于其强大的数据类型处理能力和相对简单的语句命令受到青睐(可参考邱皓政，林碧芳，2009)。在本书中，相关操作均采用 Mplus 作为统计软件。

Mplus 的网站为 www. statmodel. com。截至 2017 年已经更新至 8.0 的版本。在电脑上安装好 Mplus 后，在相应的安装路径下(如 C:\Program Files\Mplus\

Mplus Examples\ User's Guide Examples)，找到用户手册文件夹，可以找到Mplus 自带的例子。读者可以根据用户手册的例子学习相应的命令，学习过程简单。打开例子数据文件夹，可以发现所有的数据有三种不同的类型，均可用记事本打开。

一是 *.dat 文件，表示数据文件。一般数据文件中不含数据变量名称，只有数据本身，且一般采用列对齐格式，如图 2-4 所示。一般 SPSS 的数据文件可以选择另存为 Tab Delimited 或者 Fixed ASCII 格式的 *.dat 文件以达到转换为 Mplus 可读的数据文件格式。特别地，Mplus 的数据文件中不能有非数字字符，所以不能将变量名存到 dat 文件中，同时，对于缺失数据，最好在 SPSS 中替换成一个数值(如－9，－99 等)。

```
ex3.1.dat - 记事本
文件(F) 编辑(E) 格式(O) 查看(V) 帮助(H)
  -0.354517    0.573051   -0.175230
   0.561655   -0.368095    1.090042
   0.315551   -0.577052    0.425472
   3.347049    1.088520    1.149353
  -0.122389   -0.694153   -0.766538
  -0.251276   -0.017487   -1.367410
  -0.517996   -0.817974   -1.559255
   1.888854   -0.658335    1.007614
   0.461254    0.463916   -0.898300
   2.237483    1.533398    0.180512
   0.480991   -0.096545   -0.352276
   0.165901   -1.341994   -1.445909
   1.864947    1.027419    0.677408
  -0.466245   -0.138712   -0.759287
   2.567804    0.483444    0.959731
  -0.024201   -0.507631   -0.517296
  -1.912698    0.761720   -1.901134
第 1 行，第 1 列
```

图 2-4　一个 Mplus 的数据文件(*.dat)

二是 *.inp 文件，表示程序文件。可以用 Mplus 编辑器打开，也可以用记事本打开。文件中主要描述了数据的特点和想要进行计算的程序命令。特别地，Mplus 语句对大小写不敏感。程序文件中应用英文字符输入。一个程序如图 2-5 所示。

```
ex3.1.inp - 记事本
文件(F) 编辑(E) 格式(O) 查看(V) 帮助(H)
TITLE:  this is an example of a simple linear
        regression for a continuous observed
        dependent variable with two covariates
DATA:   FILE IS ex3.1.dat;
VARIABLE:       NAMES ARE y1 x1 x3;
MODEL:  y1 ON x1 x3;
第 1 行，第 1 列
```

图 2-5　一个 Mplus 的程序输入文件(*.inp)

三是输出结果文件(∗.out)。在进行 Mplus 程序估计之后，结果文件会自动弹出至 Mplus 编辑器；同时，亦可在与输入文件相同的文件夹中用记事本打开。Mplus 的输出文件会首先重复输入文件中的程序命令，再显示输出结果，如图 2-6 所示。

图 2-6　一个 Mplus 输出结果文件(∗.out)

在安装 Mplus 之后，点击 Mplus 图标，出现下列对话框，如图 2-7 所示。

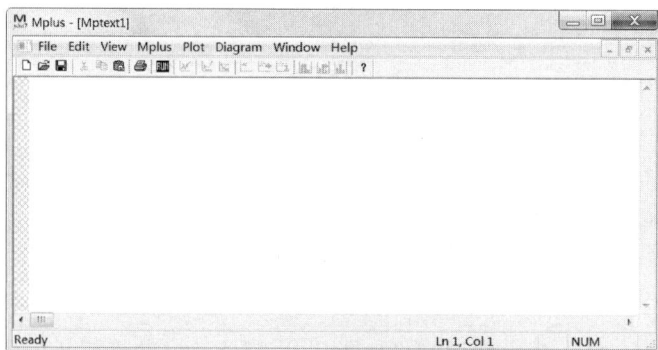

图 2-7　Mplus 编辑框示意图

这就是 Mplus 的程序编辑窗口，读者可以在里面自由键入或复制相应的程序，亦可以打开 Mplus 自带的例题(点击 File→Open，路径为 C:\Program Files\Mplus\Mplus Examples\User's Guide Examples\ex3.1.inp)。呈现出的形式如图 2-8 所示。

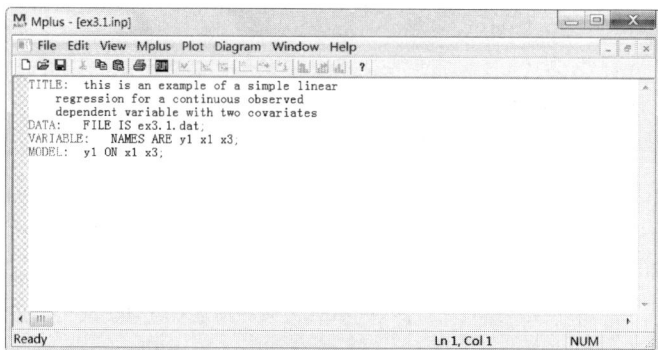

图 2-8　用 Mplus 编辑器打开输入程序文件 ex3.1.inp

可以看到，和用记事本打开基本一致，只是特定的命令呈现出蓝色字体，可以帮助我们检测输入语句是否键入正确。从图 2-8 可知，一个简单的 Mplus 语句包含四个部分：TITLE 为名称；DATA 为定义数据文件；VARIABLE 为数据文件中的变量名称；MODEL 为需要估计的模型。在本例中，由于 $*.$dat 和 $*.$inp 位于同一个文件夹下，所以 DATA 文件中只需要写出文件全名即可；若不在同一个文件夹下，则需要写出相应的路径（如 C：\Program Files\Mplus\Mplus Examples\User's Guide Examples\ex3.1.dat）。VARIABLE 中是对图 2-2 中的数据进行定义。可知本例中有 3 列变量，分别是 y_1，x_1 和 x_3。MODEL 命令中是对本例的描述。本例是一个简单的多元回归模型，语句"y1 ON x1 x3"表示"y1 is regressed ON x1 and x3"，故本例所展示的模型即

$$y_1 = b_0 + b_1 x_1 + b_2 x_3 + \varepsilon \tag{2.1}$$

在明确了数据和模型之后，点击"RUN"图标（**RUN**）即可运行程序。之后出现的对话框如图 2-9 所示。

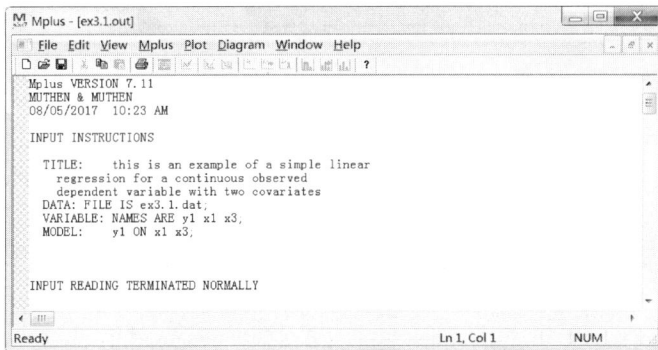

图 2-9 Mplus 编辑器显示结果输入文件

现在在 Mplus 编辑器中自动弹出了 $*.$out 文件，结果显示如图 2-10 所示。

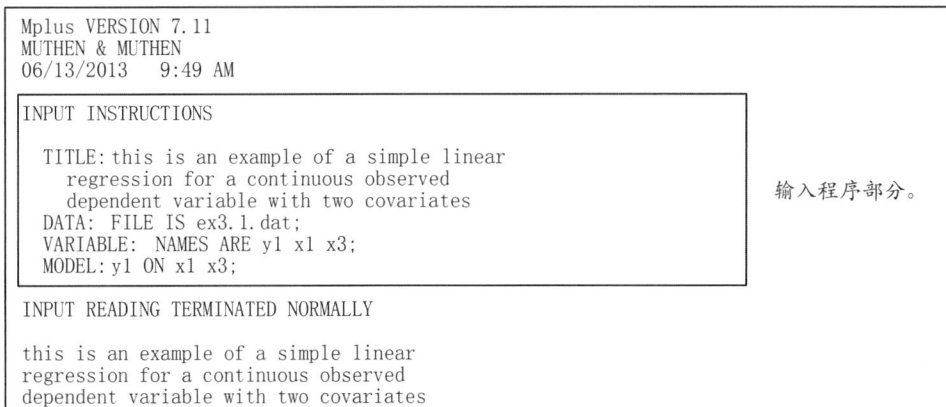

图 2-10 Mplus 输出结果

```
SUMMARY OF ANALYSIS

Number of groups                                           1
Number of observations                                   500
Number of dependent variables                              1
Number of independent variables                            2
Number of continuous latent variables                      0

Observed dependent variables

  Continuous
    Y1

Observed independent variables
    X1        X3
```

数据基本信息。本例中有 1 个组，500 个观测个案（被试），1个因变量，2个自变量，因变量为连续变量。

```
Estimator                                                 ML
Information matrix                                   OBSERVED
Maximum number of iterations                            1000
Convergence criterion                              0.500D-04
Maximum number of steepest descent iterations             20

Input data file(s)
  ex3.1.dat

Input data format FREE

THE MODEL ESTIMATION TERMINATED NORMALLY
```

模型估计总结部分。默认采用极大似然估计（ML），迭代次数与收敛标准，模型估计情况描述。

```
MODEL FIT INFORMATION
Number of Free Parameters                    4
Loglikelihood
        H0 Value                      -694.334
        H1 Value                      -694.334
Information Criteria
Akaike (AIC)                  1396.667
        Bayesian (BIC)                1413.526
        Sample-Size Adjusted BIC      1400.830
          (n* = (n + 2) / 24)
Chi-Square Test of Model Fit
        Value                            0.000
        Degrees of Freedom                   0
        P-Value                         0.0000
RMSEA (Root Mean Square Error Of Approximation)
        Estimate                         0.000
90 Percent C.I.0.000   0.000
        Probability RMSEA <=0.05         0.000
CFI/TLI*
        CFI                              1.000
        TLI                              1.000
Chi-Square Test of Model Fit for the Baseline Model
        Value                          469.585
        Degrees of Freedom                   2
        P-Value                         0.0000
SRMR (Standardized Root Mean Square Residual)
        Value                            0.000
```

模型拟合部分。默认输出指标为估计参数个数（$p+q$）、似然函数、信息指数、卡方及其检验、RMSEA、相对拟合指数、零模型卡方检验、残差检验等。
（*TLI即第一章第三节中介绍的NNFI）

```
MODEL RESULTS
                                                   Two-Tailed
Estimate      S.E.   Est./S.E.   P-Value
Y1      ON
    X1                0.969     0.042    23.357     0.000
    X3                0.649     0.044    14.626     0.000
Intercepts
    Y1                0.511     0.043    11.765     0.000
Residual Variances
    Y1                0.941     0.060    15.811     0.000
```

参数估计部分。参数的估计值和显著性检验。

图 2-10　Mplus 输出结果(续 1)

```
QUALITY OF NUMERICAL RESULTS
     Condition Number for the Information Matrix          0.483E+00
         (ratio of smallest to largest eigenvalue)

    Beginning Time:  09:49:29
      Ending Time:  09:49:29
     Elapsed Time:  00:00:00

MUTHEN & MUTHEN
3463 Stoner Ave.
Los Angeles, CA  90066

Tel: (310) 391-9971
Fax: (310) 391-8971
Web: www.StatModel.com
Support: Support@StatModel.com

Copyright (c) 1998-2013 Muthen&Muthen
```

图 2-10　Mplus 输出结果(续 2)

第三节　一个简单的例子

以 PISA 数据为例，按照第二节中多元回归的例子，呈现一个简单的 Mplus 语句实例，以及如何在文献中进行结果汇报。

一、研究问题确定

根据图 2-1 的分析框架，可知 PISA 科学素养受到个体态度变量的影响。根据理论分析可知，在控制了社会经济地位对成绩的影响之后，考试焦虑和个体成就动机将对科学素养表现产生影响。假设以下模型成立：

$$Achv = b_0 + b_1 Anx + b_2 Mot + b_3 SES + \zeta \tag{2.2}$$

其中，$Achv$ 表示科学素养，Anx 表示焦虑，Mot 表示成就动机，SES 表示个体家庭社会经济地位。特别地，在教育研究当中，SES 被认为是一个稳定影响学业表现的变量，在我们研究其他核心变量的影响时，需要采取回归控制的方式将其影响排除。

二、数据处理与分析结果

注意，Mplus 的语句终止是用分号";"表示的。在图 2-11 中，VARIABLE 指示了本数据中所包含的所有变量名(多个变量用空格分开，可回车至下一行，没有分号表示输入未完全)。"USEV ARE"表示在本例中所使用的变量，从中选出了三个自变量和一个因变量。"MISSING ARE"定义了缺失值，变量 GEN 到 ST1298 的缺失值为 5~9、变量 AGE 到 SES 的缺失值为 95~99。MODEL 表示了公式 2-2 的模型(achievement is regressed ON anxiety，motivation，and SES)。最后在 OUTPUT 中，"SAMPSTAT"表示输出样本描述统计值(均值、协方差矩阵和相关矩阵）；"STDYX"表示输出完全标准化解。

```
TITLE: THIS IS AN EXAMPLE OF MULTIPLE REGRESSION
DATA: FILE IS PISA2015_CHI_SE.DAT;
VARIABLE:
NAMES ARE CNT GRD GEN ST1181-ST1185 ST1001-ST1005
        ST1031-ST1034 ST1041-ST1045 ST1071-ST1073
        ST0941-ST0945 ST1131-ST1134 ST1291-ST1298
        AGE DISCLS TSPCLS INQINS DIRINS
        ENJSCI ITRSCI EFFSCI ANX MOT SES
        ACHSCI ACHEXP ACHEVA ACHINT ACHCOT ACHPRO
        ACHPHY ACHLIV ACHEAR;
USEV ARE ANX MOT SES ACHSCI;
MISSING ARE GEN-ST1298 (5-9) AGE-SES (95-99);
MODEL: ACHSCI ON ANX MOT SES;
OUTPUT: SAMPSTAT;STDYX;
```

图 2-11　多元回归实例输入语句

图 2-12 展示了重要的输出结果。可以看到在键入了 SAMPSTAT 指令之后输出了描述统计的情况。特别地，协方差矩阵对角线上的元素表示变量的方差，故可以通过求其算术平方根的形式算得变量的标准差。在算得了变量的标准差之后，可以通过标准化的方法，将协方差矩阵转换为相关矩阵（$r_{x_1 x_2} = \mathrm{cov}(x_1, x_2) / [SD(x_1) SD(x_2)]$）。此外，STDYX 指令增加了完全标准化解的输出部分，完全标准化系数的计算方法为 $\beta_i = b_i \cdot SD(Y) / SD(x_i)$。特别地，标准化残差方差（var($\varepsilon$)=0.796）与复测定系数（$R^2$=0.204）[①]之和为 1。

```
*** WARNING
  Data set contains cases with missing on x-variables.
  These cases were not included in the analysis.
  Number of cases with missing on x-variables:  14
  1 WARNING(S) FOUND IN THE INPUT INSTRUCTIONS
```
缺失值报告结果。

```
THIS IS AN EXAMPLE OF MULTIPLE REGRESSION
SUMMARY OF ANALYSIS
Number of groups                                      1
Number of observations                            1986
Number of dependent variables                        1
Number of independent variables                      3
Number of continuous latent variables                0
```

SAMPLE STATISTICS

Means

	ACHSCI	ANX	MOT	SES
1	526.180	0.220	0.177	-0.913

Covariances

	ACHSCI	ANX	MOT	SES
ACHSCI	9334.946			
ANX	-10.276	0.853		
MOT	16.875	0.167	0.772	
SES	44.085	-0.080	0.142	1.223

Correlations

	ACHSCI	ANX	MOT	SES
ACHSCI	1.000			
ANX	-0.115	1.000		
MOT	0.199	0.205	1.000	
SES	0.413	-0.078	0.146	1.000

描述统计结果。显示均值、协方差矩阵和相关矩阵。

$$r_{x_1 x_2} = \frac{\mathrm{cov}(x_1, x_2)}{SD(x_1) SD(x_2)}$$

图 2-12　多元回归实例输出结果

[①]　一元回归中，测定系数 R^2 表示自变量对因变量的解释率；多元回归中，复测定系数 R^2 表示所有自变量整体对因变量的解释率。

```
MAXIMUM LOG-LIKELIHOOD VALUE FOR THE UNRESTRICTED (H1) MODEL IS -97659.121

Number of Free Parameters                         5
Loglikelihood
          H0 Value                         -11669.579
          H1 Value                         -11669.579
Information Criteria
          Akaike (AIC)                      23349.158
          Bayesian (BIC)                    23377.128
          Sample-Size Adjusted BIC          23361.242
             (n* = (n + 2) / 24)
Chi-Square Test of Model Fit
          Value                                0.000
          Degrees of Freedom                       0
          P-Value                              0.0000
RMSEA (Root Mean Square Error Of Approximation)
          Estimate                             0.000
          90 Percent C.I.                      0.000    0.000
          Probability RMSEA <=0.05            0.000

CFI/TLI
          CFI                                  1.000
          TLI                                  1.000
Chi-Square Test of Model Fit for the Baseline Model
          Value                              451.925
          Degrees of Freedom                       3
          P-Value                              0.0000
SRMR (Standardized Root Mean Square Residual)
          Value                                0.000
MODEL RESULTS
                                                           Two-Tailed
                       Estimate      S.E.    Est./S.E.      P-Value
   ACHSCI    ON
       ANX           -12.566       2.154      -5.833        0.000
       MOT            18.481       2.282       8.100        0.000
       SES            33.092       1.780      18.591        0.000
   Intercepts
       ACHSCI        555.885       2.595     214.248        0.000
   Residual Variances
       ACHSCI       7435.180     235.951      31.511        0.000
```

```
STANDARDIZED MODEL RESULTS
STDYX Standardization
                                                           Two-Tailed
                       Estimate      S.E.    Est./S.E.      P-Value
   ACHSCI    ON
       ANX            -0.120       0.020      -5.863        0.000
       MOT             0.168       0.021       8.186        0.000
       SES             0.379       0.019      19.964        0.000
   Intercepts
       ACHSCI          5.753       0.087      65.839        0.000
   Residual Variances
       ACHSCI          0.796       0.016      49.392        0.000
```

```
R-SQUARE
   Observed                                            Two-Tailed
   Variable          Estimate      S.E.    Est./S.E.     P-Value
   ACHSCI             0.204        0.016     12.621       0.000
```

完全标准化解。

$$\beta_i = \frac{SD(Y)}{SD(x_i)} b_i$$

复测定系数/回归方程整体解释率。

图 2-12　多元回归实例输出结果（续）

三、文献中的报告

北上广苏有 14 名在自变量上全部缺失数据，将其全部删除。故最后进入回归方程估计的共 1986 名。变量之间的数量关系如表 2-3 所示。

回归分析结果显示，模型整体拟合良好。回归方程整体有效（$R^2 = 0.204$，

$p<0.001$），考试焦虑、成就动机和社会经济地位共解释科学素养总变异的 20.4%。

表 2-3 描述统计结果

	科学素养	考试焦虑	成就动机	社会经济地位
科学素养	1.00			
考试焦虑	−0.12	1.00		
成就动机	0.20	0.21	1.00	
社会经济地位	0.41	−0.08	0.15	1.00
M	526.18	0.22	0.18	−0.91
SD	96.62	0.92	0.88	1.11

标准化回归方程为

$$Achv = -0.12Anx + 0.17Mot + 0.38SES \tag{2.3}$$

每个变量的系数均达到 $p<0.001$ 的显著性水平，说明变量的选取有效。结果表明，在控制了社会经济地位的影响后，考试焦虑的增加会降低科学素养的表现；而成就动机的增加会显著提高科学素养的表现。

第二部分　结构方程模型的基本模型

第三章　验证性因素分析模型(一)

我们已经知道了结构方程定义分为两个部分：结构部分和测量部分。其中，测量部分揭示的是指标变量(如 22 道数学题目)与特质/能力水平(如数学能力)之间的关系。一个好的测量模型应该能精确地测量出所要测量的特质，即具有小的测量误差。验证性因素分析以心理测量理论为基础，探讨对于特质的精确表达。故在学习验证性因素分析的时候，需要先重新审视经典测量理论和测量误差的概念。本章先对测量误差进行回顾和理论深化，再基于测量误差的理解介绍验证性因素分析的基本原理和应用。

第一节　验证性因素分析的基本原理

对验证性因素分析的学习，可以回到心理测量中的经典测量理论中。本节中，我们先回顾经典测量理论，再由此引申出验证性因素分析模型。

一、测量误差与模型定义

在经典测量理论里，对于一个心理特质的测量，其基本模型为

$$x_i = v_i + e_i \tag{3.1}$$

其中，x_i 是对被试 i 的观测分数，v_i 是其真分数，e_i 是其测量误差。对于一个心理特质的测量，往往不能像物理测量一样获得非常准确的测量结果，因为人类的心理活动是复杂的，并且是内在的，所以无法直接观测到。我们使用的测量工具，也只是在一定程度上将人类的心理特质用行为数据表征，而这个表征的过程就有偏差。在这里，我们统一将这类偏差定义为"测量误差"。在本书中，测量理论中的真分数，将被定义为"潜变量"，而观测分数(observation)，我们可以称为观测值(observed score)、外显分数(manifest variable/score)、题目/项目、指标。

由于心理特质的复杂性和不可观测性，在进行心理或教育研究时，为了更加准确地测量心理特质，研究者可以采用多个测量指标。例如，我们想知道一个初中学生的数学自我效能感如何。自我效能感是一个潜在的心理特质。根据自我效能感的定义，它表示一个学生对于自己是否有能力完成某项任务的主观信念。我

们在测量的时候,可以提问"你对于完成 $3x+5=17$ 这道题目有多大的把握",根据李克特式量表进行回答。这道题目的真分数就表示真实的数学自我效能感的大小,它会受到这道题目的测量误差的影响。但是,用这道题目来测数学自我效能感似乎太以偏概全了些。数学课程学的东西当然不限于"$3x+5=17$"这种解方程的题目,它包含了代数、几何、统计等知识;而即使是在代数当中,解方程、不等式、分式、三角函数等也考查代数的不同侧面。这时,我们需要用多个题目去测量学生的自我效能感。例如,"完成 $2(x+3)=(x+3)(x-3)$ 这道题目""看懂新闻报道中的图表""计算需要多大面积的地毯铺在你的客厅里"等。采用了多个题目去测量数学自我效能感,每个题目的作答情况都是一个观测分数,或"指标",因为这些分数是来反映"自我效能感"这个潜在心理特质的外在参照。每一个观测分数,它会有自己的测量误差,因为每个题目所反映的都是这道题目特有的内容。比如,"你对于完成 $3x+5=17$ 这道题目有多大的把握"反映的是解一元一次方程的把握性,而"你对于完成 $2(x+3)=(x+3)(x-3)$ 这道题目有多大的把握"反映了解去括号、合并同类项等较为复杂技能的一元二次方程的把握性。这两道题目,虽然都是指向数学自我效能感,但是它们各自所测查的内容有所不同。所以,当反映在测量变异的时候,每一道题目都包含两个部分:有自己的"独特性",即测量误差;共同特质的"共同性(community)",即它所能反映的潜变量的变异。

下面用 SEM 的路径图来说明测量误差的问题。在 SEM 中,心理特质,或潜变量,一般用圆圈表示。现在我们用希腊字母 ξ 表示数学自我效能感。而上面提到的题目,如"你对于完成 $3x+5=17$ 这道题目有多大的把握",用 x_1 表示。这道题目的测量误差,用 δ_1 表示,如图 3-1 所示。

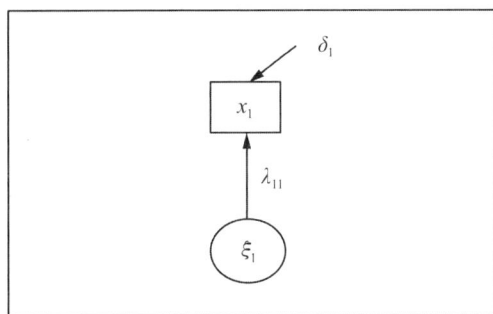

图 3-1 包含一个指标的测量模型

该模型即只有一个指标的心理特质的测量。写成公式，则为[①]

$$x_1 = \lambda_{11} \xi_1 + \delta_1 \tag{3.2}$$

其中，λ_{11} 表示了该题目对于特质的贡献之权重，在 SEM 中称之为"载荷（loading）"。其变异满足

$$\mathrm{var}(x_1) = \lambda_{11}^2 \varphi_{11} + \mathrm{var}(\delta_1) \tag{3.3}$$

在公式 3.3 中，φ 表示潜变量 ξ 的变异。可知，$\lambda_{11}^2 \varphi_{11}$ 表示了题目 x_1 对于潜在特质真实的贡献，其中的 λ_{11} 表示了潜变量与观测变量之间的尺度转换的问题。但是，潜变量是没有单位的，当我们去定义潜变量的时候，需要将潜变量和指标之间进行单位转换。通常情况下，我们可以设定 $\lambda_{11} = 1$，则表示潜变量与指标之间属于同一个量尺。由此可知，$\mathrm{var}(x_1) = \varphi_{11} + \mathrm{var}(\delta_1)$，当且仅当 $\mathrm{var}(\delta_1)$ 为零时，指标的变异才等于潜变量的变异。而这一点在心理测量中无法满足。所以，$\mathrm{var}(x_1) > \lambda_{11}^2 \varphi_{11}$。

在经典测量理论当中，信度一般定义为真分数占观测分数的比例。由 SEM 中的数量关系，我们可以定义出 SEM 中的测量信度，或者 R^2：

$$\rho_{x_1 x_1} = \frac{\lambda_1^2 \varphi_{11}}{\mathrm{var}(x_1)} \tag{3.4}$$

关于信度的详细讨论可以参见本书第七章第一节。

下面扩展到多个指标的情景。假设自我效能感用了两个题目测量，分别为 x_1，x_2。类似地，可以得出有两个指标变量的 SEM 框架下的测量模型（图 3-2）。

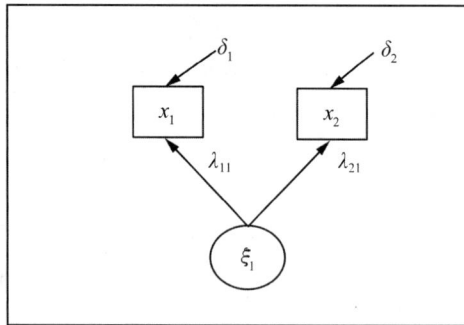

图 3-2　包含两个指标变量的测量模型

方程为

$$x_1 = \lambda_{11} \xi_1 + \delta_1$$
$$x_2 = \lambda_{21} \xi_1 + \delta_2 \tag{3.5}$$

变异分解为

---

① 在本章中，暂时不考虑模型的均值与截距，即假设观测变量与潜变量之间的函数关系从原点经过。均值与截距模型在本书第四章中介绍。

$$\text{var}(x_1) = \lambda_{11}^2 \varphi_{11} + \text{var}(\delta_1)$$
$$\text{var}(x_2) = \lambda_{21}^2 \varphi_{11} + \text{var}(\delta_2)$$

(3.6)

一般地,在有多个指标的情况下,每个题目的独特性有差异($\delta_1 \neq \delta_2$),对于潜变量的贡献也不同($\lambda_{11} \neq \lambda_{21}$)。在 SEM 框架下,我们需要去了解不同题目对于潜在因子的贡献,以及每个题目到底有多大的测量误差。测量误差越大,表明该题目所测量共同特质的变异越小,题目的"多余信息"越多,题目越不可靠。所以,按照 SEM 框架下的题目信度计算方法(公式 3.4),测量误差越大,题目信度越低。

二、模型识别

特别地,就现在的已知信息(2 个方差和 1 个协方差,共 3 个已知元素)在估计公式 3.5 的时候是无能为力的(λ_{11},λ_{21},φ_{11},δ_1,δ_2 共 5 个元素)。这时需要对模型的识别进行检查。

(一)单位的定义

首先要注意的是,ξ 和 x 都是没有单位的。比如,在公式 3.6 中,只有等号左边的方差已知,等号右边的乘积项中的 λ 和 φ 均为未知数。所以在估计这两个未知数的时候,一般需要固定一个参数,即给定一定的单位(相对锚定的量尺),才能对乘积项估计。在 SEM 中一般采用固定载荷或固定方差的方法。

固定载荷的方法,一般在模型中固定每个因子到第一个题目的载荷为 1,即 $\lambda_{11} = 1$;固定方差的方法,一般固定因子的方差为 1,即 $\varphi_{11} = 1$。这样,乘积项就锚定了一个量尺,可以进行估计。利用固定载荷的方法,估计出来的载荷以第一个题目的载荷 1 为标准,大于 1 表示载荷更大,题目对因素的贡献更多,反之亦然。所以,一般在 CFA 模型中,研究者更关注完全标准化结果(completed standardized results),标准化之后,载荷的理论值的范围为 0 到 1。

(二)识别的条件

在给定了量尺的情况下,即未知参数在固定载荷 λ_{11}(或方差)之后,仍然大于已知参数(需要估计 λ_{21},φ_{11},δ_1,δ_2 共 4 个元素),无法满足 t 准则(必要条件无法满足)。实际上,该模型本身也是不可识别的。在 CFA 中,模型识别一般需要满足以下法则(表 3-1)。

表 3-1 CFA 模型识别法则

识别法则	要求	必要条件	充分条件
t 法则	$t \leqslant \dfrac{q(q+1)}{2}$	是	否

识别法则	要求	必要条件	充分条件
三指标法则	$n \geqslant 1$ $\boldsymbol{\Lambda}_x$ 每一行有一个非零元素 每个因素三个或以上指标 $\boldsymbol{\Theta}_\delta$ 为对角阵	否	是
两指标模型 法则1	$n > 1$，$\varphi_{ij} \neq 0$ $\boldsymbol{\Lambda}_x$ 每一行有一个非零元素 每个因素两个或以上指标 $\boldsymbol{\Theta}_\delta$ 为对角阵	否	是
两指标模型 法则2	$n > 1$，$\varphi_{ij} \neq 0$（至少有一对 i，j，且 $i \neq j$） $\boldsymbol{\Lambda}_x$ 每一行有一个非零元素 每个因素两个或以上指标 $\boldsymbol{\Theta}_\delta$ 为对角阵	否	是

一个常用的办法是限定两个项目的误差相等，减少一个 δ 的估计。一般地，一个三指标模型是一个单因子 CFA 模型可识别的充分非必要条件（公式 3.7）。

$$x_1 = \xi_1 + \delta_1$$
$$x_2 = \lambda_{21}\xi_1 + \delta_2 \qquad (3.7)$$
$$x_3 = \lambda_{31}\xi_1 + \delta_3$$

三、验证性因素分析建模

在了解了测量误差之后，我们知道了在 SEM 框架下，对于特质的测量会更准确。因为 SEM 考虑了题目与潜在特质之间的关系，假设心理测量的题目都具有一定的测量误差。而不同题目之间，会有不同的测量信度，每道题目对于潜在特质的权重不同。这个假设更符合实际情况，也能获得更精确的潜在特质的表征。

再来看自我效能感的例子。前面提到了，数学自我效能感的测量包含了不同的方面。而当我们测量一个学生效能感的时候，势必也会针对不同的学科。比如，数学自我效能感、科学自我效能感、阅读自我效能感等。当我们去测量一个个体的学业效能感的时候，会分为以上几个"维度（dimension）"去表征。这就是心理测量理论当中的多维假设（multi-dimension）。一个心理特质往往包含了许多方面。比如，效能感，包含了数学、科学、阅读等不同学科特定的效能感。同样的道理，在考查学生学习动机的时候，也会分为内部动机、外部动机等不同的侧面，考查学业投入时，也会分为情感投入、行为投入等侧面。这些不同的维度，在心理测量学中，也称为因素（factor，或因子），衍生出来的方法，即"因素分析

(factor analysis)"。

(一)探索性因素分析和验证性因素分析

在统计方法上,有两种因素分析:探索性(exploratory,EFA)和验证性(confirmative,CFA)。EFA 是较为传统的方法,在很多统计软件如 SAS、SPSS 当中广泛应用。在 EFA 中,题目的潜在维度没有事先被确定,是一个数据驱动的过程;而在 CFA 中,每道题目所属的维度被事先确定,是一个理论驱动的过程。图 3-3 展示了两种因素分析的测量模型框架。关于 EFA 的分析方法,请参考其他多元统计教材。

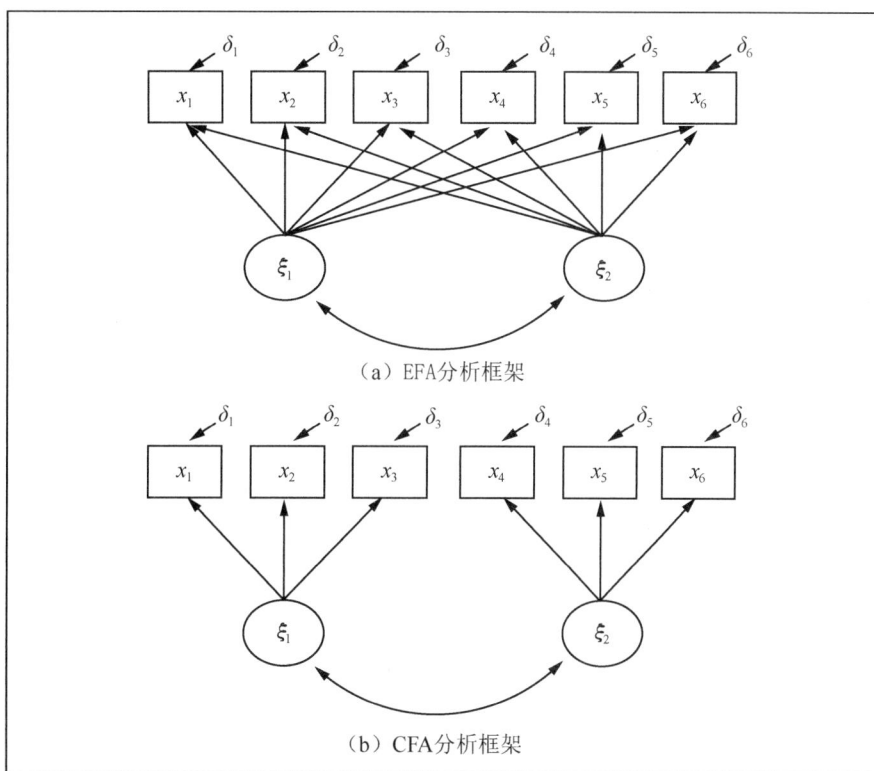

(a) EFA分析框架

(b) CFA分析框架

图 3-3 EFA(a)与 CFA(b)的测量模型

探索性因素分析中要求:①所有的公共因素都相关(或都无关);②所有的公共因素直接影响所有的观测变量;③特殊因素之间相互独立;④所有观测变量只受一个特殊因素的影响;⑤公共因素和特殊因素相互独立;⑥观测变量与潜在变量之间的关系不是事先假定的;⑦潜在变量的个数不是在分析前确定的。而与之对应,验证性因素分析要求:①公共因素之间可以相关也可以无关;②观测变量可以只受某一个或几个公共因素的影响而不必受所有公共因素的影响;③特殊因素之间可以有相关,还可以出现不存在误差因素的观测变量;④公共因素和特殊因素之间相互独立；⑤观测变量与潜变量之间的关系是事先假定的；⑥潜在变量的个数在数据分析前是确定的；⑦模型通常要求是可识别的。

(二)验证性因素分析的基本方法

现在用 PISA 测验当中对于学习动机的题目进行分析。在 PISA 科学测验中，有 9 道题目测量了个体的学习动机，分为两个维度：兴趣和工具性动机，如表 3-2 所示。

表 3-2　PISA 2015 科学动机量表

题目

兴趣

　1. 学习学校科学课时，我乐在其中。

　2. 我喜欢阅读学校科学课相关的书籍。

　3. 完成学校科学课相关的任务时，我感到快乐。

　4. 我享受学校科学课上新知识的获得过程。

　5. 我对学习学校科学课感兴趣。

工具性动机

　6. 努力学好学校科学课是值得的，因为这对我今后在从事心仪工作时有帮助。

　7. 在学校科学课中所学到的知识对于我来说很重要，因为这正是我在以后做想做的事情时需要用到的。

　8. 学习学校科学课对我来说很有价值，因为所学到的东西将有助于我的职业发展。

　9. 我在学校科学课当中学到的很多东西将有助于我找到一份工作。

采用 1～4 点的李克特式量表进行评分。在兴趣维度中，1 为完全不同意、4 为非常同意；在工具性动机维度中，1 为非常同意、4 为完全不同意。现在，已知条件是这 9 道题目的相关矩阵，如表 3-3 所示。

表 3-3　PISA 2015 科学动机题目的相关矩阵、均值与标准差

	x_1	x_2	x_3	x_4	x_5	x_6	x_7	x_8	x_9
x_1	1.00								
x_2	0.77	1.00							
x_3	0.73	0.79	1.00						
x_4	0.74	0.81	0.80	1.00					
x_5	0.74	0.78	0.79	0.82	1.00				
x_6	−0.22	−0.22	−0.23	−0.23	−0.24	1.00			
x_7	−0.22	−0.23	−0.25	−0.23	−0.25	0.74	1.00		
x_8	−0.24	−0.24	−0.25	−0.24	−0.25	0.72	0.81	1.00	
x_9	−0.21	−0.20	−0.22	−0.20	−0.22	0.61	0.69	0.73	1.00

续表

	x_1	x_2	x_3	x_4	x_5	x_6	x_7	x_8	x_9
M	2.94	2.92	2.82	2.95	2.91	1.84	1.91	1.90	1.99
SD	0.67	0.68	0.70	0.67	0.69	0.66	0.68	0.67	0.73

这 9 道题目之间的相关系数可以粗略看出来，前 5 道题之间的相关较高，后 4 道题之间的相关也较高。而表 3-2 中表示的矩阵，就是第一章中提到的样本观测矩阵 S。根据相关动机理论框架(Deci & Ryan，2000；Eccles & Wigfield，2002)，PISA 动机题目分为两个维度：兴趣(内部动机)和工具性动机(外部动机)。兴趣维度有 5 道题目，工具性动机有 4 道题目。可以根据理论假设，画出 SEM 的测量框架图，如图 3-4 所示。

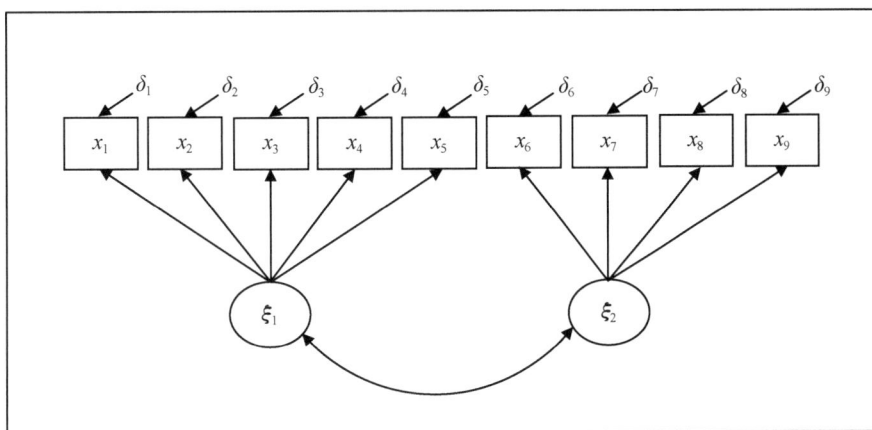

图 3-4 PISA2015 科学动机测量模型

根据结构图，可以用 SEM 矩阵的形式来表征。

$$x = \Lambda_x \xi + \delta,$$

$$
\begin{bmatrix} x_1 \\ x_2 \\ x_3 \\ x_4 \\ x_5 \\ x_6 \\ x_7 \\ x_8 \\ x_9 \end{bmatrix}
=
\begin{bmatrix} 1 & 0 \\ \lambda_2 & 0 \\ \lambda_3 & 0 \\ \lambda_4 & 0 \\ \lambda_5 & 0 \\ 0 & 1 \\ 0 & \lambda_7 \\ 0 & \lambda_8 \\ 0 & \lambda_9 \end{bmatrix}
\begin{bmatrix} \xi_1 \\ \xi_2 \end{bmatrix}
+
\begin{bmatrix} \delta_1 \\ \delta_2 \\ \delta_3 \\ \delta_4 \\ \delta_5 \\ \delta_6 \\ \delta_7 \\ \delta_8 \\ \delta_9 \end{bmatrix},
\tag{3.8}
$$

$$
\boldsymbol{\Phi} = \begin{bmatrix} \varphi_{11} & 0 \\ \varphi_{21} & \varphi_{22} \end{bmatrix},
$$

$$\boldsymbol{\Theta_{\delta}} = \mathrm{diag}[\mathrm{var}(\delta_1), \mathrm{var}(\delta_2), \cdots, \mathrm{var}(\delta_9)]$$

等式 3.8 所表征的是 CFA 中模型的参数矩阵，当中的 λ，φ 和 δ 都是未知数，称为需要进行估计的参数。可知等式 3.8 中有 7 个系数 λ（固定载荷法，将两个潜变量对各自第一个指标的载荷固定为 1），3 个潜变量协方差元素 φ 以及 9 个测量误差 δ 的方差需要进行估计，共 19 个参数。可推导出模型的理论关系 $\boldsymbol{\Sigma(\theta)}$ 与样本矩阵 $\boldsymbol{S}$ 的代数关系，即

$$\begin{aligned}
\boldsymbol{\Sigma(\theta)} &= E(\boldsymbol{xx'}) \\
&= E[(\boldsymbol{\Lambda_x\xi} + \boldsymbol{\delta})(\boldsymbol{\xi'\Lambda'_x} + \boldsymbol{\delta'})] \\
&= \boldsymbol{\Lambda_x}E(\boldsymbol{\xi\xi'})\boldsymbol{\Lambda'_x} + \boldsymbol{\Theta_\delta} \\
&= \boldsymbol{\Lambda_x\Phi\Lambda'_x} + \boldsymbol{\Theta_\delta}
\end{aligned} \tag{3.9}$$

等式 3.9 表征了理论矩阵 $\boldsymbol{\Sigma(\theta)}$ 用 3.8 当中的参数矩阵表征的代数运算法则，可以将式 3.8 带入式 3.9，进行矩阵运算，得到带有 3.8 中参数的理论矩阵 $\boldsymbol{\Sigma(\theta)}$。然后，根据样本观测矩阵 $\boldsymbol{S}$，令 $\boldsymbol{S} = \boldsymbol{\Sigma(\theta)}$，建立已知数与未知数的数量关系，可以由现行的软件进行模型估计，具体的估计方法在这里不再赘述。

特别地，在这个例子当中，在用 Mplus 进行模型估计的时候，默认采用固定载荷的方法，为潜变量规定测量尺度。该模型存在两个因素，每个因素至少三个指标，亦满足三指标法则（充分条件）。与此同时，观测矩阵 $\boldsymbol{S}$ 中有 45 个元素（表 3-2），而理论设定矩阵 $\boldsymbol{\Sigma(\theta)}$ 有 19 个未知数（公式 3.8），已知数大于未知数，满足 t 法则（必要条件）。故存在一个最优解使得 $\boldsymbol{S}$ 与 $\boldsymbol{\Sigma(\theta)}$ 之间的差异最小。而根据这个数量关系推导出来的矩阵，即再生矩阵 $\boldsymbol{\Sigma(\hat{\theta})}$，是介于理论矩阵与观测矩阵之间的"最优解"。

第二节　Mplus 实例分析

一、研究问题确定

沿用第一节中 PISA 测验动机题目的例子。已知有 9 道题目，兴趣维度 5 题（$x_1 \sim x_5$），工具性动机维度 4 题（$x_6 \sim x_9$）。构建两因素 CFA 模型，使用 Mplus 软件进行分析。

动机因子的题目相关矩阵见表 3-3。测验题目见表 3-2。

二、数据处理与结果分析

如图 3-5 所示，特别地，由于两个维度的题目选项指代意义相反，故进行分数反向处理，采用"DEFINE"语句。由于是四点量表，故用 5 减题目原始的分，得到反向后的记分。使用的变量为 ST0941－ST1134 的原始项目。注意：在 CFA 中，Mplus 使用的语句是 BY，表示"factor is measured BY indicators"。在 Mplus 的估计中，默认采用固定载荷的方式进行分析，及固定两个因素各自的第一个指标的载荷为 1，无须输入其他指令①。

```
TITLE: THIS IS AN EXAMPLE OF CFA
DATA: FILE IS PISA2015_CHI_SE.DAT;
VARIABLE:
NAMES ARE CNT GRD GEN ST1181-ST1185 ST1001-ST1005
          ST1031-ST1034 ST1041-ST1045 ST1071-ST1073
          ST0941-ST0945 ST1131-ST1134 ST1291-ST1298
          AGE DISCLS TSPCLS INQINS DIRINS
          ENJSCI ITRSCI EFFSCI ANX MOT SES
          ACHSCI ACHEXP ACHEVA ACHINT ACHCOT ACHPRO
          ACHPHY ACHLIV ACHEAR;
USEV ARE ST0941-ST1134;
MISSING ARE GEN-ST1298 (5-9) AGE-SES (95-99);
DEFINE: ST1131 = 5 - ST1131;ST1132 = 5 - ST1132;
        ST1133 = 5 - ST1133;ST1134 = 5 - ST1134;
MODEL:
INTS BY ST0941-ST0945;
INST BY ST1131-ST1134;
OUTPUT: SAMPSTAT;STDYX;
```

图 3-5　CFA 输入程序

主要分析结果如图 3-6 所示。

```
*** WARNING
  Data set contains cases with missing on all variables.
  These cases were not included in the analysis.
  Number of cases with missing on all variables:   10
   1 WARNING(S) FOUND IN THE INPUT INSTRUCTIONS

THIS IS AN EXAMPLE OF CFA

SUMMARY OF ANALYSIS

Number of groups                                       1
Number of observations                              1990

Number of dependent variables                          9
Number of independent variables                        0
Number of continuous latent variables                  2

Observed dependent variables

  Continuous
   ST0941      ST0942      ST0943      ST0944      ST0945      ST1131
   ST1132      ST1133      ST1134

Continuous latent variables
   INTS        INST
```

图 3-6　CFA 输出结果(基本信息)

---

① 若需要采用固定方差法，需添加指令释放载荷，再限定方差。详细参照本书第七章。

本次分析有 10 个个案缺失(指标变量全部缺失),故在本次的分析中删除。有效被试共 1990 人。然后是变量的描述统计情况,展示了变量的协方差矩阵、相关矩阵和均值。

然后显示了模型整体拟合指标(model fit information)、模型估计结果(model results)、标准化解(standerdized results)和题目的解释率(R-square)。

其中,在 Mplus 的比较高级的版本中,默认为包含了均值和截距的模型,即考虑潜变量的均值和观测变量与潜变量函数关系的截距项。具体内容参见本书第四章。

在均值和截距模型中,已知参数除了相关矩阵之外,还加上了测量指标的均值(本例中,已知参数共 54 个),需要估计的参数增加了观测变量的均值(本例中,估计参数为 7 个路径系数、9 个测量误差、1 个因子相关及 2 个潜变量方差、9 个截距,共 28 个参数)(图 3-7、图 3-8)。

```
SAMPLE STATISTICS
    ESTIMATED SAMPLE STATISTICS
      Means
        ST0941        ST0942        ST0943        ST0944        ST0945
        _____      _____      _____      _____      _____
    1      2.923         2.911         2.814         2.933         2.897
      Means
        ST1131        ST1132        ST1133        ST1134
        _____      _____      _____      _____
    1      3.165         3.093         3.102         3.011
      Covariances
        ST0941        ST0942        ST0943        ST0944        ST0945
        _____      _____      _____      _____      _____
ST0941    0.423
ST0942    0.339         0.460
ST0943    0.329         0.373         0.483
ST0944    0.320         0.365         0.368         0.430
ST0945    0.330         0.357         0.373         0.369         0.471
ST1131    0.078         0.084         0.095         0.081         0.084
ST1132    0.089         0.094         0.108         0.090         0.099
ST1133    0.088         0.093         0.112         0.089         0.093
ST1134    0.076         0.079         0.098         0.084         0.091
      Covariances
        ST1131        ST1132        ST1133        ST1134
        _____      _____      _____      _____
ST1131    0.429
ST1132    0.313         0.453
ST1133    0.308         0.360         0.432
ST1134    0.275         0.332         0.341         0.510
      Correlations
        ST0941        ST0942        ST0943        ST0944        ST0945
        _____      _____      _____      _____      _____
ST0941    1.000
ST0942    0.769         1.000
ST0943    0.729         0.790         1.000
ST0944    0.750         0.821         0.806         1.000
ST0945    0.739         0.766         0.782         0.820         1.000
ST1131    0.183         0.188         0.208         0.188         0.186
ST1132    0.203         0.206         0.232         0.204         0.215
ST1133    0.206         0.208         0.245         0.207         0.205
ST1134    0.164         0.162         0.197         0.180         0.185
      Correlations
        ST1131        ST1132        ST1133        ST1134
        _____      _____      _____      _____
ST1131    1.000
ST1132    0.709         1.000
ST1133    0.715         0.814         1.000
ST1134    0.589         0.690         0.727         1.000
```

图 3-7 CFA 输出结果(描述统计)

描述统计结果先后给出了指标(或外显变量)的均值、指标之间的协方差和相关。注意在 Mplus 中并未直接给出指标(或外显变量)的标准差。使用协方差矩阵对角线上元素的算术平方根即可求得相应指标的标准差。在本输出结果中，所有题目之间的相关为正值，说明题目已经反向，注意和表 3-2 中的原始相关系数符号的区别，如图 3-8 所示。

```
MODEL FIT INFORMATION
Number of Free Parameters                    28
Loglikelihood
        H0 Value                        -10902.437
        H1 Value                        -10852.291
Information Criteria
        Akaike (AIC)                     21860.874
        Bayesian (BIC)                   22017.559
        Sample-Size Adjusted BIC         21928.601
          (n* = (n + 2) / 24)
Chi-Square Test of Model Fit
        Value                              100.291
        Degrees of Freedom                      26
        P-Value                             0.0000
RMSEA (Root Mean Square Error Of Approximation)
        Estimate                            0.038
        90 Percent C.I.                     0.030  0.046
        Probability RMSEA <=0.05            0.994
CFI/TLI
        CFI                                 0.995
        TLI                                 0.993
Chi-Square Test of Model Fit for the Baseline Model
        Value                            14825.369
        Degrees of Freedom                      36
        P-Value                             0.0000
SRMR (Standardized Root Mean Square Residual)
        Value                               0.011
```

图 3-8　CFA 输出结果(模型拟合)

接着给出了模型整体拟合，包括常用的拟合指标，如 χ^2 值、RMSEA、CFI 和 TLI 值等，如图 3-9 所示。

```
MODEL RESULTS
                                                   Two-Tailed
                   Estimate    S.E.   Est./S.E.   P-Value
INTS     BY
    ST0941          1.000     0.000    999.000    999.000
    ST0942          1.117     0.022     51.911      0.000
    ST0943          1.130     0.022     50.485      0.000
    ST0944          1.108     0.021     53.738      0.000
    ST0945          1.115     0.022     50.361      0.000
INST     BY
    ST1131          1.000     0.000    999.000    999.000
    ST1132          1.169     0.026     44.306      0.000
    ST1133          1.178     0.026     45.217      0.000
    ST1134          1.088     0.029     37.182      0.000
INST     WITH
    INTS            0.074     0.007     10.423      0.000
 Intercepts
    ST0941          2.923     0.015    200.415      0.000
    ST0942          2.911     0.015    191.280      0.000
    ST0943          2.814     0.016    180.415      0.000
    ST0944          2.933     0.015    199.293      0.000
    ST0945          2.897     0.015    188.052      0.000
    ST1131          3.165     0.015    215.321      0.000
    ST1132          3.093     0.015    204.852      0.000
    ST1133          3.102     0.015    210.341      0.000
    ST1134          3.011     0.016    187.735      0.000
```

在 Mplus 中默认估计结果输出每个项目的截距。详细参见本书第四章。

图 3-9　CFA 输出结果(非标准化参数估计)

```
Variances
   INTS              0.294      0.013     22.685     0.000
   INST              0.262      0.013     20.302     0.000
Residual Variances
   ST0941            0.128      0.005     27.396     0.000
   ST0942            0.093      0.004     24.395     0.000
   ST0943            0.107      0.004     25.270     0.000
   ST0944            0.069      0.003     22.153     0.000
   ST0945            0.105      0.004     25.276     0.000
   ST1131            0.167      0.006     27.249     0.000
   ST1132            0.094      0.005     20.103     0.000
   ST1133            0.068      0.004     16.325     0.000
   ST1134            0.200      0.007     27.364     0.000
```

图 3-9　CFA 输出结果（非标准化参数估计）（续）

然后是非标准化参数估计。估计结果按照载荷、维度间相关（对应于 φ_{21}），截距、潜变量方差（对应于 φ_{11}，φ_{22}）、测量误差（或残差方差）的结果呈现。在 Mplus 中默认以每个维度的第一个题目的载荷固定为 1 进行估计，其他题目的载荷以第一个题目为参照，所以非标准化载荷会出现超过 1 的情况。一般在报告结果的时候，将载荷进行标准化处理（参见本章第一节）。标准化参数估计在非标准化参数估计之后，如图 3-10 所示。

```
STANDARDIZED MODEL RESULTS
STDYX Standardization
                                             Two-Tailed
                   Estimate      S.E.   Est./S.E.   P-Value
INTS     BY
   ST0941            0.835      0.008    110.598     0.000
   ST0942            0.893      0.005    165.292     0.000
   ST0943            0.882      0.006    152.247     0.000
   ST0944            0.917      0.005    201.538     0.000
   ST0945            0.881      0.006    150.876     0.000
INST     BY
   ST1131            0.782      0.010     79.381     0.000
   ST1132            0.890      0.006    137.606     0.000
   ST1133            0.918      0.006    161.051     0.000
   ST1134            0.780      0.010     78.703     0.000
INST     WITH
   INTS              0.265      0.022     11.835     0.000
Intercepts
   ST0941            4.496      0.075     60.134     0.000
   ST0942            4.291      0.072     59.871     0.000
   ST0943            4.048      0.068     59.499     0.000
   ST0944            4.470      0.074     60.100     0.000
   ST0945            4.220      0.071     59.691     0.000
   ST1131            4.832      0.080     60.461     0.000
   ST1132            4.596      0.076     60.238     0.000
   ST1133            4.721      0.078     60.294     0.000
   ST1134            4.214      0.071     59.703     0.000
Variances
   INTS              1.000      0.000    999.000   999.000
   INST              1.000      0.000    999.000   999.000
Residual Variances
   ST0941            0.303      0.013     24.060     0.000
   ST0942            0.202      0.010     20.950     0.000
   ST0943            0.222      0.010     21.697     0.000
   ST0944            0.160      0.008     19.171     0.000
   ST0945            0.223      0.010     21.699     0.000
   ST1131            0.389      0.015     25.224     0.000
   ST1132            0.208      0.012     18.072     0.000
   ST1133            0.157      0.010     14.996     0.000
   ST1134            0.392      0.015     25.379     0.000
```

图 3-10　CFA 输出结果（标准化参数估计）

```
R-SQUARE
   Observed                                        Two-Tailed
   Variable      Estimate     S.E.   Est./S.E.     P-Value
   ST0941        0.697        0.013  55.299        0.000
   ST0942        0.798        0.010  82.646        0.000
   ST0943        0.778        0.010  76.124        0.000
   ST0944        0.840        0.008  100.769       0.000
   ST0945        0.777        0.010  75.438        0.000
   ST1131        0.611        0.015  39.690        0.000
   ST1132        0.792        0.012  68.803        0.000
   ST1133        0.843        0.010  80.525        0.000
   ST1134        0.608        0.015  39.351        0.000
```

图 3-10　CFA 输出结果(标准化参数估计)(续)

最后，给出 R^2，表示每道题目的解释率(每道题目的信度，参见本书第七章)。注意在标准化解中，解释率与残差方差之和为 1。

三、文献中的报告

中国北上广苏地区有 10 名被试缺失，有效被试共 1990 名。经过 CFA 分析，该问卷结构良好。模型整体拟合：$\chi^2 = 100.291$，$df = 26$，$p < 0.001$，RMSEA $= 0.038$，TLI $= 0.995$，CFI $= 0.993$。兴趣维度项目的标准化载荷为 $0.835 \sim 0.917$，工具性动机维度项目的标准化载荷为 $0.780 \sim 0.918$，载荷均达到 0.001 显著水平，并且解释率呈中高水平(解释率均大于 60%)。兴趣与工具性动机之间呈弱正相关，$r = 0.265$。问卷结构图如图 3-11 所示，显示了估计值和标准误(括号，亦可不显示)。

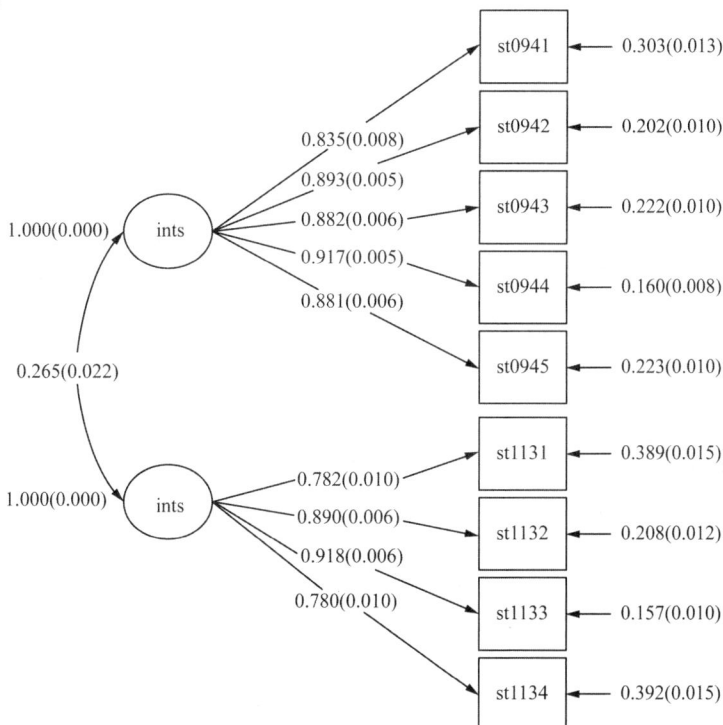

图 3-11　PISA 2015 科学动机结构图

第三节　模型修正与比较

在进行了模型初步估计之后，有时候模型的结果往往不尽如人意。这个时候，我们需要通过统计参数的提示，对已有的模型进行修正。CFA 模型中的模型修正是通过修正指数(modified index，MI)来进行的。而经过修正之后的模型，可以通过模型比较的方法判断新模型是否明显优于原模型。

一、模型修正的基本原理

在 CFA 模型中，模型的定义是通过理论获得的。而在理论框架下，需要固定或估计的参数数目和数据本身的情况并不相符。例如，在上一节中的 PISA 数据动机的例子理论中，假设前 5 个指标受到第一个因素的影响，后 4 个指标受到第二个因素的影响，并且测量误差之间不具备相关。但是在实际的数据当中，变量之间或多或少存在着相互依存的关系。所以，更符合实际数据的情况是，前 5 个指标会在一定程度上受到第二个因素的影响，后 4 个指标亦会在一定程度上受到第一个因素的影响，与此同时，指标之间的测量误差或存在相关。所以，一个更符合实际数据的情况，就是允许不同的指标变量和因素之间相关，或是允许测量的误差之间存在相关。

从理论上来说，因为 CFA 当中的严格假设，导致理论和数据之间不符合，造成了模型的整体拟合指标情况不好。在 CFA 模型中，研究者希望通过模型估计获得一个最符合理论的，更为"简单"的模型。但是由于其限定太多(很多路径都固定为 0，比如第一个题目到第二个因子之间的载荷)，数据的实际情况与理论不符。一个提高模型整体拟合的办法就是释放一定的路径，让理论模型变得更"复杂"，更符合实际的情况。

修正指数就是基于上述的数据分析基本假设而来的。修正指数所指代的，是释放该路径之后(将该路径由固定为 0 变成自由估计，需要估计的参数加 1，自由度减 1)，模型的卡方值可以减小的数量。如果释放之后的卡方值明显减小，意味着模型整体拟合可以变得更好，那么在统计上就可以释放该参数。在依照修正指数进行模型修正的时候，一般要求每次只释放一条路径。因为每变化一条路径的时候，模型的整体拟合都会改变。

从统计假设来说，理论上可以释放至所有的路径至可以达到模型识别的时候，该模型被称为饱和模型(saturated model)。所以，饱和模型的自由为 0，卡方值也为 0。这个时候，理论模型复杂程度最高，而理论和数据的拟合"最完美"。对应地，当所有路径都固定的时候，该模型被称为独立模型(也叫虚无模型或零模型),理论模型复杂程度最低,拟合"最糟糕"。独立模型是很多拟合指数当中做模型比较的"基线水平(baseline)"。

有研究者提出了模型修正的几个步骤(Jöreskog & Sörbom,1993)。

(1)依据理论或有关假设,提出一个或数个合理的先验模型。

(2)检查因子与题目间的关系,建立测量模型,有时可能会增删或重组题目。若用同一样本数据去修正重组测量模型,再检查新模型的拟合指数(这一步类似于探索性因素分析)。

(3)若模型含有多个因子,可循序渐进地,每次只检查含两个因子的模型,确立测量模型之后,再将所有引自合并成预设的先验模型,做一个总体检查。

(4)对每一个模型,检查整体拟合指标和修正指数,据此修改并重复步骤3和步骤4。

(5)确定最后的模型,最好用另一个独立样本做交叉验证(cross-validate)。

二、模型比较的基本原理

在进行修正的过程中,比较两个模型的优劣除了看各自的拟合指标之外,另外一个做法是比较嵌套模型(nested model)的卡方变化程度。而嵌套模型的定义,即通过同一个理论假设当中定义的包含不同路径系数的模型,简单模型嵌套于复杂模型。比如,当模型 A 释放了一条路径之后得到模型 B,我们说模型 A 嵌套于模型 B。这时,模型 B 需要估计的参数增加 1,自由度减少 1,卡方值变小,模型整体拟合变好。如果这个变化达到了显著性水平,则说明模型 B 显著优于模型 A,则可以接受模型 B。若两个模型的差异没有达到统计意义上的显著,则说明两个模型之间没有差异。若复杂模型并不能显著优于简单模型,则保留简单模型。

在这里,基本的统计虚无假设是新模型的卡方和原模型的卡方相等。检验该假设则采用卡方检验的方法。根据释放路径的个数(对应的自由度),找到卡方检验的临界值水平。若实际变化的卡方值超过了该临界值,则拒绝虚无假设,两个模型差异显著。反之亦然。

类似地,我们可以通过似然函数来进行检验。似然函数比(likelihood ratio,LR)检验方法的基本算法和卡方检验类似。

$$\text{LR} = -2\left[\log L(\hat{\theta}_{Test}) - \log L(\hat{\theta}_{Null})\right] \tag{3.10}$$

其中,-2 倍的似然函数比的差值满足卡方分布,依照卡方检验的标准对 LR 指标进行检验即可。

原则上,每次只修改一个参数。因为按照修正指标进行修改之后,数量关系会发生改变。此外,修正指数只是从数据的角度对模型进行修正,不能代表其理论含义。故在使用修正指数修正模型的时候,仍然需要根据数据、理论、应用多方面考虑。

三、Mplus 中模型修正的方法

沿用 PISA2015 数据当中的动机问卷，让模型输出修正指数的方法是在 OUTPUT 中加上"MOD"语句，如图 3-12 所示。

```
TITLE: THIS IS AN EXAMPLE OF CFA
DATA: FILE IS PISA2015_CHI_SE.DAT;
VARIABLE:
NAMES ARE CNT GRD GEN ST1181-ST1185 ST1001-ST1005
          ST1031-ST1034 ST1041-ST1045 ST1071-ST1073
          ST0941-ST0945 ST1131-ST1134 ST1291-ST1298
          AGE DISCLS TSPCLS INQINS DIRINS
          ENJSCI ITRSCI EFFSCI ANX MOT SES
          ACHSCI ACHEXP ACHEVA ACHINT ACHCOT ACHPRO
          ACHPHY ACHLIV ACHEAR;
USEV ARE ST0941-ST1134;
MISSING ARE GEN-ST1298 (5-9) AGE-SES (95-99);
MODEL:
INTS BY ST0941-ST0945;
INST BY ST1131-ST1134;
OUTPUT: SAMPSTAT;STDYX;MOD;
```

图 3-12 CFA 输入程序(增加修正指数命令)

输出结果和上一节完全相同，只是在程序最后多出了如图 3-13 所示的输出结果。

```
MODEL MODIFICATION INDICES

NOTE:  Modification indices for direct effects of observed dependent variables
regressed on covariates may not be included.  To include these, request
MODINDICES (ALL).

Minimum M.I. value for printing the modification index    10.000
                              M.I.     E.P.C.  Std E.P.C.  StdYX E.P.C.
WITH Statements
ST0942    WITH ST0941      29.396     0.017     0.017      0.159
ST0944    WITH ST0941      18.514    -0.013    -0.013     -0.136
ST0945    WITH ST0942      39.910    -0.020    -0.020     -0.203
ST0945    WITH ST0944      19.328     0.013     0.013      0.156
ST1132    WITH ST1131      12.071     0.016     0.016      0.129
ST1134    WITH ST1133      13.441     0.019     0.019      0.160
```

图 3-13 CFA 输出结果(修正指数)

从图 3-14 结果可知，能最大程度改变卡方值的是 ST0945 和 ST0942 之间的相关(可减少 39.910 的卡方值)。修改时，将 ST0945 和 ST0942 的路径设定为相关(ST0945 is correlated WITH ST0942)，修改后的语句如图 3-14 所示。

```
TITLE: THIS IS AN EXAMPLE OF CFA
DATA: FILE IS PISA2015_CHI_SE.DAT;
VARIABLE:
NAMES ARE CNT GRD GEN ST1181-ST1185 ST1001-ST1005
          ST1031-ST1034 ST1041-ST1045 ST1071-ST1073
          ST0941-ST0945 ST1131-ST1134 ST1291-ST1298
          AGE DISCLS TSPCLS INQINS DIRINS
          ENJSCI ITRSCI EFFSCI ANX MOT SES
          ACHSCI ACHEXP ACHEVA ACHINT ACHCOT ACHPRO
          ACHPHY ACHLIV ACHEAR;
USEV ARE ST0941-ST1134;
MISSING ARE GEN-ST1298 (5-9) AGE-SES (95-99);
MODEL:
INTS BY ST0941-ST0945;
INST BY ST1131-ST1134;
ST0945 WITH ST0942;
OUTPUT: SAMPSTAT;STDYX;
```

图 3-14 CFA 输入程序(修正后)

修改之后，输出结果如图 3-15 所示。由结果可知，描述统计部分并无变化。

```
SAMPLE STATISTICS
    ESTIMATED SAMPLE STATISTICS
        Means
           ST0941         ST0942         ST0943         ST0944         ST0945
      1      2.923          2.911          2.814          2.933          2.897
        Means
           ST1131         ST1132         ST1133         ST1134
      1      3.165          3.093          3.102          3.011

        Correlations
           ST0941         ST0942         ST0943         ST0944         ST0945
ST0941     1.000
ST0942     0.769          1.000
ST0943     0.729          0.790          1.000
ST0944     0.750          0.821          0.806          1.000
ST0945     0.739          0.766          0.782          0.820          1.000
ST1131     0.183          0.188          0.208          0.188          0.186
ST1132     0.203          0.206          0.232          0.204          0.215
ST1133     0.206          0.208          0.245          0.207          0.205
ST1134     0.164          0.162          0.197          0.180          0.185

        Correlations
           ST1131         ST1132         ST1133         ST1134
ST1131     1.000
ST1132     0.709          1.000
ST1133     0.715          0.814          1.000
ST1134     0.589          0.690          0.727          1.000
```

图 3-15 CFA 输出结果(修正后描述统计)

模型整体拟合如图 3-16 所示。

```
MODEL FIT INFORMATION
Number of Free Parameters                      29
Loglikelihood
        H0 Value                         -10880.791
        H1 Value                         -10852.291
Information Criteria
        Akaike (AIC)                      21819.582
        Bayesian (BIC)                    21981.863
        Sample-Size Adjusted BIC          21889.728
          (n* = (n + 2) / 24)
Chi-Square Test of Model Fit
        Value                                57.000
        Degrees of Freedom                       25
        P-Value                              0.0003
RMSEA (Root Mean Square Error Of Approximation)
        Estimate                             0.025
        90 Percent C.I.                      0.017   0.034
        Probability RMSEA <=0.05             1.000
CFI/TLI
        CFI                                  0.998
        TLI                                  0.997
Chi-Square Test of Model Fit for the Baseline Model
        Value                             14825.369
        Degrees of Freedom                       36
        P-Value                              0.0000
SRMR (Standardized Root Mean Square Residual)
        Value                                0.010
```

图 3-16 CFA 输出结果(修正后模型拟合)

新模型的各项指标都优于原模型。新模型的卡方值为 57.000，而原模型的卡方值为 100.291，对应于自由度为 1 的卡方检验临界值（$\chi^2 = 3.841$），检验显著，说明新模型显著优于原模型。新模型的参数估计结果如图 3-17、图 3-18 所示。这里分别给出了非标准化和标准化估计，可知结果跟修正之前有些许变化。

```
MODEL RESULTS
                                                  Two-Tailed
                   Estimate      S.E.    Est./S.E.  P-Value
 INTS      BY
   ST0941          1.000        0.000    999.000    999.000
   ST0942          1.134        0.022     52.568      0.000
   ST0943          1.126        0.022     50.210      0.000
   ST0944          1.103        0.021     53.550      0.000
   ST0945          1.133        0.022     51.077      0.000
 INST      BY
   ST1131          1.000        0.000    999.000    999.000
   ST1132          1.169        0.026     44.308      0.000
   ST1133          1.178        0.026     45.216      0.000
   ST1134          1.088        0.029     37.182      0.000
 INST      WITH
   INTS            0.073        0.007     10.373      0.000
 ST0945    WITH
   ST0942         -0.020        0.003     -6.874      0.000
 Intercepts
   ST0941          2.923        0.015    200.416      0.000
   ST0942          2.911        0.015    191.263      0.000
   ST0943          2.814        0.016    180.422      0.000
   ST0944          2.933        0.015    199.293      0.000
   ST0945          2.897        0.015    188.070      0.000
   ST1131          3.165        0.015    215.321      0.000
   ST1132          3.093        0.015    204.852      0.000
   ST1133          3.102        0.015    210.340      0.000
   ST1134          3.011        0.016    187.735      0.000
 Variances
   INTS            0.293        0.013     22.684      0.000
   INST            0.262        0.013     20.303      0.000
 Residual Variances
   ST0941          0.129        0.005     28.022      0.000
   ST0942          0.083        0.004     21.252      0.000
   ST0943          0.111        0.004     25.867      0.000
   ST0944          0.073        0.003     23.120      0.000
   ST0945          0.094        0.004     22.307      0.000
   ST1131          0.167        0.006     27.249      0.000
   ST1132          0.094        0.005     20.096      0.000
   ST1133          0.068        0.004     16.331      0.000
   ST1134          0.200        0.007     27.363      0.000
```

图 3-17　CFA 输出结果（修正后非标准化参数估计）

```
STANDARDIZED MODEL RESULTS
STDYX Standardization
                                                  Two-Tailed
                   Estimate      S.E.    Est./S.E.  P-Value
 INTS      BY
   ST0941          0.833        0.007    111.399      0.000
   ST0942          0.905        0.005    170.332      0.000
   ST0943          0.877        0.006    147.892      0.000
   ST0944          0.911        0.005    194.124      0.000
   ST0945          0.894        0.006    155.962      0.000
 INST      BY
   ST1131          0.782        0.010     79.384      0.000
   ST1132          0.890        0.006    137.634      0.000
   ST1133          0.918        0.006    160.998      0.000
   ST1134          0.780        0.010     78.698      0.000
 INST      WITH
   INTS            0.263        0.022     11.764      0.000
 ST0945    WITH
   ST0942         -0.231        0.037     -6.278      0.000
```

图 3-18　CFA 输出结果（修正后标准化参数估计与解释率）

```
Intercepts
  ST0941            4.496      0.075     60.134      0.000
  ST0942            4.290      0.072     59.868      0.000
  ST0943            4.048      0.068     59.501      0.000
  ST0944            4.470      0.074     60.100      0.000
  ST0945            4.220      0.071     59.695      0.000
  ST1131            4.832      0.080     60.461      0.000
  ST1132            4.596      0.076     60.238      0.000
  ST1133            4.721      0.078     60.294      0.000
  ST1134            4.214      0.071     59.703      0.000
Variances
  INTS              1.000      0.000    999.000    999.000
  INST              1.000      0.000    999.000    999.000
Residual Variances
  ST0941            0.306      0.012     24.518      0.000
  ST0942            0.180      0.010     18.708      0.000
  ST0943            0.231      0.010     22.166      0.000
  ST0944            0.170      0.009     19.866      0.000
  ST0945            0.201      0.010     19.557      0.000
  ST1131            0.389      0.015     25.224      0.000
  ST1132            0.208      0.012     18.066      0.000
  ST1133            0.157      0.010     15.001      0.000
  ST1134            0.392      0.015     25.379      0.000

R-SQUARE
  Observed                                        Two-Tailed
  Variable        Estimate      S.E.    Est./S.E.  P-Value

  ST0941            0.694      0.012     55.700      0.000
  ST0942            0.820      0.010     85.166      0.000
  ST0943            0.769      0.010     73.946      0.000
  ST0944            0.830      0.009     97.062      0.000
  ST0945            0.799      0.010     77.981      0.000
  ST1131            0.611      0.015     39.692      0.000
  ST1132            0.792      0.012     68.817      0.000
  ST1133            0.843      0.010     80.499      0.000
  ST1134            0.608      0.015     39.349      0.000
```

图 3-18 CFA 输出结果(修正后标准化参数估计与解释率)(续)

修改之后,输出的修正指数如图 3-19 所示。与修正之前相比,结果也发生了一些变化。

```
MODEL MODIFICATION INDICES

NOTE:  Modification indices for direct effects of observed dependent variables
regressed on covariates may not be included.  To include these, request
MODINDICES (ALL).

Minimum M.I. value for printing the modification index    10.000

                        M.I.     E.P.C.    Std E.P.C.   StdYX E.P.C.
BY Statements
INST      BY ST0943    10.548    0.056      0.029        0.041

WITH Statements
ST0942    WITH ST0941  14.352    0.013      0.013        0.126
ST1132    WITH ST1131  12.000    0.016      0.016        0.128
ST1134    WITH ST1133  13.538    0.019      0.019        0.160
```

图 3-19 CFA 输出结果(修正后标准化参数估计与解释率)

从新的模型修正指数可知,并无太大的卡方值变化,故可以保留目前的结果(增加 ST0942 与 ST0945 的相关系数)。模型最后的结构图如图 3-20 所示。

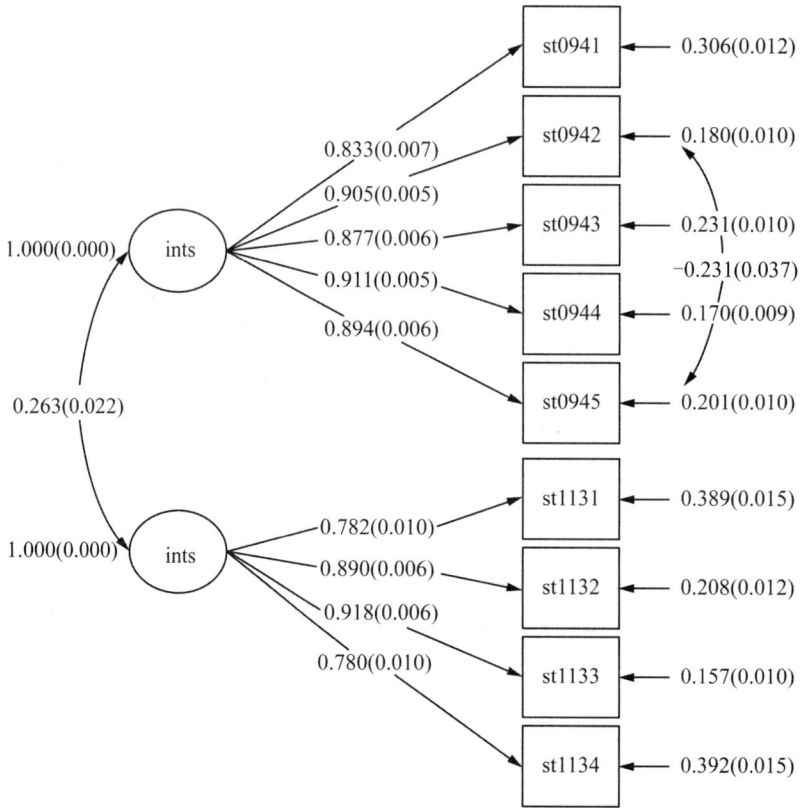

图 3-20　PISA 2015 科学动机结构图(修正后)

第四章 验证性因素分析模型(二)

引入了验证性因素分析之后，对测量部分的分析方法的灵活性大大增加。当理论模型可能包含多个因素的时候，研究者想继续提炼出更为凝练的因素结构。这个时候可以采取高阶因素分析的方法(higher-order factor analysis)。高阶因子可以更概括地包含一些初阶因子，是一种"主宰"因子。

第一节 高阶验证性因素分析的基本原理

在高阶因素分析中，较为具体的指代指标所涵盖内容的因素叫作"一阶因素"，它们的概括性一般，并不具备概括所有项目的能力；具备更强概括能力的因素为"二阶因素"或"高阶因素"，它们直接指向一阶因素，可以看成以一阶因素为"指标"的因素分析。

在做高阶因素分析的时候，虽然可以通过"指标"的思想去理解二阶因子，但是在 SEM 的模型构架上却不能用指标和测量误差来表征。具体来看，在 CFA 中画结构图时，箭头的方向是由一阶因素(潜变量)指向指标(观测变量)的。如果推广到二阶因素分析，箭头的方向则是由高阶因素(潜变量)指向一阶因素(潜变量)的。所以，这里就涉及 SEM 中的"结构部分"：表征潜变量之间关系的假设。所以，一个高阶因素分析的基本理论框架为

$$\boldsymbol{\eta} = \boldsymbol{B}\boldsymbol{\eta} + \boldsymbol{\Gamma}\boldsymbol{\xi} + \boldsymbol{\zeta}$$
$$\boldsymbol{y} = \boldsymbol{\Lambda}_y\boldsymbol{\eta} + \boldsymbol{\varepsilon}$$

(4.1)

从公式 4.1 可以看出，在高阶因素分析当中，包含了潜变量和潜变量之间关系的结构模型。一阶因素为内源变量，由二阶因素影响，故一阶因素写成 η，所以其对应的指标变成了内源变量的观测指标 y。而二阶因素看成外源变量，不含指标变量。其中，几个系数矩阵满足公式 4.2，其模型图如图 4-1 所示。

$$\boldsymbol{B} = \boldsymbol{0}; \quad \boldsymbol{\Gamma} = \begin{bmatrix} 1 \\ \gamma_{21} \\ \gamma_{31} \end{bmatrix}; \quad \boldsymbol{\Phi} = \begin{bmatrix} \varphi_{11} \end{bmatrix}; \quad \boldsymbol{\Psi} = \begin{bmatrix} \psi_{11} & & \\ & \psi_{11} & \\ & & \psi_{11} \end{bmatrix}$$

(4.2)

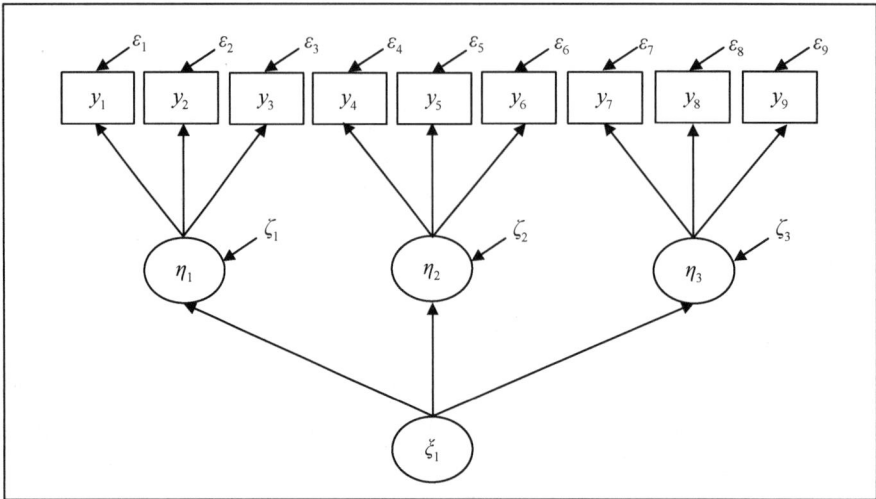

图 4-1 高阶 CFA 模型

除了如图 4-1 所示的高阶因素分析建模思路之外，研究者还可以采用"全 Y 模型"进行建模。所谓的"全 Y 模型"是指将模型中的所有潜变量均看成内源变量。由于在早期使用 LISREL 软件的时候，需要区分内源变量和外源变量的矩阵表达，故在分析高阶验证性因素分析的时候，纳入了结构模型的同时，又将所有潜变量看成内源变量进行分析。其中，几个系数矩阵满足公式 4.3，其基本模型图如图 4-2 所示。

$$
\boldsymbol{B} = \begin{bmatrix} 0 & 0 & 0 & \beta_{14} \\ 0 & 0 & \beta_{24} \\ & 0 & \beta_{34} \\ & & 0 \end{bmatrix}; \ \boldsymbol{\varGamma} = \mathbf{0}; \ \boldsymbol{\varPhi} = \mathbf{0}; \ \boldsymbol{\varPsi} = \begin{bmatrix} \psi_{11} \\ & \psi_{22} \\ & & \psi_{33} \\ & & & 0 \end{bmatrix} \tag{4.3}
$$

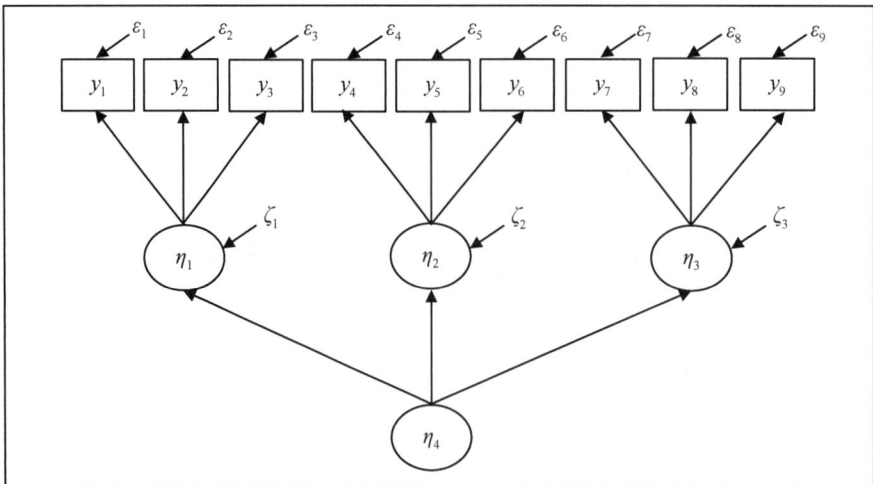

图 4-2 高阶 CFA 模型（全 Y 模型）

第二节　Mplus 实例分析

值得说明的是，在 Mplus 中不再对矩阵区别定义。若用全 Y 模型（图 4-2）的定义方式，则需要用到结构模型中的"ON"语句（结构模型的语句解读参见第六章）；但是二阶因子 η_4 在模型中并没有事先被定义（没有相应的指标或变量），故无法用结构模型来表征。在 Mplus 中仍然使用图 4-1 的建模方式，将二阶因子看成"潜变量"，一阶因子看成"指标变量"。

一、研究问题确定

本节中将使用马丁（Martin）等人的幽默风格量表（humor styles questionnaire）作为例子。该量表是 Martin 等人于 2003 年开发的量表，中文版由陈国海和Martin（2007）修订。该量表测量了四种不同的幽默类型：亲和型幽默（affiliative humor）、自强型幽默（self-enhancing humor）、嘲讽型幽默（aggressive humor）和自嘲型幽默（self-defeating humor）。该问卷共设 32 道题目，每个维度 8 道题。题目按照螺旋式排列，具体描述如表 4-1 所示。

表 4-1　幽默风格量表

题目
1. 我一般不太爱发笑，或者和其他人一起开玩笑。
2. 我觉得情绪低落的时候，通常能够用幽默来振奋自己。
3. 如果某个人犯了错误，我经常会取笑他。
4. 我过分地让其他人以嘲笑或取笑我为乐。
5. 我不必费太大劲就可以让别人笑起来——看来我是一个天生的富有幽默感的人。
6. 即使我独自一人，我也经常以生活中的荒谬行为和事情自得其乐。
7. 我的幽默感从不使别人感到不愉快或受到伤害。
8. 如果这样做可以使我的家人或朋友发笑，我会经常失去理智地贬低自己。
9. 我很少通过讲有关自己的趣事来让别人发笑。
10. 如果我感到难过或不高兴，我通常会尽力去想一些与此时此景相关的趣事让自己感觉好一点。
11. 在讲笑话或趣事的时候，我通常不太关心别人在听这些笑话或趣事时的感受。
12. 我经常通过讲一些有关自己的弱点、过失或过错的趣事来使别人更喜欢我或更加接受我。
13. 我经常和密友一起发笑和开玩笑。
14. 我的幽默人生观使得我不会对事情感到过度心烦或沮丧。
15. 我不喜欢别人将幽默作为一种批评或贬低某人的方式。

续表

题目
16. 我不经常讲一些趣事来贬低自己。
17. 我一般不爱讲笑话或逗别人开心。
18. 当我独自一人并且感到不愉快的时候，我会尽力去想一些趣事来振奋自己。
19. 有时候我想到一些实在太有趣的事，会情不自禁地说出来。即使在当时的场合这么做不恰当，我也照样会说出来。
20. 在开玩笑或尽力使自己表现得比较诙谐的时候，我经常过分地贬低自己。
21. 我乐于使别人发笑。
22. 我感到难过、沮丧或心烦的时候，通常会失去幽默感。
23. 即使我所有的朋友都在取笑别人，我也不会参与此事。
24. 我和朋友或家人在一起的时候，似乎经常成为别人取笑或开玩笑的对象。
25. 我不经常和朋友开玩笑。
26. 据我的经验，根据当时情景想象某一个与问题有关的趣事常常是应对问题的一种行之有效的方法。
27. 如果我不喜欢一个人，我会经常用笑话或揶揄来贬低他。
28. 如果面临问题或感到不高兴，我就会用讲笑话的方式来掩盖它。这样，即使是我最亲密的朋友也不知道我真正的感受。
29. 和别人相处的时候，我经常想不到有什么机智或诙谐的话可以拿来应对。
30. 我不需要别人来使自己开心——即使我独自一人，我也常常可以找到一些东西来笑乐一番。
31. 如果会使别人感到不愉快的话，即使有些事对我来说确实很有趣，我也不会就此开玩笑。
32. 让别人笑是我令朋友或家人保持心情愉快的方法。

题目为 5 点李克特式量表，1 为非常不符合，5 为非常符合。其中第 1、7、9、15、16、17、22、23、25、29、31 题均为反向计分题。

二、数据处理与结果分析

本例中，我们讨论两个模型：模型一为一阶因素分析模型（参见本书第三章），模型二为二阶因素分析模型。随后我们将对这两个模型进行比较。

（一）模型一：一阶因素分析模型

首先，我们按照问卷的原始设计进行一阶因素分析，包含四个因素。题目描述统计情况如表 4-2 所示。Mplus 输入程序如图 4-3 所示。

表 4-2 幽默风格量表题目的相关矩阵、均值与标准差

	Q1	Q2	Q3	Q4	Q5	Q6	Q7	Q8	Q9	Q10	Q11	Q12	Q13	Q14	Q15	Q16	Q17	Q18
Q2	−0.19																	
Q3	−0.15	0.11																
Q4	−0.08	0.10	0.18															
Q5	−0.39	0.22	0.18	0.09														
Q6	−0.23	0.29	0.15	0.11	0.34													
Q7	−0.03	0.01	−0.26	−0.05	0.04	−0.03												
Q8	−0.11	0.12	0.16	0.45	0.16	0.11	−0.04											
Q9	0.31	−0.17	−0.14	−0.11	−0.32	−0.18	0.02	−0.13										
Q10	−0.19	0.45	0.12	0.15	0.22	0.31	−0.01	0.19	−0.17									
Q11	0.02	0.07	0.27	0.08	0.11	0.07	−0.31	0.10	0.01	0.05								
Q12	−0.16	0.11	0.14	0.39	0.18	0.11	−0.05	0.43	−0.19	0.17	−0.01							
Q13	−0.38	0.28	0.18	0.10	0.39	0.31	0.05	0.12	−0.23	0.19	0.05	0.13						
Q14	−0.26	0.44	0.17	0.10	0.29	0.38	0.08	0.13	−0.19	0.47	0.05	0.12	0.33					
Q15	0.14	−0.05	−0.36	−0.09	−0.08	−0.03	0.37	−0.09	0.11	−0.01	−0.27	−0.07	−0.05	−0.03				
Q16	0.13	−0.09	−0.13	−0.30	−0.10	−0.06	0.16	−0.40	0.19	−0.09	0.00	−0.40	−0.08	−0.08	0.26			
Q17	0.52	−0.22	−0.17	−0.06	−0.44	−0.22	0.03	−0.10	0.39	−0.18	−0.03	−0.18	−0.40	−0.22	0.16	0.17		
Q18	−0.14	0.49	0.08	0.09	0.14	0.25	−0.02	0.14	−0.13	0.61	0.07	0.08	0.17	0.47	0.00	−0.02	−0.12	
Q19	−0.22	0.15	0.30	0.17	0.27	0.23	−0.26	0.17	−0.15	0.21	0.37	0.16	0.23	0.19	−0.22	−0.11	−0.22	0.24
Q20	−0.05	0.06	0.18	0.42	0.08	0.06	−0.13	0.63	−0.11	0.15	0.11	0.48	0.04	0.07	−0.13	−0.40	−0.04	0.14

续表

	Q1	Q2	Q3	Q4	Q5	Q6	Q7	Q8	Q9	Q10	Q11	Q12	Q13	Q14	Q15	Q16	Q17	Q18
Q21	−0.37	0.22	0.14	0.10	0.40	0.25	0.09	0.13	−0.26	0.19	−0.06	0.16	0.41	0.29	0.02	−0.02	−0.47	0.22
Q22	0.15	−0.31	−0.05	−0.06	−0.16	−0.12	0.03	−0.07	0.16	−0.25	−0.07	−0.02	−0.10	−0.27	0.13	0.14	0.21	−0.21
Q23	0.14	−0.10	−0.34	−0.04	−0.07	−0.08	0.19	−0.07	0.11	−0.10	−0.14	−0.05	−0.12	−0.07	0.42	0.14	0.16	−0.05
Q24	0.04	0.04	0.08	0.38	0.01	0.02	−0.07	0.30	0.01	0.12	0.07	0.25	0.00	0.00	0.04	−0.16	0.08	0.11
Q25	0.47	−0.23	−0.13	−0.04	−0.31	−0.31	−0.02	−0.09	0.32	−0.14	0.05	−0.12	−0.57	−0.27	0.08	0.13	0.49	−0.15
Q26	−0.25	0.39	0.12	0.09	0.28	0.38	0.04	0.14	−0.16	0.53	0.05	0.17	0.20	0.50	0.02	−0.06	−0.18	0.44
Q27	−0.06	0.06	0.35	0.02	0.11	0.03	−0.27	0.10	0.00	0.06	0.31	0.08	0.06	0.04	−0.36	−0.05	−0.05	0.07
Q28	−0.15	0.20	0.25	0.23	0.22	0.19	−0.15	0.26	−0.11	0.25	0.14	0.26	0.21	0.18	−0.09	−0.13	−0.17	0.23
Q29	0.38	−0.12	−0.15	0.10	−0.45	−0.17	0.05	0.02	0.29	−0.11	−0.09	−0.01	−0.24	−0.15	0.15	0.09	0.40	−0.03
Q30	−0.05	0.26	0.05	0.03	0.14	0.42	0.02	0.02	−0.07	0.26	0.07	0.00	0.14	0.31	−0.01	0.01	−0.07	0.29
Q31	0.15	−0.04	−0.32	−0.05	−0.07	−0.06	0.39	−0.02	0.11	−0.03	−0.34	−0.01	−0.09	0.00	0.43	0.17	0.13	0.04
Q32	−0.16	0.15	0.21	0.46	0.17	0.09	−0.01	0.49	−0.16	0.19	0.05	0.45	0.15	0.17	−0.12	−0.37	−0.15	0.19
M	2.03	3.34	3.08	2.84	3.60	4.15	3.28	2.53	2.58	2.87	2.74	2.96	4.44	3.26	3.38	3.10	1.92	2.75
SD	1.07	1.11	1.17	1.16	1.06	0.98	1.10	1.23	1.23	1.21	1.25	1.23	0.88	1.27	1.38	1.22	1.15	1.20

	Q19	Q20	Q21	Q22	Q23	Q24	Q25	Q26	Q27	Q28	Q29	Q30	Q31	Q32
Q19														
Q20	0.25													
Q21	0.24	0.12												
Q22	−0.02	−0.01	−0.04											

续表

	Q19	Q20	Q21	Q22	Q23	Q24	Q25	Q26	Q27	Q28	Q29	Q30	Q31	Q32
Q23	-0.16	-0.06	-0.02	0.15										
Q24	0.15	0.30	0.06	0.07	0.08									
Q25	-0.14	0.00	-0.34	0.15	0.20	0.10								
Q26	0.23	0.09	0.34	-0.21	-0.01	0.08	-0.19							
Q27	0.28	0.14	0.06	0.01	-0.22	0.04	0.03	0.09						
Q28	0.27	0.23	0.25	-0.05	-0.07	0.18	-0.12	0.27	0.25					
Q29	-0.16	0.08	-0.22	0.20	0.10	0.18	0.36	-0.12	-0.08	-0.07				
Q30	0.15	-0.02	0.20	-0.10	0.03	0.05	-0.09	0.32	0.05	0.12	-0.01			
Q31	-0.33	-0.06	0.05	0.16	0.41	0.02	0.17	0.02	-0.26	-0.07	0.21	0.05		
Q32	0.19	0.46	0.20	-0.08	-0.04	0.38	-0.10	0.20	0.13	0.26	0.01	0.03	-0.04	
M	3.24	2.09	4.36	3.02	2.77	2.40	1.54	3.51	2.26	3.20	2.32	3.94	2.77	2.84
SD	1.26	1.12	0.97	1.24	1.22	1.15	0.88	1.21	1.29	1.32	1.21	1.14	1.31	1.23

```
TITLE:THIS IS AN EXAMPLE OF 1STCFA
DATA:FILE IS HSQ.DAT;
VARIABLE:NAMES ARE Q1-Q32 AFF ENH AGR DEF AGE GED ACU;
       USEV ARE Q1-Q32;
DEFINE: Q1=6-Q1;    Q9=6-Q9;    Q17=6-Q17;
       Q25=6-Q25; Q29=6-Q29; Q22=6-Q22;
       Q7=6-Q7;    Q15=6-Q15; Q23=6-Q23;
       Q31=6-Q31; Q16=6-Q16;
MODEL:
AFF BY Q1 Q5 Q9 Q13 Q17 Q21 Q25 Q29;
ENH BY Q2 Q6 Q10 Q14 Q18 Q22 Q26 Q30;
AGR BY Q3 Q7 Q11 Q15 Q19 Q23 Q27 Q31;
DEF BY Q4 Q8 Q12 Q16 Q20 Q24 Q28 Q32;
OUTPUT:SAMPSTAT;STDYX;
```

通过 Define 语句定义反向题。由于本问卷为 5 点记分，故用 6 减原始得分。若不进行反向处理，则载荷为负。

图 4-3　一阶 CFA 输入程序

部分结果如图 4-4 至图 4-7 所示。

```
MODEL FIT INFORMATION
Number of Free Parameters                102
Loglikelihood
       H0 Value                   -49363.973
       H1 Value                   -48112.155
Information Criteria
       Akaike (AIC)                98931.945
       Bayesian (BIC)              99439.151
       Sample-Size Adjusted BIC    99115.181
           (n* = (n + 2) / 24)
Chi-Square Test of Model Fit
       Value                        2503.636
       Degrees of Freedom               458
       P-Value                       0.0000
RMSEA (Root Mean Square Error Of Approximation)
       Estimate                       0.065
       90 Percent C.I.         0.062    0.067
       Probability RMSEA <=0.05       0.000
CFI/TLI
       CFI                            0.805
       TLI                            0.789
Chi-Square Test of Model Fit for the Baseline Model
       Value                       11011.262
       Degrees of Freedom               496
       P-Value                       0.0000
SRMR (Standardized Root Mean Square Residual)
       Value                          0.069
```

图 4-4　一阶 CFA 输出结果（模型拟合）

```
MODEL RESULTS

                                                 Two-Tailed
                      Estimate      S.E.    Est./S.E.    P-Value

    AFF       BY
       Q1              1.000      0.000     999.000     999.000
       Q5              0.913      0.053      17.198       0.000
       Q9              0.824      0.059      13.903       0.000
       Q13             0.767      0.044      17.241       0.000
       Q17             1.162      0.058      20.084       0.000
       Q21             0.791      0.048      16.439       0.000
       Q25             0.822      0.044      18.646       0.000
       Q29             0.884      0.059      15.090       0.000

    ENH       BY
       Q2              1.000      0.000     999.000     999.000
       Q6              0.692      0.050      13.753       0.000
       Q10             1.260      0.067      18.862       0.000
       Q14             1.254      0.069      18.227       0.000
       Q18             1.197      0.065      18.486       0.000
       Q22             0.618      0.060      10.275       0.000
       Q26             1.174      0.066      17.758       0.000
       Q30             0.691      0.057      12.141       0.000

    AGR       BY
       Q3              1.000      0.000     999.000     999.000
       Q7              0.848      0.067      12.700       0.000
       Q11             0.918      0.074      12.369       0.000
       Q15             1.323      0.089      14.849       0.000
       Q19             0.938      0.075      12.596       0.000
       Q23             0.931      0.073      12.843       0.000
       Q27             0.993      0.076      13.103       0.000
       Q31             1.260      0.086      14.574       0.000

    DEF       BY
       Q4              1.000      0.000     999.000     999.000
       Q8              1.288      0.070      18.381       0.000
       Q12             1.089      0.066      16.517       0.000
       Q16             0.911      0.063      14.389       0.000
       Q20             1.168      0.064      18.177       0.000
       Q24             0.707      0.057      12.485       0.000
       Q28             0.676      0.065      10.431       0.000
       Q32             1.177      0.067      17.624       0.000

    ENH       WITH
       AFF             0.239      0.024      10.138       0.000

    AGR       WITH
       AFF             0.129      0.021       6.272       0.000
       ENH             0.075      0.019       3.967       0.000

    DEF       WITH
       AFF             0.114      0.020       5.711       0.000
       ENH             0.138      0.020       6.803       0.000
       AGR             0.129      0.021       6.276       0.000
```

图 4-5 一阶 CFA 输出结果(非标准化参数估计)

```
STDYX Standardization
                                                        Two-Tailed
                    Estimate    S.E.    Est./S.E.    P-Value
AFF       BY
    Q1              0.671       0.020    33.310       0.000
    Q5              0.618       0.022    27.756       0.000
    Q9              0.483       0.026    18.330       0.000
    Q13             0.625       0.022    28.210       0.000
    Q17             0.727       0.018    40.192       0.000
    Q21             0.586       0.023    25.191       0.000
    Q25             0.672       0.020    32.960       0.000
    Q29             0.525       0.025    20.774       0.000
ENH       BY
    Q2              0.633       0.022    29.405       0.000
    Q6              0.498       0.026    19.009       0.000
    Q10             0.737       0.018    41.225       0.000
    Q14             0.696       0.019    36.114       0.000
    Q18             0.700       0.019    36.300       0.000
    Q22             0.351       0.030    11.855       0.000
    Q26             0.685       0.020    34.974       0.000
    Q30             0.429       0.028    15.384       0.000
AGR       BY
    Q3              0.577       0.025    22.836       0.000
    Q7              0.518       0.027    19.278       0.000
    Q11             0.495       0.028    17.853       0.000
    Q15             0.647       0.023    27.975       0.000
    Q19             0.501       0.028    17.997       0.000
    Q23             0.512       0.027    18.768       0.000
    Q27             0.518       0.027    19.224       0.000
    Q31             0.648       0.023    28.089       0.000
DEF       BY
    Q4              0.614       0.022    27.567       0.000
    Q8              0.749       0.017    43.091       0.000
    Q12             0.632       0.022    29.178       0.000
    Q16             0.534       0.025    21.490       0.000
    Q20             0.742       0.018    41.963       0.000
    Q24             0.439       0.028    15.835       0.000
    Q28             0.365       0.029    12.423       0.000
    Q32             0.680       0.020    33.939       0.000
ENH       WITH
    AFF             0.473       0.030    15.671       0.000
AGR       WITH
    AFF             0.267       0.036     7.420       0.000
    ENH             0.159       0.037     4.251       0.000
DEF       WITH
    AFF             0.224       0.035     6.355       0.000
    ENH             0.276       0.034     8.068       0.000
    AGR             0.270       0.036     7.531       0.000
```

图 4-6　一阶 CFA 输出结果(标准化参数估计)

```
R-SQUARE

    Observed                                      Two-Tailed
    Variable        Estimate      S.E.    Est./S.E.   P-Value
    Q1               0.450       0.027     16.655     0.000
    Q2               0.401       0.027     14.702     0.000
    Q3               0.332       0.029     11.418     0.000
    Q4               0.377       0.027     13.783     0.000
    Q5               0.382       0.028     13.878     0.000
    Q6               0.248       0.026      9.504     0.000
    Q7               0.269       0.028      9.639     0.000
    Q8               0.561       0.026     21.546     0.000
    Q9               0.234       0.025      9.165     0.000
    Q10              0.543       0.026     20.613     0.000
    Q11              0.245       0.027      8.926     0.000
    Q12              0.399       0.027     14.589     0.000
    Q13              0.391       0.028     14.105     0.000
    Q14              0.485       0.027     18.057     0.000
    Q15              0.418       0.030     13.987     0.000
    Q16              0.285       0.027     10.745     0.000
    Q17              0.529       0.026     20.096     0.000
    Q18              0.490       0.027     18.150     0.000
    Q19              0.251       0.028      8.999     0.000
    Q20              0.551       0.026     20.981     0.000
    Q21              0.343       0.027     12.595     0.000
    Q22              0.123       0.021      5.927     0.000
    Q23              0.263       0.028      9.384     0.000
    Q24              0.192       0.024      7.917     0.000
    Q25              0.452       0.027     16.480     0.000
    Q26              0.470       0.027     17.487     0.000
    Q27              0.268       0.028      9.612     0.000
    Q28              0.133       0.021      6.212     0.000
    Q29              0.276       0.027     10.387     0.000
    Q30              0.184       0.024      7.692     0.000
    Q31              0.420       0.030     14.044     0.000
    Q32              0.462       0.027     16.969     0.000
```

图 4-7 一阶 CFA 输出结果(解释率)

(二)模型二：二阶因素分析模型

理论认为，以上四种幽默存在两类：亲和型幽默、自强型幽默均与生理健康息息相关，被称为有益型幽默；而攻击型幽默、自嘲型幽默都往往与症状自评有较高的相关，被称为有害型幽默（Martin，Puhlik-Doris，Gray，Larsen et al.，2003；陈国海，Martin，2007）。针对不同幽默类型与生理健康指标的关系，可以使用二阶因素分析，提取出两个高阶因子：有益型幽默与有害型幽默。部分结果如图 4-8 至图 4-12 所示。

```
TITLE:THIS IS AN EXAMPLE OF 2ndCFA
DATA:FILE IS HSQ.DAT;
VARIABLE:NAMES ARE Q1-Q32 AFF ENH AGR DEF AGE GED ACU;
         USEV ARE Q1-Q32;
DEFINE: Q1=6-Q1;   Q9=6-Q9;    Q17=6-Q17;
        Q25=6-Q25; Q29=6-Q29;  Q22=6-Q22;
        Q7=6-Q7;   Q15=6-Q15;  Q23=6-Q23;
        Q31=6-Q31; Q16=6-Q16;
MODEL:
AFF BY Q1 Q5 Q9 Q13 Q17 Q21 Q25 Q29;
ENH BY Q2 Q6 Q10 Q14 Q18 Q22 Q26 Q30;
AGR BY Q3 Q7 Q11 Q15 Q19 Q23 Q27 Q31;
DEF BY Q4 Q8 Q12 Q16 Q20 Q24 Q28 Q32;
POS BY AFF ENH;
NEG BY AGR DEF;
OUTPUT:SAMPSTAT;STDYX;
```

注意，在 Mplus 中，高阶因素分析只需添加两条因素分析的"BY"语句即可。

图 4-8 二阶 CFA 输入程序

```
MODEL FIT INFORMATION
Number of Free Parameters                    101
Loglikelihood
         H0 Value                      -49369.105
         H1 Value                      -48112.155
Information Criteria
         Akaike (AIC)                   98940.211
         Bayesian (BIC)                 99442.444
         Sample-Size Adjusted BIC       99121.650
            (n* = (n + 2) / 24)
Chi-Square Test of Model Fit
         Value                           2513.902
         Degrees of Freedom                   459
         P-Value                          0.0000
RMSEA (Root Mean Square Error Of Approximation)
         Estimate                          0.065
         90 Percent C.I.                   0.062    0.067
         Probability RMSEA <=0.05          0.000
CFI/TLI
         CFI                               0.805
         TLI                               0.789
Chi-Square Test of Model Fit for the Baseline Model
         Value                          11011.262
         Degrees of Freedom                   496
         P-Value                          0.0000
SRMR (Standardized Root Mean Square Residual)
         Value                             0.069
```

图 4-9　二阶 CFA 输出结果(模型拟合)

```
MODEL RESULTS

                                          Two-Tailed
                 Estimate    S.E.  Est./S.E.   P-Value

AFF      BY
  Q1        1.000    0.000   999.000   999.000
  Q5        0.914    0.053    17.198     0.000
  Q9        0.826    0.059    13.916     0.000
  Q13       0.768    0.045    17.243     0.000
  Q17       1.161    0.058    20.063     0.000
  Q21       0.795    0.048    16.502     0.000
  Q25       0.822    0.044    18.628     0.000
  Q29       0.878    0.059    14.998     0.000

ENH      BY
  Q2        1.000    0.000   999.000   999.000
  Q6        0.692    0.050    13.774     0.000
  Q10       1.257    0.067    18.856     0.000
  Q14       1.253    0.069    18.238     0.000
  Q18       1.195    0.065    18.488     0.000
  Q22       0.620    0.060    10.320     0.000
  Q26       1.171    0.066    17.752     0.000
  Q30       0.692    0.057    12.168     0.000

AGR      BY
  Q3        1.000    0.000   999.000   999.000
  Q7        0.850    0.067    12.713     0.000
  Q11       0.925    0.074    12.427     0.000
  Q15       1.318    0.089    14.817     0.000
  Q19       0.941    0.075    12.617     0.000
  Q23       0.927    0.072    12.806     0.000
  Q27       0.997    0.076    13.135     0.000
  Q31       1.254    0.086    14.540     0.000

DEF      BY
  Q4        1.000    0.000   999.000   999.000
  Q8        1.288    0.070    18.366     0.000
  Q12       1.093    0.066    16.534     0.000
```

图 4-10　二阶 CFA 输出结果(非标准化参数估计)

Q16		0.914	0.063	14.414	0.000
Q20		1.168	0.064	18.157	0.000
Q24		0.704	0.057	12.441	0.000
Q28		0.675	0.065	10.406	0.000
Q32		1.178	0.067	17.614	0.000
POS	BY				
AFF		1.000	0.000	999.000	999.000
ENH		0.918	0.141	6.523	0.000
NEG	BY				
AGR		1.000	0.000	999.000	999.000
DEF		1.209	0.233	5.187	0.000
NEG	WITH				
POS		0.108	0.021	5.222	0.000

图 4-10　二阶 CFA 输出结果(非标准化参数估计)(续)

STDYX Standardization

		Estimate	S.E.	Est./S.E.	Two-Tailed P-Value
AFF	BY				
Q1		0.671	0.020	33.265	0.000
Q5		0.618	0.022	27.785	0.000
Q9		0.484	0.026	18.366	0.000
Q13		0.626	0.022	28.254	0.000
Q17		0.727	0.018	40.095	0.000
Q21		0.589	0.023	25.445	0.000
Q25		0.672	0.020	32.901	0.000
Q29		0.521	0.025	20.540	0.000
ENH	BY				
Q2		0.634	0.022	29.456	0.000
Q6		0.499	0.026	19.056	0.000
Q10		0.736	0.018	41.043	0.000
Q14		0.696	0.019	36.120	0.000
Q18		0.700	0.019	36.219	0.000
Q22		0.353	0.030	11.922	0.000
Q26		0.684	0.020	34.856	0.000
Q30		0.430	0.028	15.434	0.000
AGR	BY				
Q3		0.577	0.025	22.834	0.000
Q7		0.520	0.027	19.348	0.000
Q11		0.499	0.028	18.060	0.000
Q15		0.644	0.023	27.756	0.000
Q19		0.503	0.028	18.078	0.000
Q23		0.511	0.027	18.637	0.000
Q27		0.520	0.027	19.353	0.000
Q31		0.645	0.023	27.833	0.000
DEF	BY				
Q4		0.614	0.022	27.526	0.000
Q8		0.749	0.017	43.046	0.000
Q12		0.633	0.022	29.312	0.000
Q16		0.536	0.025	21.590	0.000
Q20		0.742	0.018	41.861	0.000
Q24		0.437	0.028	15.751	0.000
Q28		0.364	0.029	12.386	0.000
Q32		0.680	0.020	33.945	0.000
POS	BY				
AFF		0.712	0.054	13.260	0.000
ENH		0.665	0.051	12.983	0.000
NEG	BY				
AGR		0.486	0.055	8.866	0.000
DEF		0.556	0.059	9.483	0.000
NEG	WITH				
POS		0.646	0.067	9.668	0.000

图 4-11　二阶 CFA 输出结果(标准化参数估计)

```
R-SQUARE

  Observed                                    Two-Tailed
  Variable      Estimate      S.E.   Est./S.E.  P-Value

  Q1            0.450        0.027    16.632     0.000
  Q2            0.401        0.027    14.728     0.000
  Q3            0.333        0.029    11.417     0.000
  Q4            0.377        0.027    13.763     0.000
  Q5            0.382        0.028    13.892     0.000
  Q6            0.249        0.026     9.528     0.000
  Q7            0.270        0.028     9.674     0.000
  Q8            0.561        0.026    21.523     0.000
  Q9            0.234        0.026     9.183     0.000
  Q10           0.541        0.026    20.522     0.000
  Q11           0.249        0.028     9.030     0.000
  Q12           0.401        0.027    14.656     0.000
  Q13           0.391        0.028    14.127     0.000
  Q14           0.485        0.027    18.060     0.000
  Q15           0.415        0.030    13.878     0.000
  Q16           0.287        0.027    10.795     0.000
  Q17           0.528        0.026    20.048     0.000
  Q18           0.489        0.027    18.110     0.000
  Q19           0.253        0.028     9.039     0.000
  Q20           0.550        0.026    20.931     0.000
  Q21           0.347        0.027    12.722     0.000
  Q22           0.124        0.021     5.961     0.000
  Q23           0.261        0.028     9.318     0.000
  Q24           0.191        0.024     7.875     0.000
  Q25           0.451        0.027    16.451     0.000
  Q26           0.469        0.027    17.428     0.000
  Q27           0.270        0.028     9.676     0.000
  Q28           0.133        0.021     6.193     0.000
  Q29           0.272        0.026    10.270     0.000
  Q30           0.185        0.024     7.717     0.000
  Q31           0.416        0.030    13.917     0.000
  Q32           0.462        0.027    16.973     0.000

  Latent                                      Two-Tailed
  Variable      Estimate      S.E.   Est./S.E.  P-Value

  AFF           0.507        0.076     6.630     0.000
  ENH           0.442        0.068     6.491     0.000
  AGR           0.236        0.053     4.433     0.000
  DEF           0.309        0.065     4.742     0.000
```

图 4-12   二阶 CFA 输出结果(解释率)

除此之外,结果还给出了四个一阶因子的解释率及其显著性检验。

三、文献中的报告

本例中有效个案共 1067 个。一阶模型整体拟合:$\chi^2 = 2503.636$,$df = 458$,$p < 0.001$,RMSEA$= 0.065$,TLI$= 0.805$,CFI$= 0.789$。四个维度的项目指标均达到了 0.001 的显著性水平。其中,四个维度之间都有不同程度的正相关,亲和型与自强型幽默之间相关最高(图 4-13)。

二阶因素分析结果显示,模型整体拟合:$\chi^2 = 2513$,$df = 459$,$p < 0.001$,RMSEA$= 0.065$,TLI$= 0.805$,CFI$= 0.789$。四个维度的项目指标均达到了 0.001 的显著性水平(图 4-14)。但是模型比较结果发现,该二阶模型卡方值增加 10,自由度增加 1,模型变差。并没有证据显示二阶模型优于一阶模型,故保留一阶模型。

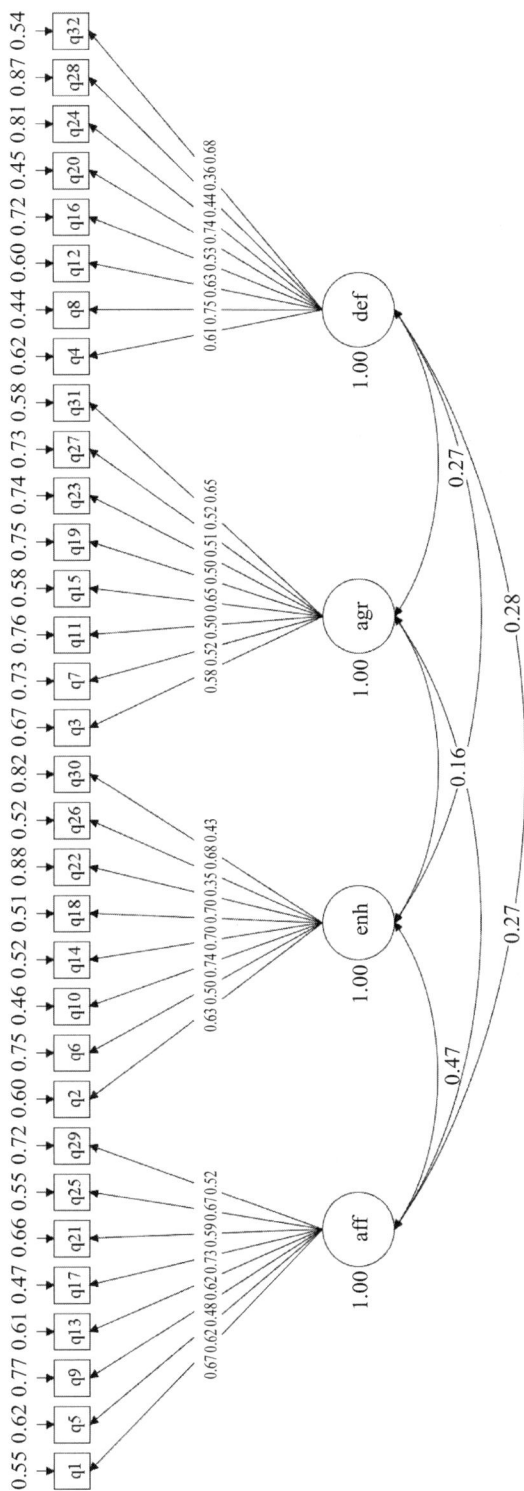

图4-13　一阶CFA结构图

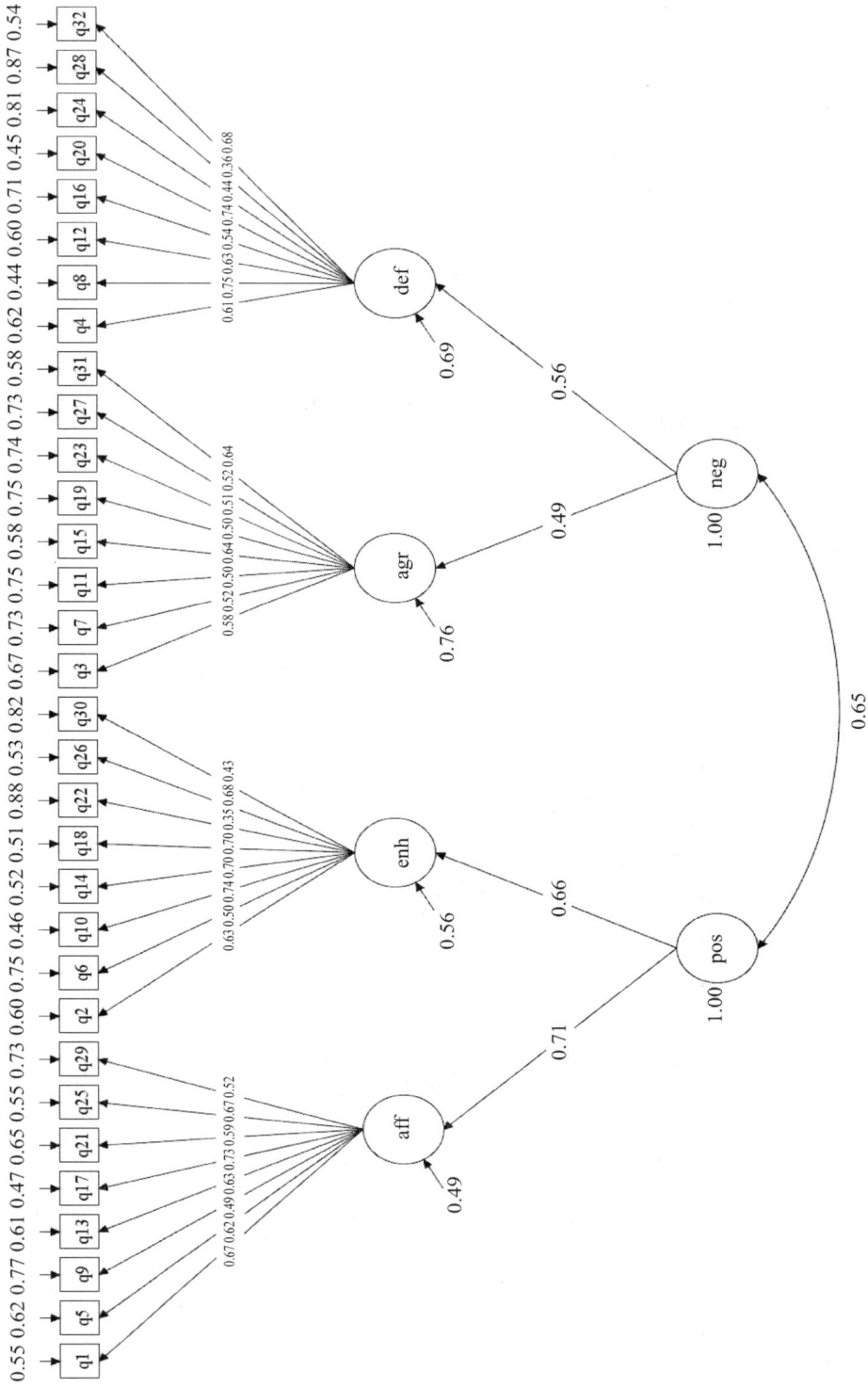

图4-14 二阶CFA结构图

四、讨论：模型比较

如何比较两个模型的优劣？在这里我们沿用基础统计中的卡方检验(参见侯杰泰等，2004)。在模型一整体拟合的指标中，卡方值为 χ_1^2，服从自由度为 $df_1 = DP-(p+q)$ 的卡方分布，其中参数个数为 $(p+q)$。现假设有一个含较少参数的模型二，参数 $(p'+q')$ 为 $(p+q)$ 的子集(只估计原参数的一部分)。则有 χ_2^2，其自由度为 $df_2 = DP-(p'+q')$。将模型二作为虚无假设模型 H_0，而原模型作为备择假设模型 H_1，卡方检验统计量为 $\Delta\chi^2 = \chi_2^2 - \chi_1^2$，渐进服从于卡方分布，自由度为 $\Delta df = df_2 - df_1$。上述两个模型称为相互嵌套模型。简单来说，如果可以通过限制模型一的部分自由估计参数为固定参数得到模型二，称模型一嵌套模型二(或模型二嵌套于模型一)。此时，模型二的自由参数都是模型一的自由参数。

所以两个模型的自由度之间满足以下关系：$df_2 > df_1$。模型二的卡方值也较大。若增加的自由度较大，但是对应的卡方增量不多，则模型二比模型一好；反之，若自由度增量很小，而卡方增量很大，则应保留模型一。

从本例看出，添加二阶因子的方法并不能有效地精简原模型。在一阶模型中，因子之间的相关矩阵共需要估计 6 个相关系数和 4 个因子方差；在二阶模型中，由于加入了两个二阶因子，各自固定一个载荷之后，需要估计 2 个载荷、1 个二阶因子相关、2 个二阶因子方差以及 4 个一阶因子残差协方差，模型中需要估计的参数个数减少 1，所以自由度增加 1。因为两个模型是嵌套模型，可以通过卡方的变化考察模型的整体拟合情况。从卡方的变化值可知，二阶模型卡方增加 10，相对于自由度为 1 的卡方临界值($F=3.84$)，变化显著。故一阶因素模型优于二阶因素模型。

所以，在实际研究中，是否添加二阶因子，需考虑多种因素。首先，在理论上是否需要有一个更为广泛的解释因子。在理论上添加广泛因子时应注意一阶因子加和是否有意义。比如，人格有五个因素，外倾性和神经质得分加和就没有意义，故不能合成一个名为"人格"的二阶因子。但是数学的不同能力，比如代数、几何、统计加和有意义，故可以合成一个名为"数学能力"的二阶因子。

其次，需要从模型精简与数据准确的角度(模型拟合)考虑。当模型中含有较多一阶因子(超过 3 个)时，所估计的一阶因子相关系数的数量超过二阶因子对一阶因子的载荷数量，这时可以考虑采用二级因子来简化模型。当一阶因子数目为 3 个时，其与二阶因子模型成为等同模型(equivalent model，参见本书第五章讨论部分)，建议保留一阶因子模型。当一阶因子数量不足 3 个时，不建议使用二阶因子模型。故在实际中，添加二阶因子也是值得研究者深入思考的问题。

第三节 均值与截距模型

一、因素得分

研究常用的分数合成的方法是用均值或总分进行合成。但是在用均值求和的时候，每个题目在合成分数中的权重相同。这种情形只适用于每个题目对于因素贡献相同或相似的时候。当每个题目对因素贡献不同时，使用简单的算术平均数会增加分数合成的误差。一个有效的做法是使用加权平均数，而权重可以看成每个项目对于因素的载荷。这就是因素得分（factor score），也叫因子得分。其数量关系满足

$$\xi = \hat{\boldsymbol{\Phi}} \hat{\boldsymbol{\Lambda}}_x' \hat{\boldsymbol{\Sigma}}^{-1} x \tag{4.4}$$

计算因素得分是一种分数合成的方法，相对均值和总分的方法，它考虑了测量误差对因素提取带来的影响。但是，当载荷相差不大时（如第三章中 PISA 2015 科学动机的题目），加权效果并不能显著地优于均值算法；同时考虑到研究之间结果的可比较性等，均值合成的方法在实际当中更为普遍。

二、均值和截距模型

在第三章中，CFA 中潜变量和观测变量之间的关系可以用 $x_1 = \lambda_{11}\xi_1 + \delta_1$ 来表征（公式 3.2）。在这里，公式中并未考虑测量模型的均值结构，即我们假设函数都经过原点，不含截距。一个更为普遍的线性方程函数关系，即当考虑潜变量和观测变量之间的相对位置的时候，需要加入截距项，则上述公式变成

$$x_1 = \tau_1 + \lambda_{11}\xi_1 + \delta_1 \tag{4.5}$$

其中，τ_1 为截距项，表示观测变量和潜变量之间的相对位置。拓展到矩阵，可以表示为

$$\begin{aligned} y &= \boldsymbol{\tau}_y + \boldsymbol{\Lambda}_y \boldsymbol{\eta} + \boldsymbol{\varepsilon} \\ x &= \boldsymbol{\tau}_x + \boldsymbol{\Lambda}_x \boldsymbol{\xi} + \boldsymbol{\delta} \end{aligned} \tag{4.6}$$

由此可知，有几个项目，就有几个截距项，截距项是一个向量。截距表示当潜变量为 0 的时候，观测变量的数值大小。假设潜变量的均值为 κ，则满足 $E(x) = \boldsymbol{\tau}_x + \boldsymbol{\Lambda}_x \kappa$ 的关系。所以，假设有 3 个项目，新引进的参数满足

$$\begin{aligned} E(x_1) &= \tau_1 + \kappa \\ E(x_2) &= \tau_2 + \lambda_{21}\kappa \\ E(x_3) &= \tau_3 + \lambda_{31}\kappa \end{aligned} \tag{4.7}$$

公式 4.6 中新引进了 4 个参数（τ_1，τ_2，τ_3，κ），但是已知条件只有 3 个等式

(3 个题目、3 个均值)。在均值和截距结构模型当中，必须固定一个参数，也就是规定一个原点所在地。可以将潜变量均值 κ 固定为 0，或者将任意一个截距 τ 固定为 0，模型才能够识别。在含有均值与截距模型 SEM 中，观测变量的均值向量已知，可以作为已知信息对潜变量均值和观测变量截距进行估计；而协变量的估计和不含均值与截距的模型相同。完整的均值和截距模型(全模型)参见第六章第一节。

三、Mplus 中的因素得分、截距与均值模型

本节继续使用 Martin 等人的幽默风格量表。在上一章中，我们介绍过在 Mplus 的较新版本中(7.0 或以上)默认输出结果是含有截距结构的模型，所以在模型中无须添加其他语句。但若需要模型不估计截距，可以采用中括号的方式定义，具体输入如图 4-15 所示。

```
TITLE:THIS IS AN EXAMPLE OF 2ndCFA
DATA:FILE IS HSQ.DAT;
VARIABLE:NAMES ARE Q1-Q32 AFF ENH AGR DEF AGE GED ACU;
        USEV ARE Q1-Q32;
DEFINE: Q1=6-Q1;   Q9=6-Q9;    Q17=6-Q17;
        Q25=6-Q25; Q29=6-Q29; Q22=6-Q22;
        Q7=6-Q7;   Q15=6-Q15; Q23=6-Q23;
        Q31=6-Q31; Q16=6-Q16;
MODEL:
AFF BY Q1 Q5 Q9 Q13 Q17 Q21 Q25 Q29;
ENH BY Q2 Q6 Q10 Q14 Q18 Q22 Q26 Q30;
AGR BY Q3 Q7 Q11 Q15 Q19 Q23 Q27 Q31;
DEF BY Q4 Q8 Q12 Q16 Q20 Q24 Q28 Q32;
[Q1-Q32@0];
OUTPUT:SAMPSTAT;STDYX;
SAVEDATA:FILE=FHSQ.dat;SAVE=FSCORES;
```

图 4-15　截距模型与保存因素得分输入程序

语句中，"[Q1-Q32@0]"表示将截距固定成 0。在本例中，将截距固定成 0 之后，估计参数减少到 70，自由度增加到 470，可见就是 32 个指标的均值造成的差异。在 OUTPUT 中可见 INTERCEPT 结果全为 0。模型中默认不估计因子均值，若需要估计，可添加"[AFF-DEF];"语句。

此外，在输入程序最后添加了保留因素得分的语句。此语句添加之后，会在相应的文件夹下生成一个新的文件，名称为"FHSQ.dat"。在该文件中，最后几列即因素得分及其标准误。新变量的顺序在 OUTPUT 中有详细说明。其中，F10.3 表示的是数据格式：固定格式(Fixed)，占位 10 列，小数点 3 位(图 4-16、图 4-17)。

```
SAVEDATA INFORMATION

  Save file
    FHSQ
  Order and format of variables
    Q1               F10.3
    Q2               F10.3
    Q3               F10.3
    Q4               F10.3
    Q5               F10.3
    Q6               F10.3
    Q7               F10.3
    Q8               F10.3
    Q9               F10.3
    Q10              F10.3
    Q11              F10.3
    Q12              F10.3
    Q13              F10.3
    Q14              F10.3
    Q15              F10.3
    Q16              F10.3
    Q17              F10.3
    Q18              F10.3
    Q19              F10.3
    Q20              F10.3
    Q21              F10.3
    Q22              F10.3
    Q23              F10.3
    Q24              F10.3
    Q25              F10.3
    Q26              F10.3
    Q27              F10.3
    Q28              F10.3
    Q29              F10.3
    Q30              F10.3
    Q31              F10.3
    Q32              F10.3
    AFF              F10.3
    AFF_SE           F10.3
    ENH              F10.3
    ENH_SE           F10.3
    AGR              F10.3
    AGR_SE           F10.3
    DEF              F10.3
    DEF_SE           F10.3

  Save file format
    40F10.3
  Save file record length    10000
```

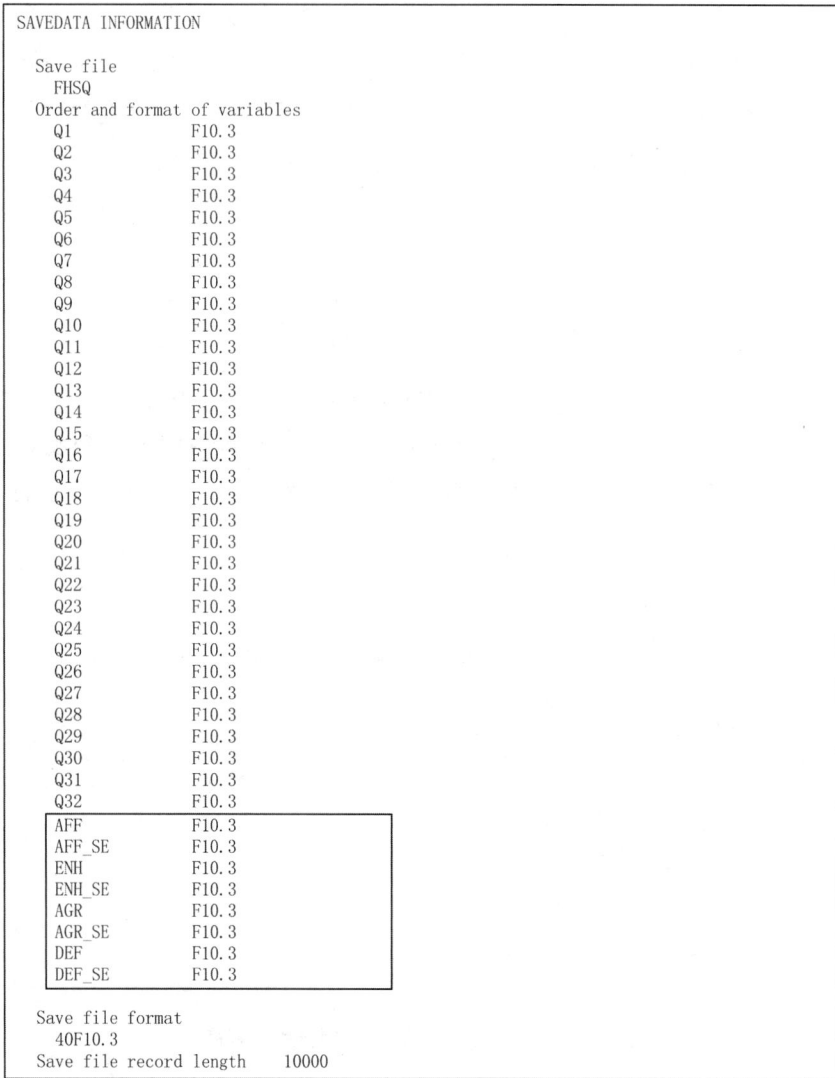

图 4-16 保存因素得分输出结果

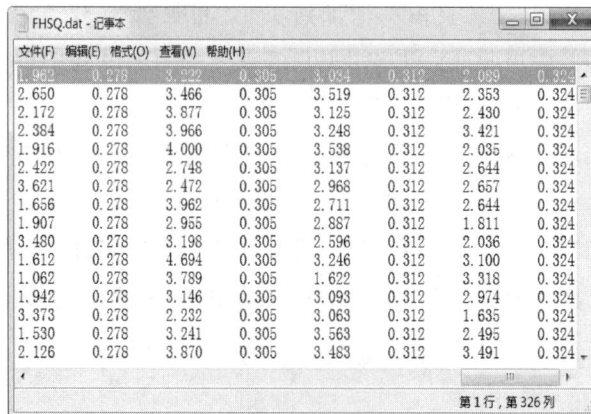

图 4-17 保存因素得分新生成的文件

第五章 路径分析模型

路径分析(path analysis)是解释几个观测变量之间复杂数量关系的一种分析方法。在传统的多元回归分析中,自变量有多个,而因变量只有一个(参考本书第二章第二节的例子);若实际当中因变量有多个,则应将分析框架拓展到矩阵的分析当中。在 SEM 框架中使用协方差矩阵分析的方法可以轻松实现。

第一节 路径分析的基本原理

一、模型定义

在涉及多变量的时候,我们希望从不同的变量中找出它们的因果关系。几乎所有的统计教科书上都会提醒大家,相关不等于因果。这里我们再跟读者强调一下,变量之间的相关,当满足下面几个条件的时候才能被确定为因果关系:时空上毗连、时间顺序和必然联系(温忠麟,2017,详见本书第十章)。路径分析的基本统计模型是变量之间的相关矩阵;这一统计方法,在合理的理论假设前提下,可以揭示变量之间的因果关系。

回到第二章的 PISA 数据的例子中。在该例子中,因变量只有一个,自变量有多个。当有多个因变量,且因变量之间存在预测关系的时候,我们可以借用 SEM 的分析框架,利用协方差结构模型对变量之间的关系进行分析。

现在,假设成就动机越高的学生,焦虑程度越高,但是焦虑越高会影响科学成绩。注意这一假设的提出,是根据理论依据而来的。我们的数据仍然用的是 PISA 数据,并没有做任何数据收集上的变化。因为基本理论假设的改变,导致了回归分析模型变成了路径分析模型(该模型中有两个因变量,即焦虑和成绩)。

该模型用公式写出来,即

$$
\begin{aligned}
Anx &= \upsilon_1 + \gamma_{11} Mot + \zeta_1 \\
Achv &= \upsilon_2 + \beta_{21} Anx + \gamma_{21} Mot + \zeta_2
\end{aligned}
\tag{5.1}
$$

在不关注截距的情况下,上述方程可以简化为

$$Anx = \gamma_{11} Mot + \zeta_1$$
$$Achv = \beta_{21} Anx + \gamma_{21} Mot + \zeta_2 \tag{5.2}$$

其中，成就动机（Mot）为外源变量，不受模型中其他因素的影响；焦虑（Anx）和成绩（Achv）为内源变量，受到模型中其他因素的影响；ζ 为残差。如果用矩阵的形式来表示，则为

$$\begin{bmatrix} y_1 \\ y_2 \end{bmatrix} = \begin{bmatrix} 0 & 0 \\ \beta_{21} & 0 \end{bmatrix} \begin{bmatrix} y_1 \\ y_2 \end{bmatrix} + \begin{bmatrix} \gamma_{12} \\ \gamma_{22} \end{bmatrix} x_1 + \begin{bmatrix} \zeta_1 \\ \zeta_2 \end{bmatrix} \tag{5.3}$$

或

$$y = By + \Gamma x + \zeta \tag{5.4}$$

可知，上述方程可以看成是一个用观测变量向量 y 和 x 替换了潜变量向量 η 和 ξ 的结构模型。表征内源变量之间关系的 B 矩阵为下三角阵，而残差矩阵 Ψ 为对角阵，结构图如图 5-1 所示。

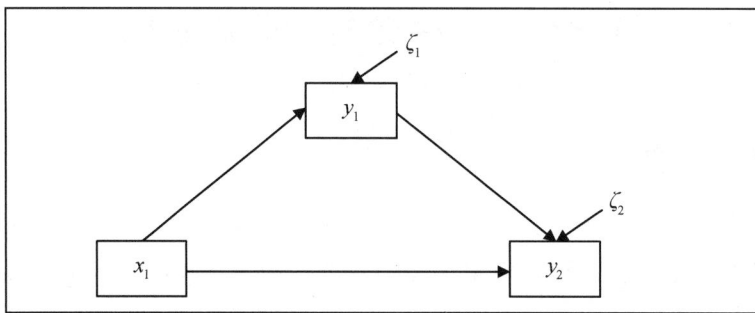

图 5-1　路径分析模型示例（递归模型）

值得注意的是，我们现在所讨论的模型中都只有单箭头的模型。这类模型称为递归模型。如果模型中存在相互影响的关系，则为非递归模型。这种相互影响的关系，或者成为互为因果，与一般的双箭头所表示的相关有本质的区别。相关模型只考虑两个变量之间的共同变异，而在非递归模型中，两个变量之间的解释率并不是相等的，存在因果关系的考量。这类模型的图示采用交互箭头来表示。在图 5-1 的例子中，若学业成绩在一定程度上会影响到焦虑（不妨假设学业成绩越高，考试焦虑越低），那么该模型就成为一个非递归模型，如图 5-2 所示。

在非递归模型中，两个内源变量之间具有相互影响的关系。如果用公式写出来，即

$$\begin{bmatrix} y_1 \\ y_2 \end{bmatrix} = \begin{bmatrix} 0 & \beta_{12} \\ \beta_{21} & 0 \end{bmatrix} \begin{bmatrix} y_1 \\ y_2 \end{bmatrix} + \begin{bmatrix} \gamma_{12} \\ \gamma_{22} \end{bmatrix} x_1 + \begin{bmatrix} \zeta_1 \\ \zeta_2 \end{bmatrix}$$
$$\Psi = \begin{bmatrix} \phi_{11} & \\ \phi_{21} & \phi_{11} \end{bmatrix} \tag{5.5}$$

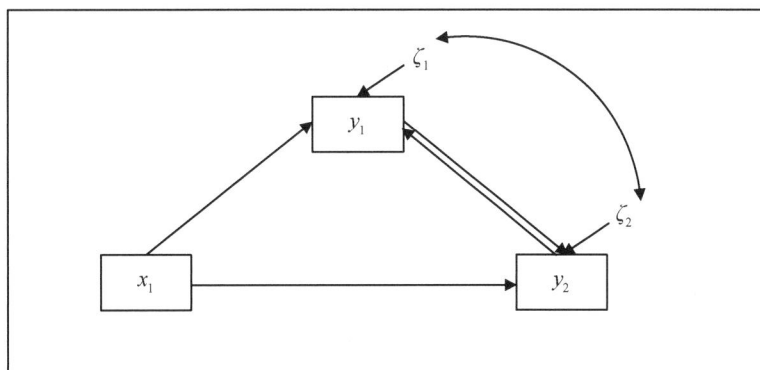

图 5-2 路径分析模型示例(非递归模型)

不难发现,在这个协方差矩阵中,表征内源变量之间关系的系数矩阵 $\boldsymbol{B}$ 变成了非下三角阵,而对应的,残差协方差矩阵 $\boldsymbol{\Psi}$ 是一个非对角阵,下三角的元素表示了残差之间的相关。

这种非递归模型,在我们目前所介绍的 SEM 框架中是不希望遇到的。因为很难解释清楚,两个变量之间到底有多少变异可以被另一个变量解释。为了维系模型的稳定性与可解释性,我们并不希望 y_2 在作为 y_1 的内源变量时同时去解释 y_1。所以,如果不做特殊说明,本书中所介绍的模型均为递归模型。

值得注意的是,在实际中,两个变量确实会存在相互影响的关系。比如,成绩越好的学生,对自己的学业越自信,焦虑程度越低;而低焦虑有助于正常发挥,使考试成绩更优。若需要讨论两个变量之间的相互因果关系(reciprocal causal effect),常用 SEM 中的交叉滞后模型(cross-lagged model),这些将在本书第十章中进行介绍。

二、模型识别

路径分析模型的识别法则,在第一章中已经给出了相关介绍和原理。t 法则是模型识别的必要非充分条件,即若模型识别,则一定满足 t 法则,但满足 t 法则的不一定识别。当模型中的 $\boldsymbol{B}$ 矩阵为 $\boldsymbol{0}$ 矩阵的时候,即内源变量和外源变量之间没有关系的时候,模型可以识别,被称为零 $\boldsymbol{B}$ 法则,此法则是模型识别的充分非必要条件。此外,当模型为递归模型时,即 $\boldsymbol{B}$ 为三角矩阵、$\boldsymbol{\Psi}$ 为对角阵时,模型亦可以识别,称为递归法则,亦是模型识别的充分非必要条件。主要的模型识别法如表 5-1 所示(详见 Bollen et al.,1989)。

表 5-1　模型识别法则

识别法则	要求	必要条件	充分条件
t 法则	$t \leqslant DP = \dfrac{(p+q)(p+q+1)}{2}$	是	否
零 B 法则	$B = 0$	否	是
递归法则	B 为三角阵、Ψ 为对角阵	否	是

第二节　Mplus 实例分析

一、研究问题确定

在 PISA2015 测验中，我们考察了教师在课堂上使用的教学方式。其中包含了科学教师在课堂中的学科气氛（DISCLS）、教师对学生在课堂中选择的支持（TSPCLS）、教师接受式教学的教学方法（DIRINS）、探究式的教学方法（INQINS）。本案例中将引入三个模型进行比较，探讨这些教学方法对学生的科学成绩有一定程度的促进作用。

模型一：探讨教师课堂的教学方式对学生学业表现的影响。

模型二：探讨教师课堂的教学方式对学生学业表现和考试焦虑的影响。

模型三：探讨教师在课堂中使用的各种教学方式，可以降低学生的考试焦虑，从而提高学生的学业表现。

二、数据处理与结果分析

（一）模型一：教学方式对学生学业表现的影响

路径分析模型一输入程序如图 5-3 所示。

```
TITLE: THIS IS AN EXAMPLE OF PATH ANALYSIS
DATA: FILE IS PISA2015_CHI_SE.DAT;
VARIABLE:
NAMES ARE CNT GRD GEN ST1181-ST1185 ST1001-ST1005
          ST1031-ST1034 ST1041-ST1045 ST1071-ST1073
          ST0941-ST0945 ST1131-ST1134 ST1291-ST1298
          AGE DISCLS TSPCLS INQINS DIRINS
          ENJSCI ITRSCI EFFSCI ANX MOT SES
          ACHSCI ACHEXP ACHEVA ACHINT ACHCOT ACHPRO
          ACHPHY ACHLIV ACHEAR;
USEV ARE DISCLS TSPCLS INQINS DIRINS ACHSCI;
MISSING ARE GEN-ST1298 (5-9) AGE-SES (95-99);
MODEL:
ACHSCI ON ANX DISCLS TSPCLS INQINS DIRINS;
OUTPUT: SAMPSTAT;STDYX;
```

图 5-3　路径分析模型一输入程序

本例和第二章中的多元回归的例子相类似，这里不再赘述(图 5-4)。

```
MODEL FIT INFORMATION
Number of Free Parameters                        6
Loglikelihood
         H0 Value                        -11042.092
         H1 Value                        -11042.092
Information Criteria
         Akaike (AIC)                     22096.185
         Bayesian (BIC)                   22129.329
         Sample-Size Adjusted BIC         22110.267
            (n* = (n + 2) / 24)
Chi-Square Test of Model Fit
         Value                                0.000
         Degrees of Freedom                       0
         P-Value                              0.0000
RMSEA (Root Mean Square Error Of Approximation)
         Estimate                             0.000
         90 Percent C.I.                      0.000  0.000
         Probability RMSEA <=0.05             0.000
CFI/TLI
         CFI                                  1.000
         TLI                                  1.000
Chi-Square Test of Model Fit for the Baseline Model
         Value                              110.347
         Degrees of Freedom                       4
         P-Value                              0.0000
SRMR (Standardized Root Mean Square Residual)
         Value                                0.000


MODEL RESULTS
                                               Two-Tailed
                  Estimate    S.E.   Est./S.E.  P-Value
   ACHSCI    ON
     DISCLS     17.655      2.421     7.291      0.000
     TSPCLS      6.393      2.838     2.252      0.024
     INQINS     -8.515      2.253    -3.779      0.000
     DIRINS     11.439      2.390     4.786      0.000
   Intercepts
     ACHSCI    518.476      2.480   209.036      0.000
   Residual Variances
     ACHSCI   8836.394    290.383    30.430      0.000
```

图 5-4　路径分析模型一输出结果(模型拟合、非标准化估计)

(二)模型二：教学方式对学生学业表现和考试焦虑的影响

路径分析模型二输入程序如图 5-5 所示。

```
TITLE: THIS IS AN EXAMPLE OF PATH ANALYSIS
DATA: FILE IS PISA2015_CHI_SE.DAT;
VARIABLE:
NAMES ARE CNT GRD GEN ST1181-ST1185 ST1001-ST1005
          ST1031-ST1034 ST1041-ST1045 ST1071-ST1073
          ST0941-ST0945 ST1131-ST1134 ST1291-ST1298
          AGE DISCLS TSPCLS INQINS DIRINS
          ENJSCI ITRSCI EFFSCI ANX MOT SES
          ACHSCI ACHEXP ACHEVA ACHINT ACHCOT ACHPRO
          ACHPHY ACHLIV ACHEAR;
USEV ARE ANX DISCLS TSPCLS INQINS DIRINS ACHSCI;
MISSING ARE GEN-ST1298 (5-9) AGE-SES (95-99);
MODEL:
ANX ON DISCLS TSPCLS INQINS DIRINS;
ACHSCI ON DISCLS TSPCLS INQINS DIRINS;
OUTPUT: SAMPSTAT;STDYX;
```

图 5-5　路径分析模型二输入程序

本例相当于有两个多元回归的模型。第一个是教学方式对学业表现的回归方程语句，第二个是教学方式对考试焦虑的回归方程语句。两个语句类似，读者可以举一反三。在本例中，两个回归方程同时估计。我们不必再像在 SPSS 中那样分别运行两次程序。此外，对于两个因变量之间的相关，模型默认自由估计，注意本例中的模型应是饱和模型，故卡方值和自由度均为 0（图 5-6、图 5-7、图 5-8）。

```
*** WARNING
  Data set contains cases with missing on x-variables.
  These cases were not included in the analysis.
  Number of cases with missing on x-variables:  148
   1 WARNING(S) FOUND IN THE INPUT INSTRUCTIONS

THIS IS AN EXAMPLE OF PATH ANALYSIS
SUMMARY OF ANALYSIS
Number of groups                                      1
Number of observations                            1852
Number of dependent variables                        2
Number of independent variables                      4
Number of continuous latent variables                0
```

图 5-6　路径分析模型二输出结果（基本信息）

```
MODEL FIT INFORMATION
Number of Free Parameters                 13
Loglikelihood
         H0 Value                  -13474.795
         H1 Value                  -13474.795
Information Criteria
         Akaike (AIC)               26975.589
         Bayesian (BIC)             27047.402
         Sample-Size Adjusted BIC   27006.101
           (n* = (n + 2) / 24)
Chi-Square Test of Model Fit
         Value                          0.000
         Degrees of Freedom                 0
         P-Value                        0.0000
RMSEA (Root Mean Square Error Of Approximation)
         Estimate                       0.000
         90 Percent C.I.                0.000   0.000
         Probability RMSEA <=0.05       0.000
CFI/TLI
         CFI                            1.000
         TLI                            1.000
Chi-Square Test of Model Fit for the Baseline Model
         Value                        164.055
         Degrees of Freedom                 9
         P-Value                        0.0000
SRMR (Standardized Root Mean Square Residual)
         Value                          0.000

MODEL RESULTS
```

图 5-7　路径分析模型二输出结果（非标准化估计）

	Estimate	S.E.	Est./S.E.	Two-Tailed P-Value
ANX ON				
DISCLS	-0.116	0.023	-4.979	0.000
TSPCLS	-0.002	0.027	-0.067	0.946
INQINS	-0.006	0.022	-0.285	0.776
DIRINS	-0.037	0.023	-1.624	0.104
ACHSCI ON				
DISCLS	17.655	2.421	7.291	0.000
TSPCLS	6.393	2.838	2.252	0.024
INQINS	-8.516	2.253	-3.780	0.000
DIRINS	11.439	2.390	4.786	0.000
ACHSCI WITH				
ANX	-7.780	2.001	-3.888	0.000
Intercepts				
ANX	0.266	0.024	11.140	0.000
ACHSCI	518.476	2.480	209.036	0.000
Residual Variances				
ANX	0.821	0.027	30.395	0.000
ACHSCI	8836.349	290.381	30.430	0.000

图 5-7　路径分析模型二输出结果(非标准化估计)(续)

```
STANDARDIZED MODEL RESULTS
STDYX Standardization
```

	Estimate	S.E.	Est./S.E.	Two-Tailed P-Value
ANX ON				
DISCLS	-0.122	0.024	-5.012	0.000
TSPCLS	-0.002	0.028	-0.067	0.946
INQINS	-0.008	0.027	-0.285	0.776
DIRINS	-0.044	0.027	-1.625	0.104
ACHSCI ON				
DISCLS	0.174	0.024	7.390	0.000
TSPCLS	0.061	0.027	2.255	0.024
INQINS	-0.101	0.027	-3.793	0.000
DIRINS	0.127	0.026	4.813	0.000
ACHSCI WITH				
ANX	-0.091	0.023	-3.936	0.000
Intercepts				
ANX	0.291	0.026	11.071	0.000
ACHSCI	5.354	0.095	56.544	0.000
Residual Variances				
ANX	0.979	0.007	150.080	0.000
ACHSCI	0.942	0.011	89.469	0.000

R-SQUARE				
Observed Variable	Estimate	S.E.	Est./S.E.	Two-Tailed P-Value
ANX	0.021	0.007	3.145	0.002
ACHSCI	0.058	0.011	5.493	0.000

图 5-8　路径分析模型二输出结果(标准化估计)

(三)模型三：教学方式通过影响考试焦虑从而影响学业表现

路径分析模型三输入程序如图 5-9 所示。

```
TITLE: THIS IS AN EXAMPLE OF PATH ANALYSIS
DATA: FILE IS PISA2015_CHI_SE.DAT;
VARIABLE:
NAMES ARE CNT GRD GEN ST1181-ST1185 ST1001-ST1005
          ST1031-ST1034 ST1041-ST1045 ST1071-ST1073
          ST0941-ST0945 ST1131-ST1134 ST1291-ST1298
          AGE DISCLS TSPCLS INQINS DIRINS
          ENJSCI ITRSCI EFFSCI ANX MOT SES
          ACHSCI ACHEXP ACHEVA ACHINT ACHCOT ACHPRO
          ACHPHY ACHLIV ACHEAR;
USEV ARE ANX DISCLS TSPCLS INQINS DIRINS ACHSCI;
MISSING ARE GEN-ST1298 (5-9) AGE-SES (95-99);
MODEL:
ANX ON DISCLS TSPCLS INQINS DIRINS;
ACHSCI ON ANX DISCLS TSPCLS INQINS DIRINS;
OUTPUT: SAMPSTAT;STDYX;
```

图 5-9　路径分析模型三输入程序

同样使用和多元回归分析类似的"ON"语句。在本例中，同样有两个因变量（焦虑、考试成绩），故分别写两条多元回归分析的语句。此外，应注意考试焦虑也影响成绩，故将考试焦虑作为自变量同样写在第二条多元回归语句中。主要结果如图 5-10、图 5-11 所示。

```
     MODEL FIT INFORMATION
     Number of Free Parameters              13
     Loglikelihood
              H0 Value                -13474.795
              H1 Value                -13474.795
     Information Criteria
              Akaike (AIC)             26975.589
              Bayesian (BIC)           27047.402
              Sample-Size Adjusted BIC 27006.101
                (n* = (n + 2) / 24)
     Chi-Square Test of Model Fit
              Value                        0.000
              Degrees of Freedom               0
              P-Value                     0.0000
     RMSEA (Root Mean Square Error Of Approximation)
              Estimate                     0.000
              90 Percent C.I.              0.000   0.000
              Probability RMSEA <=0.05     0.000
     CFI/TLI
              CFI                          1.000
              TLI                          1.000
     Chi-Square Test of Model Fit for the Baseline Model
              Value                      164.055
              Degrees of Freedom               9
              P-Value                     0.0000
     SRMR (Standardized Root Mean Square Residual)
              Value                        0.000
     MODEL RESULTS
```

图 5-10　路径分析模型三输出结果(非标准化估计)

	Estimate	S.E.	Est./S.E.	Two-Tailed P-Value
ANX　　　ON				
DISCLS	−0.116	0.023	−4.979	0.000
TSPCLS	−0.002	0.027	−0.067	0.947
INQINS	−0.006	0.022	−0.285	0.775
DIRINS	−0.037	0.023	−1.624	0.104
ACHSCI　　ON				
ANX	−9.470	2.416	−3.920	0.000
DISCLS	16.553	2.428	6.819	0.000
TSPCLS	6.375	2.827	2.255	0.024
INQINS	−8.574	2.244	−3.821	0.000
DIRINS	11.084	2.382	4.654	0.000
Intercepts				
ANX	0.266	0.024	11.141	0.000
ACHSCI	521.000	2.553	204.107	0.000
Residual Variances				
ANX	0.821	0.027	30.395	0.000
ACHSCI	8762.738	287.997	30.427	0.000

图 5-10　路径分析模型三输出结果(非标准化估计)(续)

STANDARDIZED MODEL RESULTS
STDYX Standardization

	Estimate	S.E.	Est./S.E.	Two-Tailed P-Value
ANX　　　ON				
DISCLS	−0.122	0.024	−5.012	0.000
TSPCLS	−0.002	0.028	−0.067	0.947
INQINS	−0.008	0.027	−0.285	0.775
DIRINS	−0.044	0.027	−1.626	0.104
ACHSCI　　ON				
ANX	−0.090	0.023	−3.934	0.000
DISCLS	0.163	0.024	6.898	0.000
TSPCLS	0.061	0.027	2.258	0.024
INQINS	−0.102	0.027	−3.835	0.000
DIRINS	0.123	0.026	4.678	0.000
Intercepts				
ANX	0.291	0.026	11.071	0.000
ACHSCI	5.380	0.095	56.912	0.000
Residual Variances				
ANX	0.979	0.007	150.083	0.000
ACHSCI	0.934	0.011	83.879	0.000

R-SQUARE

Observed Variable	Estimate	S.E.	Est./S.E.	Two-Tailed P-Value
ANX	0.021	0.007	3.145	0.002
ACHSCI	0.066	0.011	5.898	0.000

图 5-11　路径分析模型三输出结果(标准化估计)

三、文献中的报告

本结果以模型三为最终模型进行报告(详见讨论)。在所有变量上缺失的数据有 148 名,有效被试共 1852 名。变量之间的相关、均值与标准差如表 5-2 所示。

表 5-2 课堂教学方式、焦虑与成绩的相关矩阵、均值和标准差

	1	2	3	4	5	6
1. 焦虑	1.00					
2. 科学成绩	−0.12	1.00				
3. 课堂气氛	−0.14	0.20	1.00			
4. 课堂支持	−0.06	0.12	0.26	1.00		
5. 探究式教学	−0.06	0.03	0.27	0.47	1.00	
6. 接受式教学	−0.08	0.16	0.26	0.45	0.43	1.00
M	0.22	528.62	0.34	0.26	−0.16	0.11
SD	0.92	96.84	0.96	0.92	1.15	1.07

此时，模型为饱和模型。从表 5-2 看出，传统的教学策略可以提高学业的分数（课堂气氛：Est. =16.553，$p<0.001$；课堂支持：Est. =6.375，$p=0.024$；接收教学：Est. =11.084，$p<0.001$）；但是探究式学习的方式不利于成绩的提升（Est. =−8.574，$p<0.001$）。加拿大教育质量与问责办公室（Education Quality and Accountability Office，EQAO）在 2017 年的数据中指出[①]，探究式教学方法虽然对学生的认知能力有促进作用，但是会比较耗费时间，甚至有时候会形成错误的观念。课堂气氛能明显降低学生的考试焦虑（Est. =−0.116，$p<0.001$）。课堂教学方式对成绩的影响如表 5-3 所示。

表 5-3 课堂教学方式对成绩的影响

	Est.	S. E.	t	p
ANX on				
DISCLS	−0.116	0.023	−4.979	<0.001
TSPCLS	−0.002	0.027	−0.067	0.947
INQINS	−0.006	0.022	−0.285	0.775
DIRINS	−0.037	0.023	−1.624	0.104
ACHSCI on				
ANX	−9.47	2.416	−3.92	<0.001
DISCLS	16.553	2.428	6.819	<0.001
TSPCLS	6.375	2.827	2.255	0.024
INQINS	−8.574	2.244	−3.821	<0.001
DIRINS	11.084	2.382	4.654	<0.001

———————————

① http://www.eqao.com/en，2018-12-20。

四、讨论：等同模型

仔细观察模型二和模型三的结果。不难发现，两个模型的模型拟合结果完全一致。此外，参数估计上，非标准化解对应相等，唯一不等的就是模型二中成绩与焦虑之间的相关与模型三中焦虑影响成绩的系数。在标准化解中，相关与标准化系数又几乎完全一致（均为 -0.090）。造成这样的结果并不是巧合。

这两个模型成为等同模型（参考 Breckler，1990；林文莺，侯杰泰，1995）。以同样个数的参数（t），用不同组合可以产生许多不同的模型，而其中相当一部分模型的再生协方差矩阵是完全相同的。这表示同样个数的参数能产生具有相同拟合程度，但结构不同的模型。

实际上，由目前的数量关系可以定义出很多等同模型。等同模型中各个不同模型可能含有非常不同的意义。例如，模型二只是考虑了教学风格对于不同学生结果变量的影响，而模型三中却进一步考察了焦虑对于成绩的"中介作用"（关于中介效应的讨论详见本书第十章）。其实两个模型的不同就在于焦虑和成绩之间是双向箭头（模型二，图 5-12）还是单项箭头（模型三，图 5-13）。同样的道理，研究者也可以假设，教学方法提高了学生的成绩，成绩提高了，焦虑自然就降低了，这里的箭头与模型三的方向相反。这些模型拟合指数完全相同，但是参数的意义和大小可能不同。

这表明，因为等同模型的存在，单凭数据和模型拟合是不能发现哪个模型更优的。必须通过其他研究设计，控制和识别有关变量才能有进一步的结果。因此，应用的时候应该注意等同模型的存在，对单一模型的结果进行辅助验证、理论验证，最终选取符合理论和数据的模型（侯杰泰，温忠麟，成子娟，2004）。

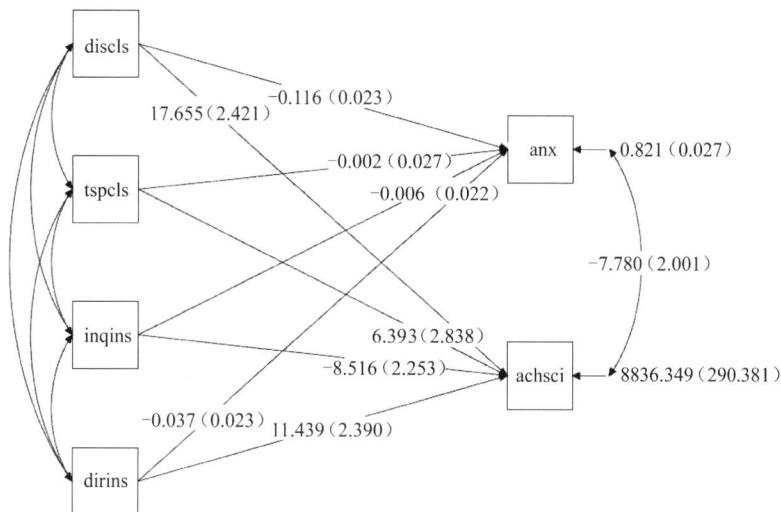

图 5-12　课堂教学方式对焦虑和成绩的影响路径图（模型二）

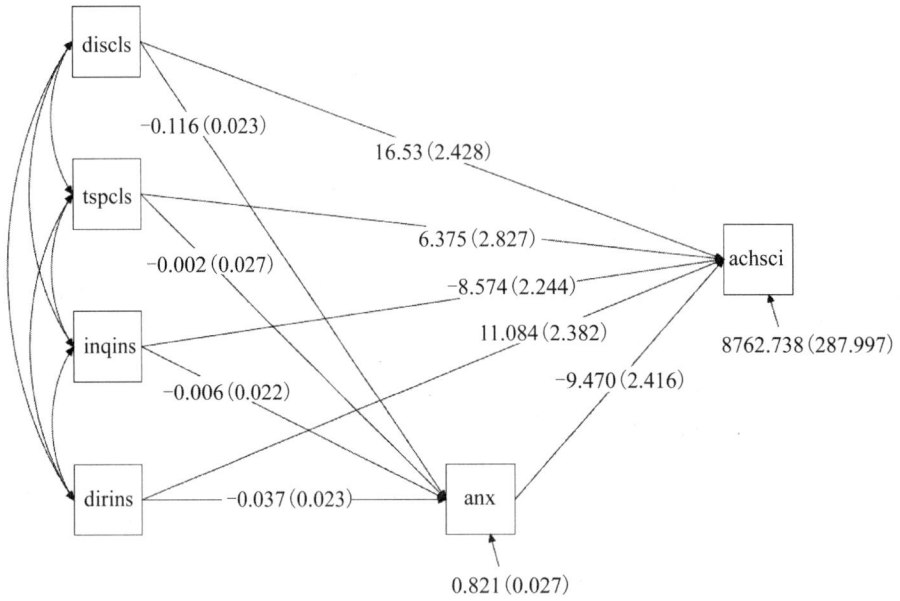

图 5-13 课堂教学方式对焦虑和成绩的影响路径图(模型三)

第六章　结构方程全模型

我们已经了解了测量部分的基本原理，下面来看结构部分。其实在有了路径分析的基本思路之后，SEM 的结构部分可以按照相同的分析思路来建模，只不过路径分析的变量是外显变量，而在 SEM 中的结构部分都是潜变量。用结构图表示，路径分析是建立在方框变量之间的，而结构模型是建立在圆圈变量之间的。将测量部分和结构部分整合在一起，圆圈的路径分析中各自都带有指标变量，即结构方程全模型。

第一节　结构方程全模型的基本原理

一、模型定义

如果将路径分析模型与测量模型结合，即将路径分析里的变量均看成潜变量，每个变量都包含各自的测量模型，则被称为结构方程的一般模型（general model），也可以叫作全模型、统合模型、整合模型等。所以，一个完整的 SEM 模型是由测量模型和结构模型组成的。模型定义为

$$\boldsymbol{\eta} = \boldsymbol{B\eta} + \boldsymbol{\Gamma\xi} + \boldsymbol{\zeta} \tag{6.1}$$

$$\boldsymbol{y} = \boldsymbol{\Lambda}_y\boldsymbol{\eta} + \boldsymbol{\varepsilon} \tag{6.2}$$

$$\boldsymbol{x} = \boldsymbol{\Lambda}_x\boldsymbol{\xi} + \boldsymbol{\delta} \tag{6.3}$$

所以，公式 6.2 和公式 6.3 相当于第三章中的 CFA 模型；而公式 6.1 的模型相当于第五章中的潜变量路径分析模型。在全模型中，已知条件是所有观测变量的协方差矩阵（x 和 y 的协方差矩阵），而需要估计的就是结构方程模型中的八个矩阵（$\boldsymbol{B}$，$\boldsymbol{\Gamma}$，$\boldsymbol{\Phi}$，$\boldsymbol{\Psi}$，$\boldsymbol{\Lambda}_y$，$\boldsymbol{\Lambda}_x$，$\boldsymbol{\Theta}_\varepsilon$，$\boldsymbol{\Theta}_\delta$）。一个一般的 SEM 全模型的结构图可以如图 6-1 所示。

在图 6-1 中，每一个特质变量均考虑测量模型。这是一个比较完整的 SEM 全模型。测量模型是测量的计量基础，而结构模型所检验的是理论关系。因此，结构方程模型所看重的并不是测量的合理性，而是参数的方向性背后所代表的理论合理性（邱皓政，林碧芳，2009）。

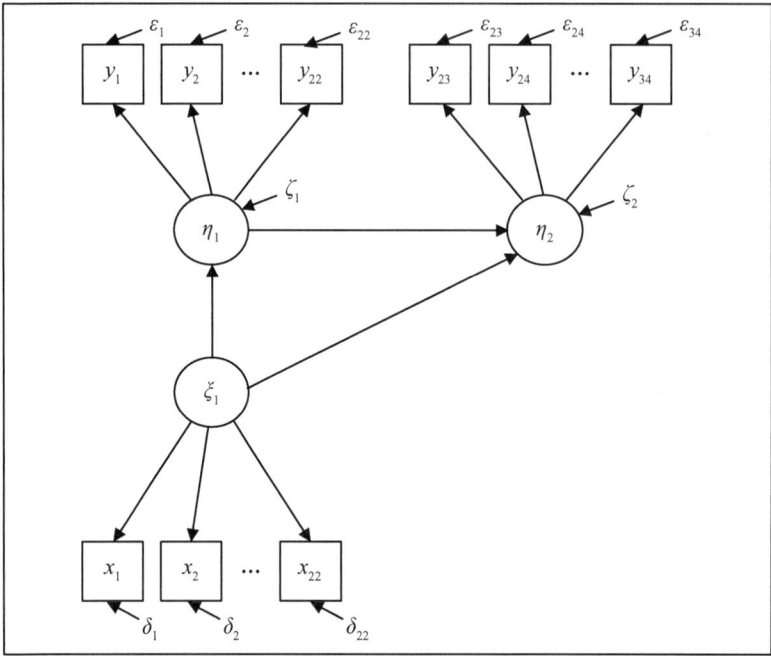

图 6-1　全模型示意图

在实际中，并不是所有的变量都需要考虑测量模型。比如，在图 6-1 的例子中，数学成绩可以影响物理成绩，但是成绩是受到社会经济地位影响（x_1）的。这个时候我们需要控制社会经济地位的影响来考察数学成绩对物理成绩的预测能力，可以直接在上述模型中加入观测变量协变量，如图 6-2 所示。

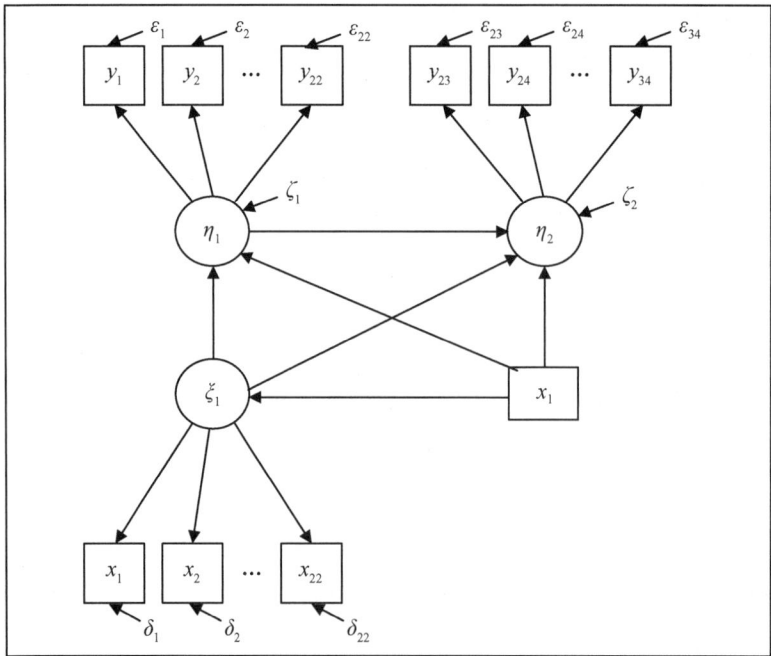

图 6-2　具有协变量的全模型示意图

在 SEM 全模型中，模型的定义会非常灵活。可同时考虑和处理多个因变量，允许自变量和因变量含有测量误差，允许潜在变量由多个外源指标变量组成，并可同时估计指标变量的信度。它可采用比传统方法更有弹性的测量模型，如某一观测变量可以同时从属于两个潜在变量，或者一个潜变量只有一个观测变量的情形（需要注意参数识别问题）。除此之外，它可以考虑潜在变量之间的关系，并估计整个模型是否与数据相吻合。

二、模型识别

由于模型的复杂性和灵活性，在实际应用的时候需要特别留意参数识别的问题。类似地，t 法则在 SEM 全模型中仍然适用，是一个必要非充分条件。在全模型中，t 法则满足的条件为

$$t \leqslant \frac{(p+q)(p+q+1)}{2} \tag{6.4}$$

其中，p 表示外源变量的观测指标数目，q 表示内源变量的观测指标数目。

此外，在 SEM 全模型的参数识别过程中，可以使用两阶段法则（two-step）的识别步骤（Bollen et al.，1989）。第一阶段，先对测量模型进行参数估计。例如，在上述只有一个项目的时候，需要固定测量信度以达到模型识别的问题。第二阶段则将第一阶段中所建立的潜在因素视为观测变量，以路径分析的模式进行结构模型分析。如果上面两步骤模型均识别，则整体模型一定可以识别，这是保证模型可识别的充分条件。

特别地，考虑这样一个模型：只包含一个潜变量的协方差结构模型，它受多个观测变量 x 的影响，并且有多个指标变量 y 进行测量。比如，学业成就这个变量由三个指标构成：数学成绩、科学成绩和语文成绩；而学业成就受到性别、社会经济地位和年龄的影响。这种模型被称为多指标多原因模型（multiple indicator and multiple causes，MIMIC）。MIMIC 模型的基本模型为

$$\begin{aligned} \boldsymbol{\eta}_1 &= \boldsymbol{\Gamma x} + \zeta_1 \\ \boldsymbol{y} &= \boldsymbol{\Lambda}_y \boldsymbol{\eta}_1 + \boldsymbol{\varepsilon} \\ \boldsymbol{x} &= \boldsymbol{\xi} \end{aligned} \tag{6.5}$$

如图 6-3 所示，在 MIMIC 模型中，x 是 $\boldsymbol{\xi}$ 的完美测量，唯一的潜变量是 η_1。对于 MIMIC 法则，可识别的充分条件是 $p \geqslant 2$，且 $q \geqslant 1$。

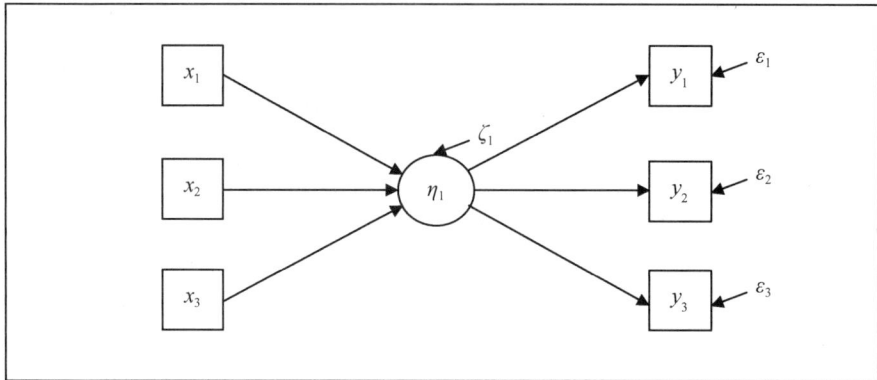

图 6-3　MIMIC 模型示意图

全模型识别的法则参见表 6-1。

表 6-1　全模型识别法则

识别法则	要求	必要条件	充分条件
t 法则	$t \leqslant DP = \dfrac{(p+q)(p+q+1)}{2}$	是	否
两阶段法则	测量模型可以识别 结构模型可以识别(把结构模型看成外显变量的 路径分析模型)	否	是
MIMIC 法则	$p \geqslant 2$，$q \geqslant 1$，η_1 被标定量尺	否	是

三、均值与截距模型

和测量模型一样，结构模型也同样可以考虑均值与截距的模型。有

$$\boldsymbol{\eta} = \boldsymbol{\alpha} + \boldsymbol{B}\boldsymbol{\eta} + \boldsymbol{\Gamma}\boldsymbol{\xi} + \boldsymbol{\zeta}$$
$$\boldsymbol{y} = \boldsymbol{\tau}_y + \boldsymbol{\Lambda}_y\boldsymbol{\eta} + \boldsymbol{\varepsilon} \tag{6.6}$$
$$\boldsymbol{x} = \boldsymbol{\tau}_x + \boldsymbol{\Lambda}_x\boldsymbol{\xi} + \boldsymbol{\delta}$$

满足

$$E(\boldsymbol{\eta}) = (\boldsymbol{I} - \boldsymbol{B})^{-1}(\boldsymbol{\alpha} + \boldsymbol{\Gamma}\boldsymbol{\kappa})$$
$$E(\boldsymbol{x}) = \boldsymbol{\tau}_x + \boldsymbol{\Lambda}_x\boldsymbol{\kappa} \tag{6.7}$$
$$E(\boldsymbol{y}) = \boldsymbol{\tau}_y + \boldsymbol{\Lambda}_y(\boldsymbol{I} - \boldsymbol{B})^{-1}(\boldsymbol{\alpha} + \boldsymbol{\Gamma}\boldsymbol{\kappa})$$

在一个全模型中，SEM 新增四个参数矩阵 $\boldsymbol{\tau}_x$、$\boldsymbol{\tau}_y$、$\boldsymbol{\alpha}$ 和 $\boldsymbol{\kappa}$。除了测量模型的截距矩阵 $\boldsymbol{\tau}$ 以外，$\boldsymbol{\alpha}$ 为内源潜变量的截距矩阵，反映其均值，$\boldsymbol{\kappa}$ 为外源潜变量的均值矩阵，如表 6-2 所示。

表 6-2

符号	名称（读法）	矩阵维度	定义
$\boldsymbol{\alpha}$	Alpha /ˈælfə/	$m \times 1$	内源潜在变量的截距向量
$\boldsymbol{\kappa}$	Kappa /ˈkæpə/	$n \times 1$	外源潜在变量的均值向量
$\boldsymbol{\tau}_y$	Tau /taʊ/	$p \times 1$	内源观测变量的截距向量
$\boldsymbol{\tau}_x$	—	$q \times 1$	外源观测变量的截距向量

在估计均值结构的时候，所利用的信息自然是已知变量的均值信息，而并非协方差矩阵。这是截距与均值模型在 SEM 中的独特之处。所以，同样需要注意其识别条件。一般的做法，是将模型中的均值限定为 0，使得整个模型获得可识别的条件，即限定 $\boldsymbol{\kappa}$ 矩阵为 $\boldsymbol{0}$ 矩阵。举个例子，假设一个全模型中，内源潜变量和外源潜变量各有两个观测指标，则一个包含均值与截距结构的 SEM 模型为

$$\eta_1 = \alpha_1 + \gamma_{11}\xi_1 + \zeta_1$$
$$y_1 = \tau_{y_1} + \eta_1 + \varepsilon_1$$
$$y_2 = \tau_{y_2} + \lambda_2\eta_1 + \varepsilon_2 \tag{6.8}$$
$$x_1 = \tau_{x_1} + \xi_1 + \delta_1$$
$$x_2 = \tau_{x_2} + \lambda_4\xi_1 + \delta_2$$

注意到每个潜变量对应的第一个观测变量的路径限定为 1（固定载荷）。已知的条件为四个观测变量的均值，而在上述方程中，引入了潜变量的均值结构，即

$$E(\eta_1) = \alpha_1 + \gamma_{11}\kappa_1$$
$$E(y_1) = \tau_{y_1} + \kappa_1$$
$$E(y_2) = \tau_{y_2} + \lambda_2\kappa_1 \tag{6.9}$$
$$E(x_1) = \tau_{x_1} + (\alpha_1 + \gamma_{11}\kappa_1)$$
$$E(x_2) = \tau_{x_2} + \lambda_4(\alpha_1 + \gamma_{11}\kappa_1)$$

由此可知，在上述方程中，有 6 个未知参数（α_1，κ_1，τ_{y_1}，τ_{y_2}，τ_{x_1}，τ_{x_2}），其数量大于已知参数（4 个），所以需要再固定两个参数，而且不难发现，推广到任何数量指标的模型中都需要固定两个参数。一种常用的做法是，将外源潜变量均值 κ_1、内源潜变量截距 α_1 的值固定为 0。另一种做法是，将潜变量和观测变量等同到一个量尺上，即不考虑潜变量和观测变量之间的相互位置关系，分别将 τ_{y_1} 和 τ_{x_1} 的值固定为 0。这样，即可进行识别。在 Mplus 中，全模型的均值与截距模型是默认方法，其采用第一种方法进行固定。特殊情况（如在增长模型中，详见刘红云，2005）需要估计潜变量均值，这时需要将观测变量截距进行固定，方能识别。

第二节　Mplus 实例分析

一、研究问题确定

在 PISA 2015 的测验中，测量了两种动机——学习兴趣（ENJS）与工具性动机（INST），它们对学业表现（ACHSCI）都有预测作用。研究发现，学习动机通过提高学科学习的效能感（EFFS）来提高成绩。在这个过程中，研究者一般需要控制社会经济地位（SES）对成绩的影响，得到学习兴趣与工具性动机对成绩的净影响。在 PISA 问卷中，学习兴趣有 5 道题目，工具性动机有 4 道题目（参见本书第三章），学习效能感共 8 道题目（表 6-3）。

表 6-3　PISA 2015 科学自我效能感量表

题目
1. 在报纸上有关健康的报道中发现它所反映的科学问题。
2. 解释为什么地震在某些地区比另一些地区发生得更频繁。
3. 描述抗生素在疾病治疗中的作用。
4. 识别出有关垃圾处理中的科学问题。
5. 预测环境变化将如何影响某些物种的生存。
6. 解释食物标签上所示的科学信息。
7. 探讨新证据如何引导人改变对火星上可能存在生命的认识。
8. 就酸雨如何形成的问题上的两个解释中识别出更好的那一个。

模型一：单指标模型。

采用合成的科学成绩（ACHSCI）作为单指标结果变量。详见图 6-13。

模型二：潜变量模型。

科学成绩由三部分学科考察构成：物理（ACHPHY）、生命科学（ACHLIV）和地球科学（ACHEAR）。三个学科合成科学学业表现（ACHS）。详见图 6-14。

模型三：多维单指标模型。

采用科学成绩的三个学科：物理、生命科学和地球科学，作为单指标结果变量同时进入模型（不合成科学潜变量）。详见图 6-15。

二、数据处理与结果分析

（一）模型一：单指标模型

注意在本例中工具性动机与效能感的题目选项 1 表示"完全符合/很轻松解决问题"，4 表示"完全符合/很困难解决问题"（得分越高，工具性动机/效能感越低）。故将这 12 道题目进行反向处理。部分结果输入如图 6-4 至图 6-6 所示。

```
TITLE: THIS IS AN EXAMPLE OF PATH ANALYSIS
DATA: FILE IS PISA2015_CHI_SE_R.DAT;
VARIABLE:
NAMES ARE CNT GRD GEN ST1181-ST1185 ST1001-ST1005
          ST1031-ST1034 ST1041-ST1045 ST1071-ST1073
          ST0941-ST0945 ST1131-ST1134 ST1291-ST1298
          AGE DISCLS TSPCLS INQINS DIRINS
          ENJSCI ITRSCI EFFSCI ANX MOT SES
          ACHSCI ACHEXP ACHEVA ACHINT ACHCOT ACHPRO
          ACHPHY ACHLIV ACHEAR;
USEV ARE ST0941-ST1298 ACHSCI SES;
MISSING ARE GEN-ST1298 (5-9) AGE-SES (95-99);
DEFINE: ST1131 = 5 - ST1131;ST1132 = 5 - ST1132;
        ST1133 = 5 - ST1133;ST1134 = 5 - ST1134;
        ST1291 = 5 - ST1291;ST1292 = 5 - ST1292;
        ST1293 = 5 - ST1293;ST1294 = 5 - ST1294;
        ST1295 = 5 - ST1295;ST1296 = 5 - ST1296;
        ST1297 = 5 - ST1297;ST1298 = 5 - ST1298;


MODEL:
ENJS BY ST0941-ST0945;
INST BY ST1131-ST1134;
```

图 6-4 单指标全模型(模型一)输入程序

```
*** WARNING
  Data set contains cases with missing on x-variables.
  These cases were not included in the analysis.
  Number of cases with missing on x-variables:  5
  1 WARNING(S) FOUND IN THE INPUT INSTRUCTIONS


THIS IS AN EXAMPLE OF PATH ANALYSIS
SUMMARY OF ANALYSIS
Number of groups                                      1
Number of observations                             1995
Number of dependent variables                        18
Number of independent variables                       1
Number of continuous latent variables                 3

MODEL FIT INFORMATION
Number of Free Parameters               60
Loglikelihood
        H0 Value                    -38165.554
        H1 Value                    -37724.289
Information Criteria
        Akaike (AIC)                 76451.107
        Bayesian (BIC)               76787.011
        Sample-Size Adjusted BIC     76596.388
          (n* = (n + 2) / 24)
Chi-Square Test of Model Fit
        Value                          882.530
        Degrees of Freedom                 147
        P-Value                         0.0000
RMSEA (Root Mean Square Error Of Approximation)
        Estimate                         0.050
        90 Percent C.I.                  0.047  0.053
        Probability RMSEA <=0.05         0.477
CFI/TLI
        CFI                              0.968
        TLI                              0.963
Chi-Square Test of Model Fit for the Baseline Model
        Value                        23146.001
        Degrees of Freedom                 171
        P-Value                         0.0000
SRMR (Standardized Root Mean Square Residual)
        Value                            0.050
```

图 6-5 单指标全模型(模型一)输出结果(模型拟合)

```
STDYX Standardization
                                              Two-Tailed
                  Estimate      S.E.    Est./S.E.  P-Value
ENJS      BY
   ST0941          0.835      0.008    110.556    0.000
   ST0942          0.893      0.005    165.550    0.000
   ST0943          0.882      0.006    152.434    0.000
   ST0944          0.917      0.005    202.736    0.000
   ST0945          0.881      0.006    150.672    0.000
INST      BY
   ST1131          0.782      0.010     79.567    0.000
   ST1132          0.890      0.006    137.933    0.000
   ST1133          0.918      0.006    161.413    0.000
   ST1134          0.780      0.010     78.789    0.000
EFFS      BY
   ST1291          0.670      0.014     48.205    0.000
   ST1292          0.712      0.013     56.345    0.000
   ST1293          0.768      0.011     70.618    0.000
   ST1294          0.722      0.012     58.433    0.000
   ST1295          0.764      0.011     69.483    0.000
   ST1296          0.688      0.013     51.594    0.000
   ST1297          0.696      0.013     52.835    0.000
   ST1298          0.680      0.014     49.839    0.000
EFFS      ON
   ENJS            0.299      0.023     13.045    0.000
   INST            0.154      0.024      6.403    0.000
ACHSCI    ON
   ENJS            0.114      0.023      4.934    0.000
   INST           -0.050      0.023     -2.219    0.026
   EFFS            0.086      0.024      3.551    0.000
ACHSCI    ON
   SES             0.385      0.020     19.632    0.000
INST      WITH
   ENJS            0.265      0.022     11.842    0.000
R-SQUARE
  Observed                                     Two-Tailed
  Variable       Estimate      S.E.    Est./S.E.  P-Value
   ST0941          0.697      0.013     55.278    0.000
   ST0942          0.798      0.010     82.775    0.000
   ST0943          0.778      0.010     76.217    0.000
   ST0944          0.841      0.008    101.368    0.000
   ST0945          0.776      0.010     75.336    0.000
   ST1131          0.612      0.015     39.783    0.000
   ST1132          0.792      0.011     68.967    0.000
   ST1133          0.843      0.010     80.707    0.000
   ST1134          0.608      0.015     39.394    0.000
   ST1291          0.448      0.019     24.102    0.000
   ST1292          0.507      0.018     28.173    0.000
   ST1293          0.590      0.017     35.309    0.000
   ST1294          0.521      0.018     29.217    0.000
   ST1295          0.584      0.017     34.742    0.000
   ST1296          0.474      0.018     25.797    0.000
   ST1297          0.484      0.018     26.417    0.000
   ST1298          0.462      0.019     24.920    0.000
   ACHSCI          0.173      0.015     11.838    0.000
  Latent                                       Two-Tailed
  Variable       Estimate      S.E.    Est./S.E.  P-Value
   EFFS            0.138      0.016      8.720    0.000
```

图 6-6 单指标全模型(模型一)输出结果(参数估计)

(二)模型二:潜变量模型

在潜变量模型中,内源变量科学成就有三个指标变量——物理、生命科学和地球科学。同样使用"BY"语句来实现。在完成了潜变量的定义之后,结构部分建模(内源变量和外源变量之间的关系,以及内源变量之间的关系)都可以采用路径分析中的"ON"语句来实现,如图 6-7 至图 6-9 所示。

```
TITLE: THIS IS AN EXAMPLE OF SEM FULL MODEL M2
DATA: FILE IS PISA2015_CHI_SE.DAT;
VARIABLE:
NAMES ARE CNT GRD GEN ST1181-ST1185 ST1001-ST1005
         ST1031-ST1034 ST1041-ST1045 ST1071-ST1073
         ST0941-ST0945 ST1131-ST1134 ST1291-ST1298
         AGE DISCLS TSPCLS INQINS DIRINS
         ENJSCI ITRSCI EFFSCI ANX MOT SES
         ACHSCI ACHEXP ACHEVA ACHINT ACHCOT ACHPRO
         ACHPHY ACHLIV ACHEAR;
USEV ARE ST0941-ST1298 ACHPHY ACHLIV ACHEAR SES;
MISSING ARE GEN-ST1298 (5-9) AGE-SES (95-99);
DEFINE: ST1131 = 5 - ST1131;ST1132 = 5 - ST1132;
        ST1133 = 5 - ST1133;ST1134 = 5 - ST1134;
        ST1291 = 5 - ST1291;ST1292 = 5 - ST1292;
        ST1293 = 5 - ST1293;ST1294 = 5 - ST1294;
        ST1295 = 5 - ST1295;ST1296 = 5 - ST1296;
        ST1297 = 5 - ST1297;ST1298 = 5 - ST1298;
MODEL:
ENJS BY ST0941-ST0945;
INST BY ST1131-ST1134;
EFFS BY ST1291-ST1298;
ACHS BY ACHPHY ACHLIV ACHEAR;
ACHS ON ENJS INST EFFS SES;
EFFS ON ENJS INST;
OUTPUT: SAMPSTAT;STDYX;
```

图 6-7　潜变量全模型（模型二）输入程序

```
MODEL FIT INFORMATION
Number of Free Parameters                67
Loglikelihood
        H0 Value                    -58550.363
        H1 Value                    -58066.619
Information Criteria
        Akaike (AIC)                117234.725
        Bayesian (BIC)              117609.818
        Sample-Size Adjusted BIC    117396.956
          (n* = (n + 2) / 24)
Chi-Square Test of Model Fit
        Value                          967.488
        Degrees of Freedom                 183
        P-Value                         0.0000
RMSEA (Root Mean Square Error Of Approximation)
        Estimate                         0.046
        90 Percent C.I.                  0.044    0.049
        Probability RMSEA <=0.05         0.981
CFI/TLI
        CFI                              0.975
        TLI                              0.971
Chi-Square Test of Model Fit for the Baseline Model
        Value                        30997.636
        Degrees of Freedom                 210
        P-Value                         0.0000
SRMR (Standardized Root Mean Square Residual)
        Value                            0.052
```

图 6-8　潜变量全模型（模型二）输出结果（模型拟合）

```
STDYX Standardization
                                                Two-Tailed
                 Estimate    S.E.    Est./S.E.   P-Value
 ENJS     BY
    ST0941       0.835       0.008   110.548     0.000
    ST0942       0.893       0.005   165.605     0.000
    ST0943       0.882       0.006   152.399     0.000
    ST0944       0.917       0.005   202.719     0.000
    ST0945       0.881       0.006   150.602     0.000
 INST     BY
    ST1131       0.782       0.010    79.553     0.000
    ST1132       0.890       0.006   137.891     0.000
    ST1133       0.918       0.006   161.461     0.000
    ST1134       0.780       0.010    78.784     0.000
 EFFS     BY
    ST1291       0.670       0.014    48.218     0.000
    ST1292       0.712       0.013    56.279     0.000
    ST1293       0.768       0.011    70.606     0.000
    ST1294       0.722       0.012    58.447     0.000
    ST1295       0.765       0.011    69.558     0.000
    ST1296       0.688       0.013    51.582     0.000
    ST1297       0.696       0.013    52.855     0.000
    ST1298       0.679       0.014    49.805     0.000
 ACHS     BY
    ACHPHY       0.958       0.003   378.820     0.000
    ACHLIV       0.958       0.003   380.965     0.000
    ACHEAR       0.951       0.003   347.099     0.000
 ACHS     ON
    ENJS         0.110       0.024     4.694     0.000
    INST        -0.045       0.023    -1.969     0.049
    EFFS         0.076       0.025     3.078     0.002
 EFFS     ON
    ENJS         0.299       0.023    13.034     0.000
    INST         0.154       0.024     6.408     0.000
 ACHS     ON
    SES          0.394       0.020    19.853     0.000
 INST     WITH
    ENJS         0.265       0.022    11.841     0.000
 Variances
    ENJS         1.000       0.000   999.000   999.000
    INST         1.000       0.000   999.000   999.000
 R-SQUARE
    Observed                                    Two-Tailed
    Variable     Estimate    S.E.    Est./S.E.   P-Value
    ST0941       0.697       0.013    55.274     0.000
    ST0942       0.798       0.010    82.802     0.000
    ST0943       0.778       0.010    76.199     0.000
    ST0944       0.841       0.008   101.359     0.000
    ST0945       0.776       0.010    75.301     0.000
    ST1131       0.612       0.015    39.777     0.000
    ST1132       0.792       0.011    68.946     0.000
    ST1133       0.843       0.010    80.731     0.000
    ST1134       0.608       0.015    39.392     0.000
    ST1291       0.448       0.019    24.109     0.000
    ST1292       0.507       0.018    28.139     0.000
    ST1293       0.590       0.017    35.303     0.000
    ST1294       0.521       0.018    29.223     0.000
    ST1295       0.585       0.017    34.779     0.000
    ST1296       0.474       0.018    25.791     0.000
    ST1297       0.484       0.018    26.428     0.000
    ST1298       0.462       0.019    24.902     0.000
    ACHPHY       0.918       0.005   189.410     0.000
    ACHLIV       0.918       0.005   190.482     0.000
    ACHEAR       0.904       0.005   173.550     0.000
    Latent                                      Two-Tailed
    Variable     Estimate    S.E.    Est./S.E.   P-Value
    EFFS         0.138       0.016     8.717     0.000
    ACHS         0.177       0.015    11.702     0.000
```

图 6-9　潜变量全模型(模型二)输出结果(标准化估计)

(三)模型三：多维单指标模型

当模型中有多个单指标观测结果变量的时候，可以将程序简写为图 6-10 的形式。在本例中，三个指标结果(物理、生命科学、地球科学)同时"regressed ON"多个自变量。这种写法和分成三个多元回归模型的写法效果完全相同，如图 6-10 至图 6-12 所示。

```
TITLE: THIS IS AN EXAMPLE OF SEM FULL MODEL M3
DATA: FILE IS PISA2015_CHI_SE.DAT;
VARIABLE:
NAMES ARE CNT GRD GEN ST1181-ST1185 ST1001-ST1005
        ST1031-ST1034 ST1041-ST1045 ST1071-ST1073
        ST0941-ST0945 ST1131-ST1134 ST1291-ST1298
        AGE DISCLS TSPCLS INQINS DIRINS
        ENJSCI ITRSCI EFFSCI ANX MOT SES
        ACHSCI ACHEXP ACHEVA ACHINT ACHCOT ACHPRO
        ACHPHY ACHLIV ACHEAR;
USEV ARE ST0941-ST1298 ACHPHY ACHLIV ACHEAR SES;
MISSING ARE GEN-ST1298 (5-9) AGE-SES (95-99);
DEFINE: ST1131 = 5 - ST1131;ST1132 = 5 - ST1132;
        ST1133 = 5 - ST1133;ST1134 = 5 - ST1134;
        ST1291 = 5 - ST1291;ST1292 = 5 - ST1292;
        ST1293 = 5 - ST1293;ST1294 = 5 - ST1294;
        ST1295 = 5 - ST1295;ST1296 = 5 - ST1296;
        ST1297 = 5 - ST1297;ST1298 = 5 - ST1298;
MODEL:
ENJS BY ST0941-ST0945;
INST BY ST1131-ST1134;
EFFS BY ST1291-ST1298;
ACHPHY ACHLIV ACHEAR ON ENJS INST EFFS SES;
EFFS ON ENJS INST;
OUTPUT: SAMPSTAT;STDYX;
```

图 6-10　多维单指标全模型(模型三)输入程序

```
MODEL FIT INFORMATION
Number of Free Parameters                    75
Loglikelihood
        H0 Value                       -58538.453
        H1 Value                       -58066.619
Information Criteria
        Akaike (AIC)                   117226.906
        Bayesian (BIC)                 117646.786
        Sample-Size Adjusted BIC       117408.507
            (n* = (n + 2) / 24)
Chi-Square Test of Model Fit
        Value                              943.669
        Degrees of Freedom                     175
        P-Value                             0.0000
RMSEA (Root Mean Square Error Of Approximation)
        Estimate                             0.047
        90 Percent C.I.                      0.044   0.050
        Probability RMSEA <=0.05             0.956
CFI/TLI
        CFI                                  0.975
        TLI                                  0.970
Chi-Square Test of Model Fit for the Baseline Model
        Value                            30997.636
        Degrees of Freedom                     210
        P-Value                             0.0000
SRMR (Standardized Root Mean Square Residual)
        Value                                0.052
```

图 6-11　多维单指标全模型(模型三)输出结果(模型拟合)

```
STDYX Standardization
                                              Two-Tailed
                  Estimate     S.E.   Est./S.E.   P-Value
 ENJS     BY
   ST0941          0.835      0.008    110.538     0.000
   ST0942          0.893      0.005    165.575     0.000
   ST0943          0.882      0.006    152.396     0.000
   ST0944          0.917      0.005    202.740     0.000
   ST0945          0.881      0.006    150.596     0.000
 INST     BY
   ST1131          0.783      0.010     79.633     0.000
   ST1132          0.890      0.006    137.903     0.000
   ST1133          0.918      0.006    161.651     0.000
   ST1134          0.780      0.010     78.828     0.000
 EFFS     BY
   ST1291          0.670      0.014     48.220     0.000
   ST1292          0.712      0.013     56.265     0.000
   ST1293          0.768      0.011     70.606     0.000
   ST1294          0.722      0.012     58.422     0.000
   ST1295          0.765      0.011     69.529     0.000
   ST1296          0.688      0.013     51.585     0.000
   ST1297          0.696      0.013     52.869     0.000
   ST1298          0.680      0.014     49.815     0.000
 EFFS     ON
   ENJS            0.299      0.023     13.033     0.000
   INST            0.154      0.024      6.405     0.000
 ACHPHY    ON
   ENJS            0.106      0.023      4.575     0.000
   INST           -0.034      0.023     -1.489     0.136
   EFFS            0.075      0.024      3.078     0.002
 ACHLIV    ON
   ENJS            0.104      0.023      4.440     0.000
   INST           -0.035      0.023     -1.507     0.132
   EFFS            0.070      0.024      2.875     0.004
 ACHEAR    ON
   ENJS            0.107      0.023      4.592     0.000
   INST           -0.065      0.023     -2.865     0.004
   EFFS            0.072      0.024      2.967     0.003
 ACHPHY    ON
   SES             0.389      0.020     19.902     0.000
 ACHLIV    ON
   SES             0.364      0.020     18.195     0.000
 ACHEAR    ON
   SES             0.377      0.020     19.043     0.000
 INST     WITH
   ENJS            0.265      0.022     11.843     0.000
 ACHLIV    WITH
   ACHPHY          0.903      0.004    217.396     0.000
 ACHEAR    WITH
   ACHPHY          0.893      0.005    196.374     0.000
   ACHLIV          0.896      0.004    202.914     0.000
```

图 6-12 多维单指标全模型(模型三)输出结果(标准化估计)

三、文献中的报告

在所有变量上都缺失的被试共 5 名,有效分析模型中共 1995 名被试。模型中题目与变量的相关、均值与标准差如表 6-4 所示。

依次检验三个模型,整体拟合情况如表 6-5 所示。

表6-4 科学动机、效能感与科学学业表现的相关、均值与标准差

	1	2	3	4	5	6	7	8	9	10	11	12	13	14	15	16	17	18	19	20	21
1. ST0941	1.00																				
2. ST0942	0.77	1.00																			
3. ST0943	0.73	0.79	1.00																		
4. ST0944	0.75	0.82	0.81	1.00																	
5. ST0945	0.74	0.77	0.78	0.82	1.00																
6. ST1131	−0.18	−0.19	−0.21	−0.19	−0.19	1.00															
7. ST1132	−0.20	−0.21	−0.23	−0.21	−0.22	0.71	1.00														
8. ST1133	−0.21	−0.21	−0.24	−0.21	−0.21	0.71	0.81	1.00													
9. ST1134	−0.17	−0.16	−0.20	−0.18	−0.19	0.59	0.69	0.73	1.00												
10. ST1291	−0.21	−0.22	−0.26	−0.24	−0.23	0.21	0.19	0.20	0.18	1.00											
11. ST1292	−0.22	−0.23	−0.22	−0.22	−0.21	0.14	0.12	0.12	0.08	0.54	1.00										
12. ST1293	−0.19	−0.21	−0.22	−0.21	−0.21	0.16	0.15	0.16	0.14	0.53	0.59	1.00									
13. ST1294	−0.18	−0.22	−0.23	−0.23	−0.20	0.18	0.15	0.17	0.13	0.48	0.49	0.57	1.00								
14. ST1295	−0.19	−0.21	−0.23	−0.23	−0.22	0.14	0.15	0.15	0.13	0.49	0.53	0.58	0.61	1.00							
15. ST1296	−0.19	−0.23	−0.24	−0.25	−0.21	0.17	0.17	0.17	0.15	0.47	0.45	0.49	0.52	0.53	1.00						
16. ST1297	−0.14	−0.18	−0.22	−0.20	−0.20	0.10	0.09	0.09	0.07	0.45	0.48	0.55	0.43	0.56	0.48	1.00					
17. ST1298	−0.20	−0.22	−0.24	−0.25	−0.23	0.16	0.16	0.15	0.13	0.41	0.48	0.49	0.47	0.49	0.52	0.57	1.00				
18. ACHPHY	0.18	0.17	0.12	0.18	0.14	−0.02	0.02	0.00	0.07	−0.08	−0.08	−0.10	−0.14	−0.11	−0.19	−0.11	−0.22	1.00			
19. ACHLIV	0.17	0.16	0.12	0.17	0.13	−0.04	0.01	−0.01	0.06	−0.08	−0.08	−0.08	−0.13	−0.11	−0.18	−0.12	−0.22	0.92	1.00		
20. ACHEAR	0.18	0.17	0.10	0.16	0.12	−0.04	0.01	−0.01	0.06	−0.06	−0.06	−0.08	−0.14	−0.11	−0.17	−0.09	−0.20	0.91	0.91	1.00	
21. SES	0.13	0.12	0.11	0.12	0.11	−0.01	0.03	0.02	0.06	−0.16	−0.16	−0.14	−0.15	−0.15	−0.20	−0.20	−0.19	0.41	0.39	0.40	1.00
M	2.92	2.91	2.81	2.93	2.90	1.84	1.91	1.90	1.99	2.14	2.14	2.39	2.13	2.29	2.07	2.52	2.24	531.00	524.3	527.20	−0.92
SD	0.65	0.68	0.70	0.66	0.69	0.66	0.67	0.66	0.72	0.72	0.81	0.81	0.78	0.82	0.79	0.87	0.88	105.76	97.44	106.09	1.11

表 6-5　科学动机对学业表现影响模型比较

	χ^2	df	RMSEA	CFI	TLI	AIC	BIC
模型一	882.530	147	0.050	0.968	0.963	76451	76787
模型二	967.488	183	0.046	0.975	0.971	117235	117610
模型三	943.669	175	0.047	0.975	0.970	117226	117646

从三个模型的整体拟合可以看出，模型的整体拟合均良好。由于三个模型并非嵌套模型，故不能用卡方差值进行卡方检验。参考 AIC 和 BIC 值，模型一整体在简洁性上更优于模型二和模型三。对比模型二和模型三，模型二更简洁，模型三在对数据的还原程度上更好，但模型复杂，BIC 结果较差。

三个模型中的结果部分参数输出结果如表 6-6 所示。可知在前两个模型中的结构部分参数估计非常相似。在模型三中，学习动机、科学自我效能感对于不同学科的解释变异相似。

可以得出结论：在控制了社会经济地位后，学习兴趣能直接促进科学（及其每个学科）成绩（Est. ＝0.114，$p<0.001$①），但是工具性动机对成绩的影响微乎其微。与此同时，学习兴趣和工具性动机越高的学生，自我效能感也越高（Est. ＝0.299，$p<0.001$；Est. ＝0.154，$p<0.001$）；自我效能感越高的学生，学业表现越优异（Est. ＝0.114，$p<0.001$）。三个模型的结构图如图 6-13 至图 6-15 所示。

四、讨论：题目打包

从模型一与其他模型的结果中可以看出，如果采用观测变量作为结果变量，相对于一个完整的测量模型来讲，整体拟合指标会变好。这是一个必然事件，因为只采用合成变量指标的模型相对简单。这其实是一个题目打包（parcelling）的问题。对于一个全模型，由于模型比较复杂，往往不能得到很好的拟合指数。这个时候，可以采用的方式之一就是项目打包。打包的方式并没有一个一致的结论，但是整体而言，测量结构越简单，模型拟合越好。

常见的打包策略有以下几种方法：①随机打包。将同一测量下的题目通过随机分组的方式进行打包。②题目—构念平衡法。若是单维结构，维度下的题目可以合成一个项目，通过均值或求和进行打包；而当单维结构没有意义时（求所有题目均值无意义），先将载荷最高的题目分配到不同的打包组中，再按照载荷大小排序，分配到相应的打包组里构成新的题目组。③先验问卷结构。参照前人的研究，按照理论框架进行打包。④多维结构。多维结构的打包方法有两种，读者

---

① 在这里用模型一的结果作为例子呈现在文献中的报告方式。

表 6-6 科学动机对学业表现影响

	模型一				模型二				模型三			
	Est.	S.E.	t	p	Est.	S.E.	t	p	Est.	S.E.	t	p
EFFS on												
ENJS	0.299	0.023	13.045	<0.001	0.299	0.023	13.034	<0.001	0.299	0.023	13.033	<0.001
INST	0.154	0.024	6.403	<0.001	0.154	0.024	6.408	<0.001	0.154	0.024	6.405	<0.001
ACHSCI on												
ENJS	0.114	0.023	4.934	<0.001	0.110	0.024	4.694	<0.001				
INST	-0.050	0.023	-2.219	0.026	-0.045	0.023	-1.969	0.049				
EFFS	0.086	0.024	3.551	<0.001	0.076	0.025	3.078	0.002				
SES	0.385	0.020	19.632	<0.001	0.394	0.020	19.853	<0.001				
ACHPHY on												
ENJS									0.106	0.023	4.575	<0.001
INST									-0.034	0.023	-1.489	0.136
EFFS									0.075	0.024	3.078	0.002
SES									0.389	0.020	19.902	<0.001
ACHLIV on												
ENJS									0.104	0.023	4.440	<0.001
INST									-0.035	0.023	-1.507	0.132
EFFS									0.070	0.024	2.875	0.004
SES									0.364	0.020	18.195	<0.001
ACHEAR on												
ENJS									0.107	0.023	4.592	<0.001
INST									-0.065	0.023	-2.865	0.004
EFFS									0.072	0.024	2.967	0.003
SES									0.377	0.020	19.043	<0.001

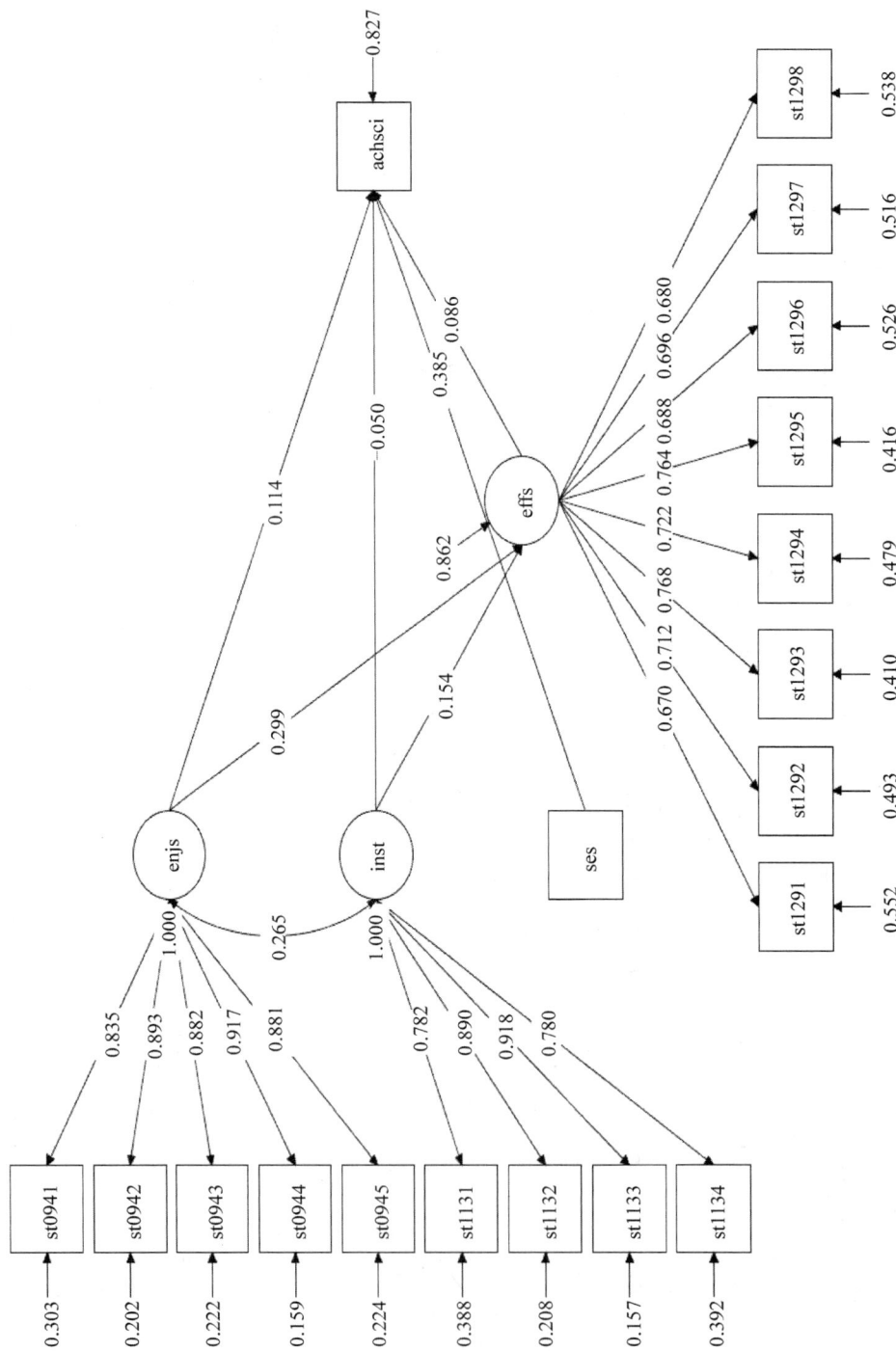

图6-13　单指标全模型（模型一）结构图

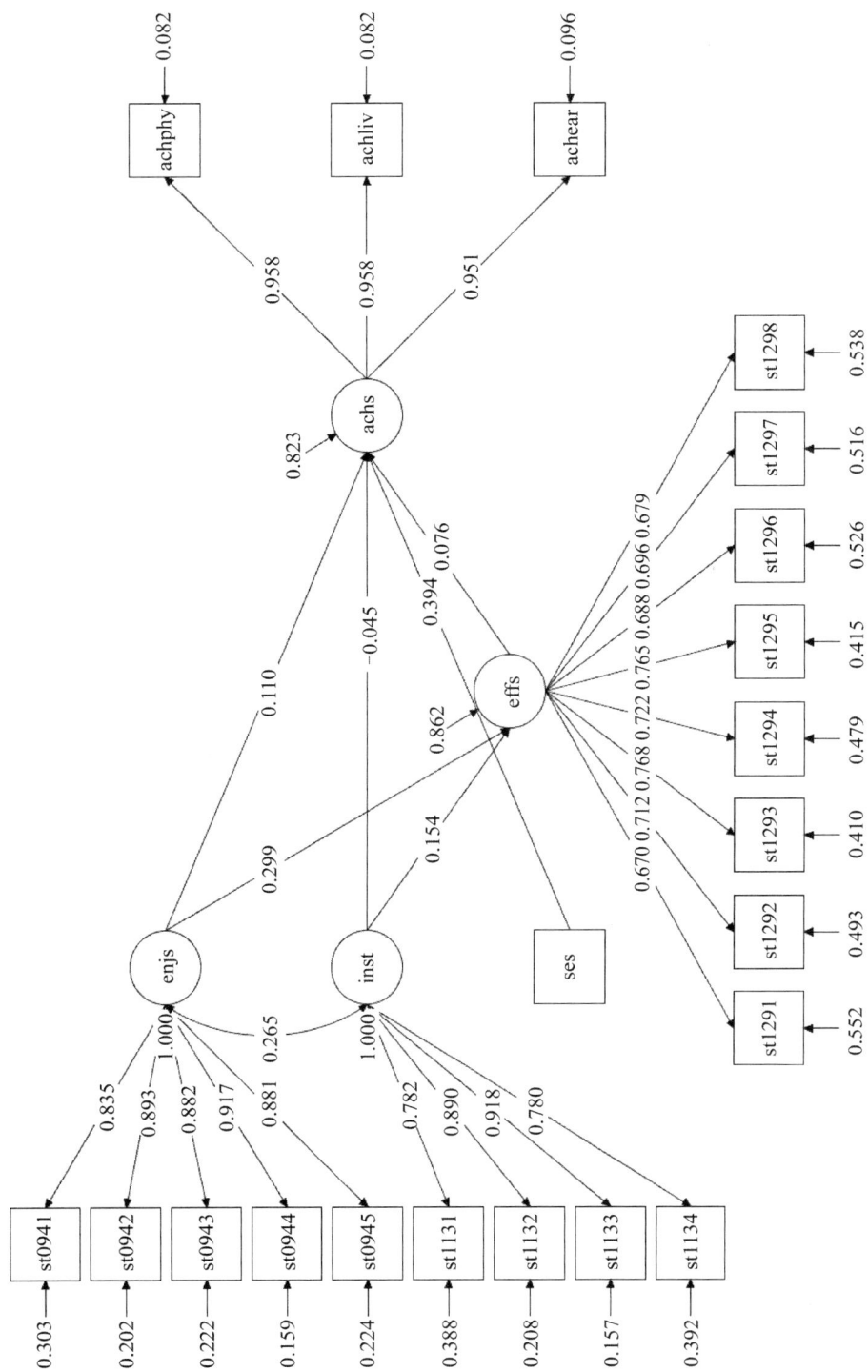

图6-14 潜变量全模型（模型二）结构图

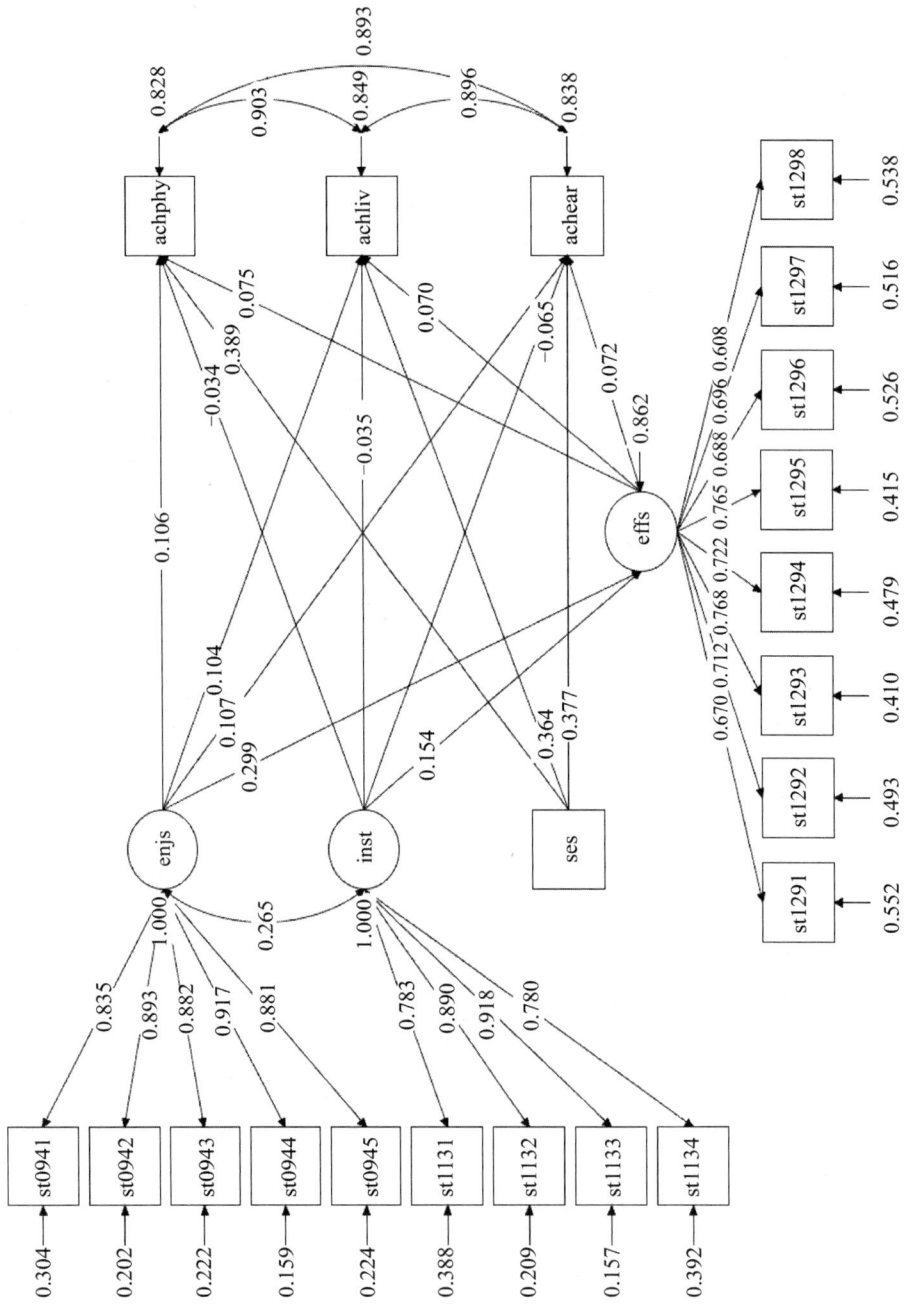

图6-15 多维单指标全模型（模型三）结构图

可以参考第七章"多质多法"模型。多维结构可以按照"特质"进行打包，亦可按照"方法"进行打包(Little et al.，2002)。除此之外，对题目进行加权(weighting)亦是推荐的合成方法。相比于直接求均值，加权方法可以对不同题目的贡献进行平衡，优秀的题目所占比率多些，对于合成的分数更有指导意义(Little et al.，2002)。可采用题目载荷作为权重进行加权打包。

在打包过程中，研究者需要注意以下几个问题。首先，当样本量太少时(200以下)，如果测量模型中的指标比较多，必要的打包是估计模型的必要条件。常用的做法是将潜变量合成为观测变量，并进行路径分析。其次，当观测变量不呈正态分布时，打包也可以缓解分布带来的麻烦。但是，题目组合受到一些研究者的质疑，被认为是为了得到高优的拟合的"作弊"行为。此外，题目之间的相似程度和测量上的一致性也是题目打包的前提，如果题目测量的根本就不是一个属性，或者测量的量尺不统一(比如，一些题目是 4 点量表，而另一些题目是 7 点量表)，那么打包就是不恰当的。

关于打包的做法目前存在比较大的争议(Hau & Marsh，2004；Marsh，Hau，Balla & Grayson，2004；Marsh，Lüdtke，Nagengast，Morin & Von Davier，2013)。有的学者建议打包的方法本身就是不可取的(Marsh et al.，2013)。在这里，我们的建议是，做 CFA 时(在论文写作中的"测量工具"和"方法"部分)，或者当研究目的是检查问卷和测验工具的质量时，不提倡使用打包的做法。而当主要研究目的是检验结构模型的时候，适当的打包可以提高模型的拟合。如果采用探索性结构方程模型(exploratary structural equation model，ESEM)(参见 Marsh et al.，2009；Marsh，Liem，Martin，Morin & Nagengast，2011)分析出来的结果和普通 SEM 相差无几，适当的题目打包是可以接受的；而若两者相差甚远，则推荐采用 ESEM 进行分析。

第三部分　结构方程模型的应用

第七章　结构方程模型中的信度和效度

信度和效度是心理测量当中对问卷质量进行评估的重要参数。由于 SEM 中测量模型更复杂、更精细，所提出的研究问题更有针对性，所以 SEM 可以解决一些心理测量中更为复杂的信度和效度的问题。本章将对信度和效度的概念进行拓展和升华，并介绍一些在 SEM 中可以探讨的信度与效度的特殊议题。

第一节　信度

一、项目的信度

信度指测量结果的稳定程度。在经典测量理论当中，一般将信度定义为所测团体真分数的变异数与实际得分变异数之比。对于一个项目，在 SEM 中可以用测量模型来表示，其基本模型为

$$x_1 = \lambda_{11}\xi_1 + \delta_1 \tag{7.1}$$

并且在 CFA 中，假设潜变量与测量误差无关，即 $\mathrm{cov}(\xi_1, \delta_1) = 0$。所以，将公式 7.1 两边同时取方差，可以得到

$$\mathrm{var}(x_1) = \lambda_{11}^2 \varphi_{11} + \mathrm{var}(\delta_1) \tag{7.2}$$

其中，测量误差为 $\mathrm{var}(\delta_1)$。如果我们假设一个潜变量所测量的特质水平就是"真分数"的话，不难发现一个题目的变异 $\mathrm{var}(x_1)$ 是由两部分组成的：信度和测量误差。所以，在 SEM 中，我们定义信度(也叫效应大小，或解释率 R^2)为

$$\rho_{x_1 x_1} = \frac{\lambda_1^2 \varphi_{11}}{\mathrm{var}(x_1)} \tag{7.3}$$

也可以用 $\dfrac{\mathrm{var}(x_1) - \mathrm{var}(\delta_1)}{\mathrm{var}(x_1)} = 1 - \dfrac{\mathrm{var}(\delta_1)}{\mathrm{var}(x_1)}$ 计算得来。在一个完全标准化解中，有 $\lambda' = \dfrac{SD(x)}{SD(\xi)}\lambda$，可知 ξ 和 x 的方差都为 1，即 $\varphi_{11} = 1$，且 $\mathrm{var}(x_1) = 1$。带入公式 7.3，信度即 λ_1^2，或 $1 - \mathrm{var}(\delta_1)$。由此可知，标准化载荷的平方就是该题目的测量信度的估计。

根据信度在经典测量理论当中的定义可知，信度反映的是真分数的变异在观

测分数变异当中的比例。但是，经典测量理论中无法得知真分数的变异到底是多少，所以都通过等价定义来计算信度（参见戴海琦等，2009）。而在 SEM 框架中，潜变量的提出直接为真分数的表征提供了可操作化的流程，真分数的变异等价于潜变量的变异，它是刨除了测量误差之后获得的真实的心理特质分数。所以，在 SEM 中，信度的定义完全从信度本身的定义出发，不需要通过其他的等价定义来实现。这为研究者研究题目的可靠性提供了更为直接的测量依据。

再来看一个多维的结构。在 EFA 中，多维结构的因素分析中的变异分解包含了多个潜在结构。假设一个保留有两个因素的 EFA，两个因素 ξ_1 和 ξ_2 相关为零。其基本模型是

$$x_1 = \lambda_{11}\xi_1 + \lambda_{12}\xi_2 + \delta_1 \tag{7.4}$$

如果仍然沿用信度的基本定义，即真分数的变异的话，EFA 中的真分数就变成了两部分：一部分是解释第一个因子 ξ_1 的变异 λ_{11}^2，另一部分是解释第二个因子 ξ_2 的变异 λ_{12}^2。这两部分之和，反映了观测值在所有可能的因素上所反映的"真值"的解释情况，即一个题目被所有真分数所解释的部分。在 EFA 中，可以被所有因素所解释的部分（$\lambda_{11}^2 + \lambda_{12}^2$）称为"共同性"。其实不难发现，EFA 中的共同性与 CFA 中的信度所表征的变异都是"真分数"，它等于 $1 - \text{var}(\delta_1)$。只不过，EFA 中的"真分数"是由多个因素共同解释的。

需要说明的是，上述对信度的描述都假设"一个潜变量所测量的特质水平就是'真分数'"，而这个假设其实并非完全正确。设想一下，一个真分数模型应为

$$x_1 = \upsilon_1 + e_1 \tag{7.5}$$

而真分数 υ_1 的测量应对应 $\upsilon_1 = \lambda_{11}\xi + s_1$。所以，严格地说，观测分数的变异应该分解为三个部分，即

$$\text{var}(x_1) = \lambda_1^2\varphi_{11} + \text{var}(s_1) + \text{var}(e_1) \tag{7.6}$$

所以，一个严格的信度定义方式应为

$$\rho_{x_1 x_1} = \frac{\lambda_1^2\varphi_{11} + \text{var}(s_1)}{\text{var}(x_1)} \tag{7.7}$$

其中，定义 $\text{var}(\delta_1) = \text{var}(s_1) + \text{var}(e_1)$，所以有些研究者习惯将 e 称为"测量误差"，δ 称为"独特性"而加以区分。不难发现，独特性是包含了测量误差的，并且还包含了一个 s 部分。一般而言，研究者会将 s 考虑成一个常数，它与真分数无关，是一个 x 的可信的成分，并且和潜变量的成分不同。所以，一般会假设 $\text{var}(s_1) = 0$ 或限趋近于 0，得到如公式 7.3 的信度测量方式。本书也不会在数量关系上区分"独特性"与"测量误差"，它们在数值上是等同的。

二、测验的信度

(一)同质性信度

以上介绍的是单个项目的"信度"。对于心理学测验的信度,传统心理测量理论框架下常用 α 系数作为"同质性信度"来作为测验的信度指标(Cronbach,1951)。其定义为

$$\alpha = \frac{N}{N-1}\left(1 - \frac{\sum \mathrm{var}(I)}{\mathrm{var}(X)}\right) \tag{7.8}$$

其中,$\mathrm{var}(X)$ 表示测验总分的变异,而 $\mathrm{var}(I)$ 表示每道题目的变异。一般而言,α 系数被看成是测验题目之间的内部一致性,可以粗略地看成项目之间的共同变化相对于测验整体变异的比率,即测验方差中共同因素所解释的部分。如果项目之间的共同变化越多,项目之间相关越大,则 α 信度越高。值得注意的是,α 系数使用的前提条件为测验只测量了一个特质,即同质测验。

当测验测量了多个特质时,整个测验的方差由共同因素所解释的部分比测验单维时解释得多,α 系数低估了共同因素的方差。故 α 为所有共同因素解释的测验变异的下限,为第一个共同因素解释的测验变异的上限(刘红云,2008)。所以,当测验是多维结构时,用 α 来解释测验是否同质就不可靠了。在传统测验理论框架下,虽然题目数量越多,α 越大,但 α 只适合计算每个子维度的信度(侯杰泰,1995)。

此外,使用 α 系数需要满足的前提条件:①误差不相关;②基本 τ 等价测验的前提假设。当测验为多维测验的时候,后者未被满足。该假设要求几个测验具有相等的真分数方差,但可以有不同的误差方差。换言之,基本 τ 等价测验表示两个题目的真分数只相差一个常数。而该前提假设在实际中几乎不能成立。比较好的方法是利用验证性因素分析,使用合成信度(composite reliability)来估计多维测验的信度,并且可以计算合成信度的置信区间。

(二)合成信度

首先,假设一个单维模型。项目 x_i 由一个潜变量(维度、因子)ξ_1 构成。其测量载荷为 λ,误差为 δ,有

$$x_i = \lambda_{i1}\xi_1 + \delta_i \quad (i=1,2,\cdots,p) \tag{7.9}$$

整个测验的分数 $X = x_1 + x_2 + \cdots + x_p$ 的信度为

$$\rho_{\mathrm{com}} = \frac{\mathrm{var}\left(\sum_{i=1}^{p}\lambda_{i1}\xi_1\right)}{\left[\mathrm{var}\left(\sum_{i=1}^{p}\lambda_{i1}\xi_1\right) + \mathrm{var}\left(\sum_{i=1}^{p}\delta_i\right)\right]} \tag{7.10}$$

依此类推，假设一个多维模型，项目 x_i 由 n 个因子 $\xi_j(j=1,2,\cdots,n)$ 构成，则

$$x_i = \sum_{j=1}^{n} \lambda_{ij}\xi_j + \delta_i (i=1,2,\cdots,p) \tag{7.11}$$

其合成信度（若多维测验分数 $X = x_1 + x_2 + \cdots + x_p$ 相加有意义）为

$$\rho_{mcom} = \frac{\text{var}\left(\sum_{i=1}^{p}\sum_{j=1}^{n}\lambda_{ij}\xi_j\right)}{\left[\text{var}\left(\sum_{i=1}^{p}\sum_{j=1}^{n}\lambda_{ij}\xi_j\right) + \text{var}\left(\sum_{i=1}^{p}\delta_i\right)\right]} \tag{7.12}$$

通常，在计算了合成信度之后，都会进行其区间估计的计算。目前在现行的结构方程模型软件中（如 Mplus），常用的是 Bootstrap 法和 Delta 法。Bootstrap 法的基本原理可参考本书第十章第二节的介绍。Delta 先用验证性因子分析得到模型参数及其方差和协方差，进而得到参数的光滑函数（smooth functions）的近似标准误（Raykov & Marcoulides，2004）。在 Mplus 中，默认计算合成信度所使用的标准误计算方法则为 Delta 法，只需要写出计算 ρ_{mcom} 的点估计的指令即可计算。关于方法的具体讨论，可以参考温忠麟等人的研究（Mplus 语句可参考叶宝娟，温忠麟，2012）。

第二节　效度

效度（validity）指一个测验结果是否能真实测量特质。在经典测量理论中，效度分为内容效度（content validity）、效标效度（criterion validity）和结构效度（construct validity）。一般地，内容效度是一个质性判断，可以进行计算的是效标效度和结构效度。

一、效标效度

效标效度定义为校标与测量之间的相关，用相关系数来表示（图 7-1）。如果以 SEM 的视角，假设一个测验的题目 x 的测量特质为 ξ，其校标为 c_1，则有以下假设模型

$$\begin{aligned} x_1 &= \lambda_{11}\xi_1 + \delta_1 \\ c_1 &= \lambda_{21}\xi_1 + \delta_2 \end{aligned} \tag{7.13}$$

如果 c_1 是一个完美的校标测量，则 $c_1 = \xi_1$（校标到潜变量之间没有尺度差异，且校标没有测量误差，$\lambda_{21}=1$，$\delta_2=0$）。现在对这个限定稍加放宽。按照校标定义，求 x 与 c 的相关，有

$$\rho_{x_1 c_1} = \frac{\lambda_{11}\lambda_{21}\varphi_{11}}{\sqrt{\text{var}(x_1)\text{var}(c_1)}} \tag{7.14}$$

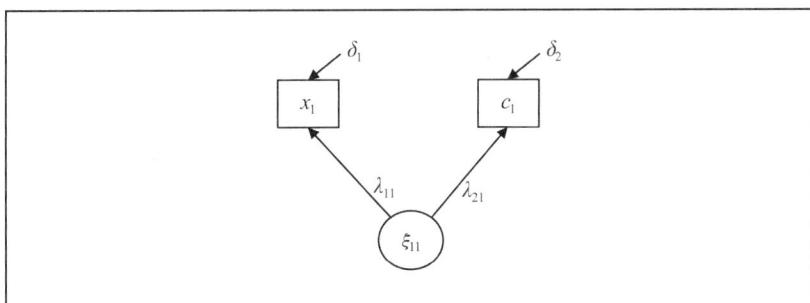

图 7-1　校标示意图①

在完全标准化解中，$\mathrm{var}(x_1)$，$\mathrm{var}(c_1)$ 和 φ_{11} 均为 1，所以 $\rho_{x_1 c_1} = \lambda_{11}\lambda_{21}$，即两条载荷之乘积。在经典测量理论当中，效标效度是一种可行的算法，可以将效度进行量化。但是，校标的选取不唯一，针对不同的 c_1 的选择，其路径系数会不一样。这意味着，即使测量指标与潜在特质之间相关为 $\lambda_{11} = 0.5$，指标与校标的相关 $\rho_{x_1 c_1}$ 可能也会比 0.5 小，这取决于 c_1 与潜变量 ξ_1 之间的相关 λ_{21}。所以，效标效度的指标会根据校标选取的不同而不同。而在社会科学中，校标几乎不可能完美（$c_1 \neq \xi_1$），所以指标与潜在特质的相关是效标效度 $\rho_{x_1 c_1}$ 的上限，效标效度一般会低估指标对潜在特质的测量。

二、结构效度

结构效度也叫构念效度或构想效度。它衡量了一个测验的结构和理论是否相同。在经典测量理论当中，我们对结构效度的理解，可以通过质性分析获得；同时，多质多法（multiple trait multiple method，MTMM）的思路为我们提供了结构效度的实证证据。

来看一个基本的模型，如图 7-2 所示。

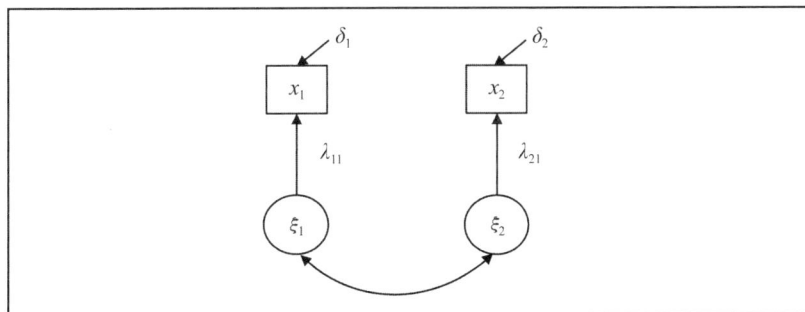

图 7-2　两维度模型

---

①　该模型本身不识别，两指标模型一般需要限定指标的测量信度（或测量误差）大小。在这里只是作为一个事例介绍效标效度的概念。

图 7-2 中表示了两个因子 ξ_1 和 ξ_2，它们是符合某心理学理论的两个"维度"。扩展到多质多法模型中，我们可以将特质因素和方法因素分别用潜变量来表示，即

图 7-3 中，ξ_1 和 ξ_2 仍然表示心理学的理论维度，即"特质"因素。ξ_1 通过 x_1 和 x_3 来测量，ξ_2 通过 x_2 和 x_4 来测量。其中，x_1 表示用自陈式量表测量的指标，x_3 表示用他评式量表测量的指标。同理，x_2 和 x_4 类似。而 ξ_3 和 ξ_4 就是这两种测量方法，即"方法"因素，ξ_3 方法测量了 x_1 和 x_2，ξ_4 方法测量了 x_3 和 x_4。在这个模型中，研究者关注"聚合效度（convergent validity）"和"区分效度（discriminant validity）"（Campbell & Fiske，1959）。聚合效度指用不同的方法测量相同的特质（图 7-3 中，x_1 和 x_3、x_2 和 x_4 的相关），这类相关应该相对较高。而区分效度的鉴别可以采用两种程序：用不同的方法测量不同的特质（x_1 和 x_4、x_2 和 x_3 的相关）或用相同的方法测量不同的特质（x_1 和 x_2、x_3 和 x_4 的相关）①。有研究者指出，聚合效度应该比区分效度大。聚合效度可以看成用不同方法作为校标的效度。

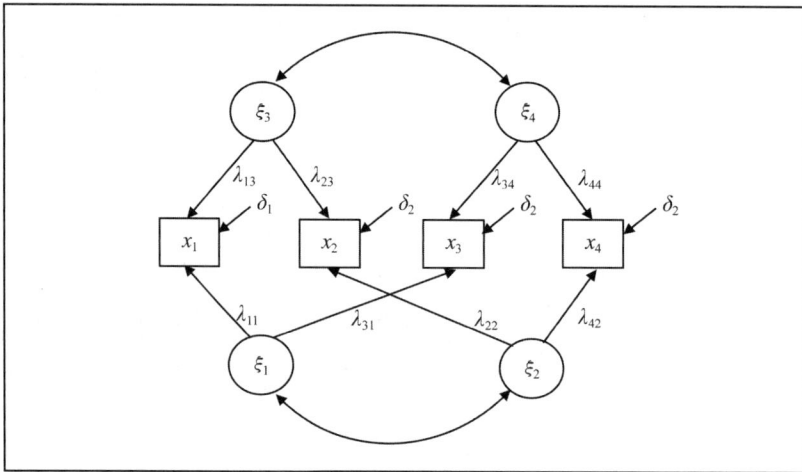

图 7-3　多质多法模型示意图（相关特质相关方法）

在 SEM 中，x_1 和 x_2 的相关包含了两部分路径：由方法因子 ξ_3 连接的两条路径和由特质因子 ξ_1 和 ξ_2 与特质相关连接的两条路径，即

$$\rho_{x_1 x_2} = \frac{\mathrm{cov}(x_1,\ x_2)}{\sqrt{\mathrm{var}(x_1)\mathrm{var}(x_2)}} = \lambda_{13}\lambda_{23} + \lambda_{11}\lambda_{22}\rho_{\xi_1\xi_2} \tag{7.15}$$

但是，上述结构图在实际当中的估计效果很差。由于存在交叉载荷的情况（比如 x_1 同时隶属于两个因素），模型往往得不到收敛的结果。所以在实际中，可

---

① 在有三种或以上特质的时候，区分效度的另一种鉴别方法是：特质之间的相关应该与相同或不同方法之间的相关相当。

以采用另一种思路来建立模型，如图 7-4 所示。

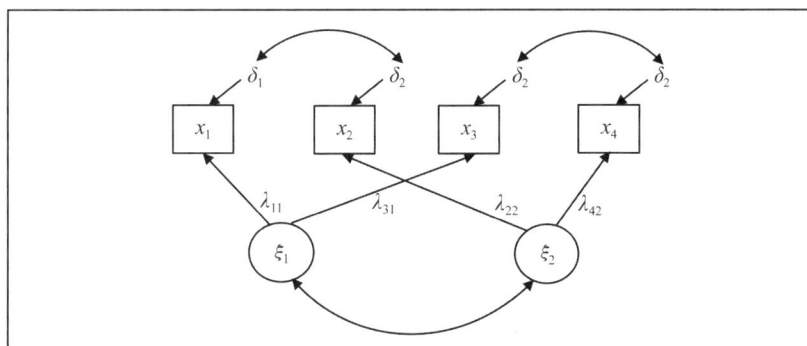

图 7-4　多质多法模型示意图（相关特质相关特性）

如图 7-4 所示，ξ_1 和 ξ_2 表示心理学的理论维度，即"特质"因素。方法因素不再通过单独设定潜变量来表示，而通过设定测量误差相关。x_1 和 x_2 是用同一种测量工具测量的，故理论上这两个观测指标受到相同的方法的影响，通过设定误差相关来表示由同一测量工具带来的误差不独立。类似地，x_3 和 x_4 相关建立在测量误差之间，表示另一种方法。这种模型建立的方法大大降低了模型的复杂程度，能提高估计效果。这种方法称为"相关特质相关特性（correlated-trait correlated-uniqueness，CTCM）"；而前一种设定方法因素的方法称为"相关特质相关方法（correlated-trait correlated-method，CTCM）"。

事实上，不使用多质多法，CFA 本身也为测量的结构效度提供了证据。一般地，研究者在方法部分报告多维度测量工具的质量，通常使用分维度的内部一致性系数（α 系数）表示（一致性）信度，CFA 模型的整体拟合指标表示（结构）效度。

三、结构方程模型中的效度

Bollen（1989）提出，在 SEM 的框架下，结合效度本身的定义，可以重新定义效度，即对于一个潜变量 ξ 的指标 x 的效度是 x 对 ξ 的结构的直接测量大小。理解这句话包含两个关键词：第一个是直接测量，即 x 对 ξ 的测量中不包含其他的变量，是一种直接效应；第二个是结构，即"结构方程模型"这个概念当中不变的、稳定的测量关系。

第一种常用的效度测量指标是非标准化载荷。回想第一节中 EFA 的例子，在一个测量模型中，可以包含多个潜变量，即 $x_1 = \lambda_{11}\xi_1 + \lambda_{12}\xi_2 + \delta_1$（公式 7.4）。它展现的就是一个观测指标同时受到潜变量影响的情况，也可以看成一个多元回归的方程（参考本书第二章）。在传统的效标效度与结构效度中，这种多元回归的形式是无法检验其效度的。在 SEM 中，公式 7.4 中的非标准化系数 λ_{11} 表示，当 ξ_1 变化一个单位的时候（控制 ξ_2 不变的情况下），测量指标 x_1 变化 λ_{11}。所以，ξ_1

与 x_1 的共变关系直接描述了 x_1 是否有效测量到了 ξ_1，即我们想考察的"效度"。

同样的道理，标准化系数也可以衡量效度指标。标准化系数即 $\lambda' = \lambda \cdot SD(x)/SD(\xi)$，将自变量和因变量同时考虑到 1 个标准差的单位量尺上。它的解释和非标准化系数类似，只是单位不同。所以，在比较不同总体的时候，研究者更喜欢用非标准化系数，因为不同总体的分布与宽度不同（标准差不同）。在衡量不同总体时，我们希望看到不同总体之间的差距，而不是一个统一化的比较。

第二种方法是采用特异性变异。其定义为

$$U_{x,\xi_j} = R^2_{x_i} - R^2_{x_i(\xi_j)} \tag{7.16}$$

其中，$R^2_{x_i}$ 表示 x_i 被所有潜变量所解释的变异（解释率）；$R^2_{x_i(\xi_j)}$ 表示在刨除了 ξ_j 因素之后，剩余所有潜变量对 x_i 的解释率。和多元回归中的特异变异解释率类似，衡量了 ξ_j 因素的效应大小。所以，在公式 7.4 中可知

$$R^2_{x_i} = \frac{\lambda^2_{11}\varphi_{11} + 2\lambda_{11}\lambda_{12}\varphi_{12} + \lambda^2_{12}\varphi_{22}}{\mathrm{var}(x_1)} \tag{7.17}$$

对应的

$$
\begin{aligned}
R^2_{x_i(\xi_j)} &= \frac{\mathrm{cov}(x_1, \xi_2)^2}{\mathrm{var}(x_1)\varphi_{22}} \\
&= \frac{\lambda^2_{11}\varphi^2_{12} + 2\lambda_{11}\lambda_{12}\varphi_{12}\varphi_{22} + \lambda^2_{12}\varphi^2_{22}}{\mathrm{var}(x_1)\varphi_{22}}
\end{aligned} \tag{7.18}
$$

所以，有

$$U_{x,\xi_j} = \frac{\lambda^2_{11}(\varphi_{11} - \varphi^2_{12}/\varphi_{22})}{\mathrm{var}(x_1)} \tag{7.19}$$

它表示 ξ_1 对 x_1 的独特贡献，即在排除了 ξ_2 的影响之后对于总解释变异的减少量。在多元回归中，U_{x,ξ_j} 也看成偏决定系数（partial determination）。当只有一个潜变量 ξ_1 在影响的时候（一元回归），路径系数 λ_{11} 的平方即解释率（或决定系数）。

第三节　Mplus 实例分析

一、研究问题确定

本例考察多质多法模型，原始数据为相关矩阵数据，Mplus 也可以读入数据文件为相关矩阵的原始数据。采用三种方法（自评、同伴评价、教师评价）对四种特质（PRO、ACH、AFF、LED）进行评价。数据文件使用相关矩阵，如图 7-5 所示。

本例中采用两个模型。

模型一：相关特质相关方法。

模型二：相关特质相关特性。

特别地，本例中由于参数估计的问题，需要使用固定方差的方法。模型一中，特质和方法因子之间相关自由估计；模型二中，特质和方法因子之间固定不再有相关。

MTMM.txt - 记事本

文件(F) 编辑(E) 格式(O) 查看(V) 帮助(H)

```
1.00
0.50 1.00
0.41 0.48 1.00
0.67 0.59 0.40 1.00
0.45 0.33 0.26 0.55 1.00
0.36 0.32 0.31 0.43 0.72 1.00
0.25 0.21 0.25 0.30 0.59 0.72 1.00
0.26 0.36 0.28 0.51 0.85 0.80 0.69 1.00
0.53 0.41 0.34 0.56 0.71 0.58 0.43 0.72 1.00
0.50 0.45 0.29 0.52 0.59 0.55 0.42 0.63 0.84 1.00
0.36 0.30 0.28 0.37 0.53 0.51 0.43 0.57 0.62 0.57 1.00
0.52 0.43 0.31 0.59 0.68 0.60 0.46 0.73 0.92 0.89 0.63 1.00
```

第1行，第1列

图 7-5　多质多法模型原始相关矩阵

二、数据处理与结果分析

(一)模型一：相关特质相关方法

本模型固定方差，应采用非标准化解，如图 7-6 至图 7-9 所示。

```
TITLE: THIS IS AN EXAMPLE OF MTMM
DATA:  FILE IS MTMM.TXT;
       TYPE = COVARIANCE;
       NOBSERVATIONS = 240;
VARIABLE: NAMES ARE S1-S4 P1-P4 T1-T4;
MODEL:  PRO BY S1* P1 T1;
        ACH BY S2* P2 T2;
        AFF BY S3* P3 T3;
        LED BY S4* P4 T4;
        SELF BY S1* S2-S4;
        PEER BY P1* P2-P4;
        TECH BY T1* T2-T4;
        PRO@1;ACH@1;AFF@1;LED@1;
        SELF@1;PEER@1;TECH@1;
OUTPUT:STDYX;
```

读入相关矩阵，观测值 240 名。

固定方差法：用*表示自由估计，@表示固定参数值为 1。

图 7-6　相关特质相关方法(模型一)输入语句

注意：模型一因为模型设定交叉载荷等情况产生不正定的问题，个别参数超出了正常取值范围。我们将在本节最后一部分讨论。

```
THIS IS AN EXAMPLE OF MTMM M1
SUMMARY OF ANALYSIS
Number of groups                                           1
Number of observations                                   240
Number of dependent variables                             12
Number of independent variables                            0
Number of continuous latent variables                      7
```

```
THE MODEL ESTIMATION TERMINATED NORMALLY

    WARNING:   THE RESIDUAL COVARIANCE MATRIX (THETA) IS NOT POSITIVE DEFINITE.
    THIS COULD INDICATE A NEGATIVE VARIANCE/RESIDUAL VARIANCE FOR AN OBSERVED
    VARIABLE, A CORRELATION GREATER OR EQUAL TO ONE BETWEEN TWO OBSERVED
    VARIABLES, OR A LINEAR DEPENDENCY AMONG MORE THAN TWO OBSERVED VARIABLES.
    CHECK THE RESULTS SECTION FOR MORE INFORMATION.
     PROBLEM INVOLVING VARIABLE S2.
```

```
MODEL FIT INFORMATION
Number of Free Parameters                     57
Loglikelihood
          H0 Value                      -2822.108
          H1 Value                      -2807.798
Information Criteria
          Akaike (AIC)                   5758.217
          Bayesian (BIC)                 5956.613
          Sample-Size Adjusted BIC       5775.937
            (n* = (n + 2) / 24)
Chi-Square Test of Model Fit
          Value                            28.621
          Degrees of Freedom                   21
          P-Value                          0.1234
RMSEA (Root Mean Square Error Of Approximation)
          Estimate                          0.039
          90 Percent C.I.                   0.000    0.072
          Probability RMSEA <=0.05          0.675
CFI/TLI
          CFI                               0.997
          TLI                               0.990
Chi-Square Test of Model Fit for the Baseline Model
          Value                          2545.465
          Degrees of Freedom                   66
          P-Value                          0.0000
SRMR (Standardized Root Mean Square Residual)
          Value                             0.020
```

图 7-7 相关特质相关方法(模型一)输出结果(基本信息、模型拟合)

```
MODEL RESULTS
                                                    Two-Tailed
                       Estimate    S.E.   Est./S.E.  P-Value
 PRO        BY
    S1                  0.178      0.197    0.900     0.368
    P1                  0.637      0.099    6.436     0.000
    T1                  0.248      0.056    4.435     0.000
 ACH        BY
    S2                  1.038      0.317    3.271     0.001
    P2                  0.365      0.234    1.561     0.118
    T2                  0.130      0.075    1.721     0.085
```

图 7-8 相关特质相关方法(模型一)输出结果(非标准化估计)

AFF	BY					
S3			0.378	0.095	3.976	0.000
P3			0.352	0.154	2.287	0.022
T3			0.189	0.069	2.745	0.006
LED	BY					
S4			0.519	0.140	3.695	0.000
P4			0.681	0.120	5.689	0.000
T4			0.160	0.066	2.408	0.016
SELF	BY					
S1			0.917	0.097	9.470	0.000
S2			0.660	0.517	1.276	0.202
S3			0.451	0.148	3.041	0.002
S4			0.708	0.117	6.053	0.000
PEER	BY					
P1			0.476	0.130	3.669	0.000
P2			0.940	0.106	8.840	0.000
P3			0.629	0.106	5.933	0.000
P4			0.629	0.109	5.791	0.000
TECH	BY					
T1			0.783	0.059	13.187	0.000
T2			0.896	0.062	14.568	0.000
T3			0.599	0.074	8.046	0.000
T4			0.905	0.051	17.655	0.000
ACH	WITH					
PRO			0.362	0.219	1.656	0.098
AFF	WITH					
PRO			0.413	0.244	1.691	0.091
ACH			0.698	0.192	3.642	0.000
LED	WITH					
PRO			0.794	0.079	10.051	0.000
ACH			0.627	0.185	3.396	0.001
AFF			0.660	0.178	3.711	0.000
SELF	WITH					
PRO			0.211	0.271	0.781	0.435
ACH			−0.208	0.487	−0.427	0.669
AFF			−0.135	0.363	−0.371	0.710
LED			−0.173	0.250	−0.691	0.490
PEER	WITH					
PRO			0.376	0.227	1.656	0.098
ACH			−0.264	0.285	−0.926	0.354
AFF			0.300	0.379	0.791	0.429
LED			0.168	0.272	0.618	0.537
SELF			0.397	0.192	2.069	0.039
TECH	WITH					
PRO			0.555	0.134	4.132	0.000
ACH			0.031	0.296	0.103	0.918
AFF			0.183	0.270	0.679	0.497
LED			0.408	0.184	2.223	0.026
SELF			0.517	0.117	4.420	0.000
PEER			0.618	0.091	6.808	0.000

图 7-8　相关特质相关方法（模型一）输出结果（非标准化估计）（续）

R−SQUARE

Observed Variable	Estimate	S.E.	Est./S.E.	Two−Tailed P−Value
S1	0.945	0.110	8.577	0.000
S2	Undefined	0.12328E+01		
S3	0.302	0.063	4.768	0.000
S4	0.647	0.050	12.863	0.000
P1	0.863	0.041	20.849	0.000
P2	0.840	0.053	15.890	0.000
P3	0.655	0.054	12.095	0.000
P4	Undefined	0.10070E+01		
T1	0.893	0.016	54.501	0.000
T2	0.831	0.023	35.871	0.000
T3	0.438	0.050	8.759	0.000
T4	0.967	0.012	81.236	0.000

图 7-9　相关特质相关方法（模型一）输出结果（解释率）

(二)模型二：相关特质相关特性

本模型仍然固定方差，应采用非标准化解。本例中无结果不正定的情况，如图 7-10 至图 7-13 所示。

```
TITLE: THIS IS AN EXAMPLE OF MTMM
DATA:   FILE IS MTMM. TXT;
        TYPE = COVARIANCE;
        NOBSERVATIONS = 240;
VARIABLE: NAMES ARE S1-S4 P1-P4 T1-T4;
MODEL:  PRO BY S1* P1 T1;
        ACH BY S2* P2 T2;
        AFF BY S3* P3 T3;
        LED BY S4* P4 T4;
        S1 WITH S2 S3 S4;
        S2 WITH S3 S4; S3 WITH S4;
        P1 WITH P2 P3 P4;
        P2 WITH P3 P4; P3 WITH P4;
        T1 WITH T2 T3 T4;
        T2 WITH T3 T4; T3 WITH T4;
PRO@1;ACH@1;AFF@1;LED@1;
OUTPUT:STDYX;
```

图 7-10　相关特质相关特性(模型二)输入语句

```
MODEL FIT INFORMATION
Number of Free Parameters                    48
Loglikelihood
        H0 Value                       -2878.602
        H1 Value                       -2807.798
Information Criteria
        Akaike (AIC)                    5853.204
        Bayesian (BIC)                  6020.275
        Sample-Size Adjusted BIC        5868.127
          (n* = (n + 2) / 24)
Chi-Square Test of Model Fit
        Value                            141.608
        Degrees of Freedom                    30
        P-Value                           0.0000
RMSEA (Root Mean Square Error Of Approximation)
        Estimate                           0.125
        90 Percent C.I.                    0.104   0.146
        Probability RMSEA <=0.05           0.000
CFI/TLI
        CFI                                0.955
        TLI                                0.901
Chi-Square Test of Model Fit for the Baseline Model
        Value                           2545.465
        Degrees of Freedom                    66
        P-Value                           0.0000
SRMR (Standardized Root Mean Square Residual)
        Value                              0.029
```

图 7-11　相关特质相关特性(模型二)输出结果(模型拟合)

```
MODEL RESULTS
                                                        Two-Tailed
                    Estimate      S.E.    Est./S.E.    P-Value
  PRO      BY
      S1            0.557        0.063     8.882        0.000
      P1            0.782        0.059    13.267        0.000
      T1            0.917        0.057    16.194        0.000
  ACH      BY
      S2            0.493        0.065     7.564        0.000
      P2            0.686        0.062    11.039        0.000
      T2            0.823        0.062    13.357        0.000
  AFF      BY
      S3            0.400        0.069     5.822        0.000
      P3            0.544        0.066     8.226        0.000
      T3            0.743        0.072    10.385        0.000
  LED      BY
      S4            0.651        0.061    10.670        0.000
      P4            0.802        0.058    13.834        0.000
      T4            0.906        0.057    16.003        0.000
  ACH      WITH
      PRO           0.933        0.020    46.492        0.000
  AFF      WITH
      PRO           0.885        0.041    21.786        0.000
      ACH           0.934        0.040    23.559        0.000
  LED      WITH
      PRO           0.967        0.010   101.239        0.000
      ACH           0.959        0.014    67.001        0.000
      AFF           0.906        0.036    24.896        0.000
  S1       WITH
      S2            0.256        0.053     4.796        0.000
      S3            0.211        0.054     3.887        0.000
      S4            0.343        0.052     6.621        0.000
  S2       WITH
      S3            0.304        0.059     5.191        0.000
      S4            0.300        0.052     5.758        0.000
  S3       WITH
      S4            0.181        0.051     3.558        0.000
  P1       WITH
      P2            0.218        0.046     4.750        0.000
      P3            0.216        0.046     4.707        0.000
      P4            0.241        0.046     5.236        0.000
  P2       WITH
      P3            0.362        0.055     6.601        0.000
      P4            0.264        0.047     5.596        0.000
  P3       WITH
      P4            0.285        0.047     6.034        0.000
  T1       WITH
      T2            0.127        0.050     2.553        0.011
      T3            0.012        0.047     0.267        0.789
      T4            0.106        0.050     2.121        0.034
  T2       WITH
      T3           -0.005        0.052    -0.101        0.920
      T4            0.167        0.051     3.248        0.001
  T3       WITH
      T4            0.015        0.046     0.322        0.747
```

图 7-12　相关特质相关特性(模型二)输出结果(非标准化估计)

```
R-SQUARE
  Observed                                              Two-Tailed
  Variable      Estimate      S.E.    Est./S.E.    P-Value
    S1          0.308        0.054     5.662        0.000
    S2          0.242        0.054     4.502        0.000
    S3          0.160        0.050     3.227        0.001
    S4          0.417        0.055     7.587        0.000
    P1          0.612        0.055    11.096        0.000
    P2          0.473        0.060     7.889        0.000
    P3          0.299        0.060     5.016        0.000
    P4          0.648        0.054    12.071        0.000
    T1          0.848        0.057    14.997        0.000
    T2          0.683        0.065    10.551        0.000
    T3          0.555        0.081     6.840        0.000
    T4          0.829        0.055    14.976        0.000
```

图 7-13　相关特质相关特性(模型二)输出结果(解释率)

三、文献中的报告

(一)模型一：相关特质相关方法

本例中被试 240 名。模型整体拟合良好：$\chi^2 = 28.6$，$df = 21$，$p = 0.123$，RMSEA$=0.039$，CLI$=0.997$，TLI$=0.990$，BIC$=5956$。参数估计结果如表 7-1 所示。

表 7-1　相关特质相关方法因子载荷

	特质因子					方法因子			
	Est.	S. E.	t	p		Est.	S. E.	t	p
PRO					SELF				
S1	0.178	0.197	0.900	0.368	S1	0.917	0.097	9.47	<0.001
P1	0.637	0.099	6.436	<0.001	S2	0.660	0.517	1.276	0.202
T1	0.248	0.056	4.435	<0.001	S3	0.451	0.148	3.041	0.002
ACH					S4	0.708	0.117	6.053	<0.001
S2	1.038	0.317	3.271	0.001	PEER				
P2	0.365	0.234	1.561	0.118	P1	0.476	0.13	3.669	<0.001
T2	0.130	0.075	1.721	0.085	P2	0.940	0.106	8.84	<0.001
AFF					P3	0.629	0.106	5.933	<0.001
S3	0.378	0.095	3.976	<0.001	P4	0.629	0.109	5.791	<0.001
P3	0.352	0.154	2.287	0.022	TECH				
T3	0.189	0.069	2.745	0.006	T1	0.783	0.059	13.187	<0.001
LED					T2	0.896	0.062	14.568	<0.001
S4	0.519	0.14	3.695	<0.001	T3	0.599	0.074	8.046	<0.001
P4	0.681	0.12	5.689	<0.001	T4	0.905	0.051	17.655	<0.001
T4	0.160	0.066	2.408	0.016					

由结果可知，PRO 维度的学生评定、ACH 维度的学生评定在特质因子之间并不具备良好的代表性。相应地，在方法因子上，ACH 的学生评定不具备代表性。其余特质因子与方法因子均有良好的共同性。MTMM 的因子矩阵如表 7-2 所示。

表 7-2　相关特质相关方法的因子矩阵

	PRO	ACH	AFF	LED	SELF	PEER	TECH
PRO	1.00						
ACH	0.36	1.00					

续表

	PRO	ACH	AFF	LED	SELF	PEER	TECH
AFF	0.41	0.70**	1.00				
LED	0.79**	0.63**	0.66**	1.00			
SELF	0.21	−0.21	−0.14	−0.17	1.00		
PEER	0.38	−0.26	0.30	0.17	0.40*	1.00	
TECH	0.56**	0.03	0.18	0.41*	0.52**	0.62**	1.00

注：* $p < 0.05$；** $p < 0.01$。

　　结果显示，特质因子之间、方法因子之间分别具有较高的相关，且不同方法对相同特质的测量均达到 0.05 的显著性水平。但是特质因子与方法因子之间相关较低，大部分未达到显著性水平。模型结构图如图 7-14 所示。

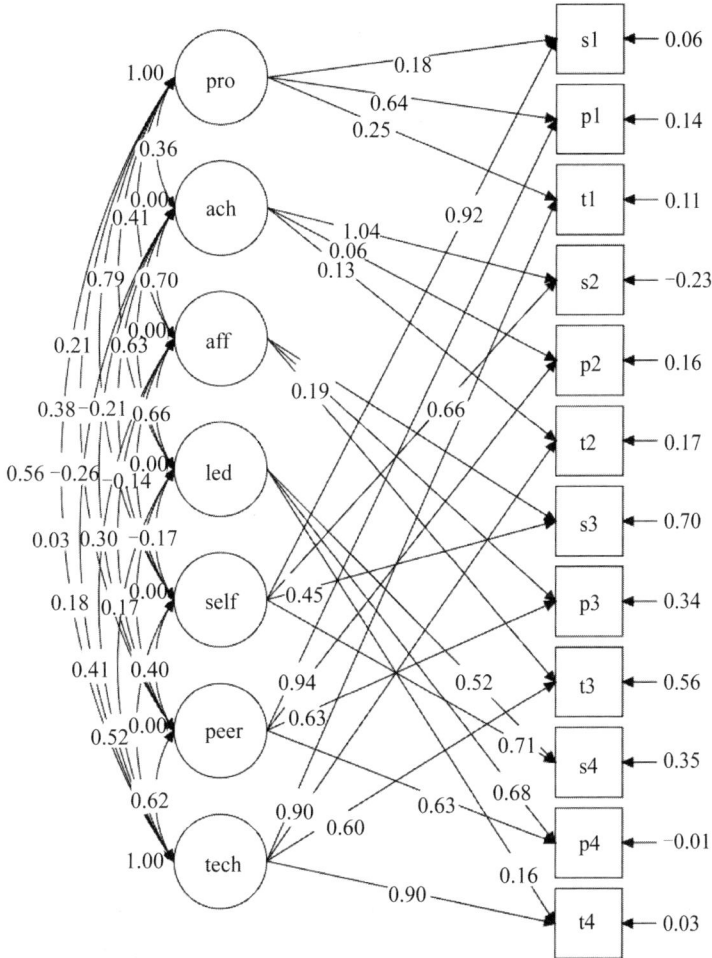

图 7-14　相关特质相关方法结构图

(二)模型二：相关特质相关特性

模型整体拟合良好：$\chi^2 = 141$，$df = 30$，$p = <0.001$，RMSEA = 0.125，CLI = 0.955，TLI = 0.901，BIC = 6020。模型拟合稍逊于模型一。参数估计结果如表 7-3 所示。

表 7-3　相关特质相关特性因子载荷与相关

	Est.	S. E.	t	p
PRO	BY			
S1	0.557	0.063	8.882	<0.001
P1	0.782	0.059	13.267	<0.001
T1	0.917	0.057	16.194	<0.001
ACH	BY			
S2	0.493	0.065	7.564	<0.001
P2	0.686	0.062	11.039	<0.001
T2	0.823	0.062	13.357	<0.001
AFF	BY			
S3	0.400	0.069	5.822	<0.001
P3	0.544	0.066	8.226	<0.001
T3	0.743	0.072	10.385	<0.001
LED	BY			
S4	0.651	0.061	10.67	<0.001
P4	0.802	0.058	13.834	<0.001
T4	0.906	0.057	16.003	<0.001
ACH	WITH			
PRO	0.933	0.020	46.492	<0.001
AFF	WITH			
PRO	0.885	0.041	21.786	<0.001
ACH	0.934	0.040	23.559	<0.001
LED	WITH			
PRO	0.967	0.010	101.239	<0.001
ACH	0.959	0.014	67.001	<0.001
AFF	0.906	0.036	24.896	<0.001

结果可知在运用了相关特质相关特性之后，每道题目均在特质上具有代表性，路径系数达到 0.001 的显著性水平。载荷分布在 0.40 至 0.90。特别地，特质因子之间相关较高，分布在 0.88 至 0.97。模型图如图 7-15 所示。

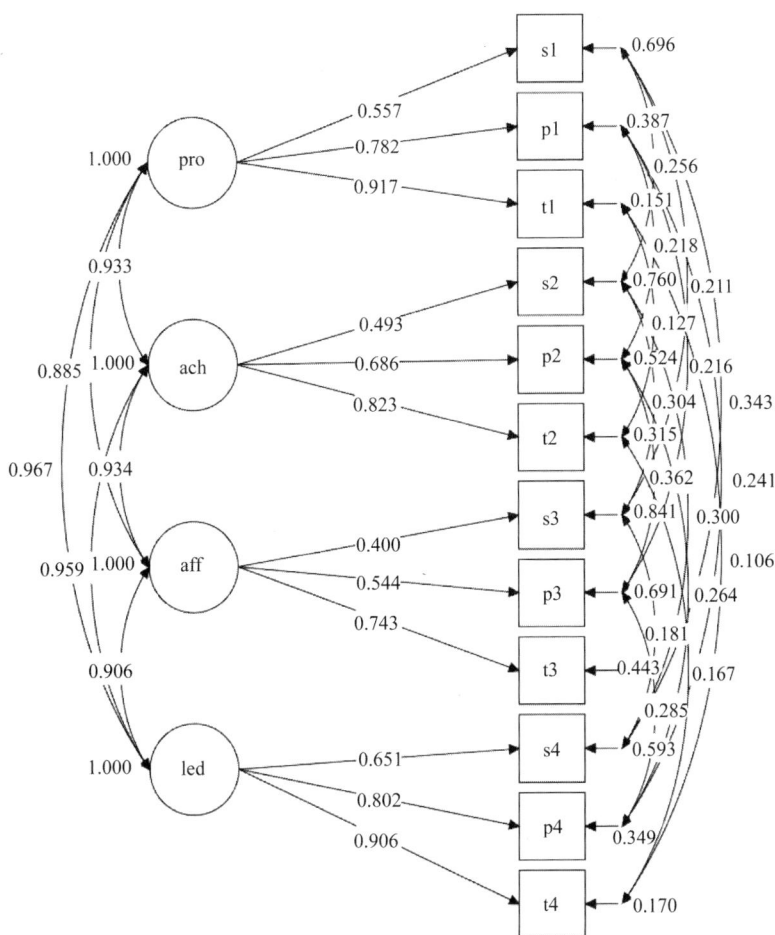

图 7-15　相关特质相关特性结构图

四、讨论：不正定、不收敛和不恰当的解

不正定协方差矩阵是一个常见的在 SEM 中容易出现的问题。所谓的不正定，是指协方差矩阵行列式（determinant）为零，逆矩阵不存在。设想一下在简单代数运算的时候，我们对代数式进行除法运算要求代数式不为零。矩阵的运算也可以依此类推。当矩阵可以进行"除法"运算，即逆矩阵运算的时候，要求矩阵的行列式不为零。

不正定可能是由很多原因造成的：用成对删除（pairwise）的方法处理缺失数据；变量之间线性相关，即某些变量之间具有高相关，或某变量可以有其他数个变量线性组合。也有可能是数据输入格式错误导致的。若模型再生协方差矩阵不正定，可能是模型设计不合理、模型与样本相差太大，或初始值（starting value）欠佳等原因（转引自侯杰泰，温忠麟，成子娟，2004）。其解决方法可以采用：①成列删除（listwise）缺失数据；②只用部分素质较好的子样本计算协方差矩阵；③删去重叠的变量；④运用岭回归（ridge estimation），增大变量方差。

不收敛(non-convergence)是模型估计中的另一个常见问题。因为在 SEM 所采用的估计方法中，大多使用迭代方法进行。迭代的过程需要达到一个预先设定的迭代次数上限，但如果已经达到这个次数上限时，数据与模型之间的距离差距仍然很大时，将显示不收敛的问题。导致不收敛的原因也有很多，初学者应该考虑和不正定相类似的筛查方法，如检查程序是否错误、数据是否有错位现象，或模型设定不合理。在模型比较复杂的时候，可以采用修改初始值、放宽收敛标准或提高迭代次数等方法。

但是，即使模型收敛，得到的参数估计值可能是不恰当的解，比如本章中模型一的部分结果，载荷超过 1。有时候还会有方差估计为负数。这类现象统称为海伍德(Heywood)现象，以 Heywood 在 1931 年一篇相关文章为例。大致上可以将不恰当的解分为三类(Marsh et al.，1998)：临界解、非临界解和难下定论解。临界解指置信区间范围超过规范的数值范围，它们反映了取样波动，可能导致的问题较少。本章中模型一的值就属于这类，估计值为 1.038，标准误 0.317，其 95％置信区间为[0.417，1.659]。非临界解参数估计不恰当，且偏离临界值甚远。难下定论解的标准误很大，可能数十倍至数百倍于其他正常标准误，其估计值应该按照不恰当解来处理。

当出现以上情况时，可以通过删除、合并变量、修改模型等去解决问题。有人会增加一个不等式的限制，比如让载荷估计值≤0.95(在 Mplus 中通过"MODEL CONSTRAINTS"语句来实现，参见图 7-16 至图 7-18)。有研究者建议，设定一个极大值或极小值，比直接设定大于或小于 1 更为有效(侯杰泰，温忠麟，成子娟，2004)。

```
TITLE:  THIS IS AN EXAMPLE OF MTMM M1
DATA:   FILE IS MTMM.TXT;
        TYPE = COVARIANCE;
        NOBSERVATIONS = 240;
VARIABLE: NAMES ARE S1-S4 P1-P4 T1-T4;
MODEL:  PRO BY S1* P1 T1;
        ACH BY S2* (B1)              对需要限定的参数进行定义。
        P2                           如这里定义成 B1~B4。
        T2;
        AFF BY S3* P3 T3;
        LED BY S4*
        P4 (B2)
        T4;
        SELF BY S1*
        S2 (B3)
        S3
        S4;
        PEER BY P1*
        P2
        P3
        P4 (B4);
        TECH BY T1* T2-T4;
        PRO@1;ACH@1;AFF@1;LED@1;
        SELF@1;PEER@1;TECH@1;
MODEL CONSTRAINTS:
        B1 < 0.95;                   对定义的参数进行限制，使用
        B2 < 0.95;                   CONSTRAINTS 语句。
        B3 < 0.95;
        B4 < 0.95;
OUTPUT:STDYX;TECH1;
```

图 7-16　相关特质相关方法参数限定输入语句

```
MODEL RESULTS

                                               Two-Tailed
                    Estimate    S.E.   Est./S.E.  P-Value
PRO       BY
    S1              0.142      0.197    0.720      0.472
    P1              0.642      0.101    6.371      0.000
    T1              0.252      0.056    4.541      0.000
ACH       BY
    S2              0.950      0.000   ********    0.000
    P2              0.416      0.217    1.914      0.056
    T2              0.145      0.066    2.204      0.028

AFF       BY
    S3              0.382      0.093    4.099      0.000
    P3              0.377      0.149    2.525      0.012
    T3              0.194      0.067    2.910      0.004
LED       BY
    S4              0.505      0.139    3.639      0.000
    P4              0.697      0.118    5.922      0.000
    T4              0.169      0.067    2.525      0.012
SELF      BY
    S1              0.933      0.102    9.129      0.000
    S2              0.614      0.402    1.528      0.126
    S3              0.443      0.147    3.021      0.003
    S4              0.700      0.116    6.040      0.000
PEER      BY
    P1              0.487      0.129    3.772      0.000
    P2              0.944      0.116    8.139      0.000
    P3              0.639      0.105    6.055      0.000
    P4              0.643      0.108    5.944      0.000
TECH      BY
    T1              0.781      0.059   13.288      0.000
    T2              0.892      0.060   14.847      0.000
    T3              0.600      0.075    8.011      0.000
    T4              0.903      0.052   17.518      0.000
ACH       WITH
    PRO             0.402      0.187    2.154      0.031
AFF       WITH
    PRO             0.417      0.243    1.715      0.086
    ACH             0.735      0.141    5.212      0.000
LED       WITH
    PRO             0.800      0.080   10.060      0.000
    ACH             0.667      0.138    4.830      0.000
    AFF             0.666      0.172    3.859      0.000
SELF      WITH
    PRO             0.239      0.261    0.917      0.359
    ACH            -0.168      0.425   -0.396      0.692
    AFF            -0.113      0.351   -0.323      0.747
    LED            -0.143      0.241   -0.591      0.555
PEER      WITH
    PRO             0.337      0.230    1.460      0.144
    ACH            -0.299      0.278   -1.075      0.282
    AFF             0.228      0.346    0.658      0.510
    LED             0.113      0.254    0.444      0.657
    SELF            0.403      0.192    2.095      0.036
TECH      WITH
    PRO             0.546      0.140    3.891      0.000
    ACH             0.041      0.278    0.148      0.882
    AFF             0.168      0.272    0.620      0.535
    LED             0.392      0.189    2.077      0.038
    SELF            0.532      0.110    4.839      0.000
    PEER            0.607      0.093    6.534      0.000
```

模型仍然不正定，但能通过限定得到合理的解。

图 7-17　相关特质相关方法参数限定输出结果(参数估计)

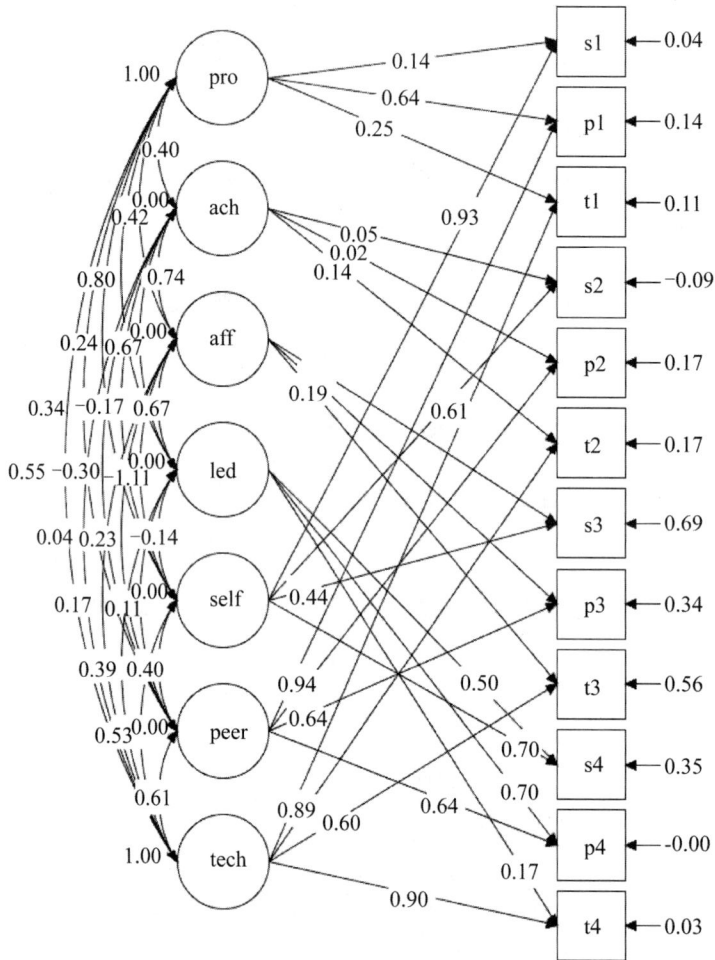

图7-18 相关特质相关方法参数限定结构图

注意：采用目前的限定方法，s2 和 p4 的测量误差仍然为负，但和图7-14 相比，负数解的绝对值更小，如 p4 的方差已经接近 0。

第八章 结构方程模型中的调节效应（一）
——包含乘积项的结构方程模型

在前面的章节中描述的模型，都是线性模型。SEM 还有另外一个名称，叫作线性结构关系，这也是 SEM 的流行软件 LISREL 名称的得来。一般地，一个线性模型描述的都是较为直观的影响趋势。而实际上，SEM 结构中也可以描述非线性的变化。调节效应模型（moderative model，或交互效应模型，interactive model）就是一个非线性模型，其中包含了两个变量之间的乘积。同理，乘积项不仅可以发生在不同变量之中，也可以构造在相同变量之中，如二次效应（quadratic model）。其他非线性模型还有指数模型（exponential model）、对数模型（logarithmic model）、多阶段模型（piecewise model）等（刘源，骆方，刘红云，2014）。本章主要介绍调节效应模型。

第一节 调节效应的基本原理

一、包含乘积项的回归分析模型

举一个简单的例子，在多元回归中

$$y_1 = b_0 + b_1 x_1 + b_2 x_2 + \varepsilon \tag{8.1}$$

其中，x_1 和 x_2 的变化都是单独作用的。回归系数 b_1 表示在控制了 x_2 的情况下，x_1 增加一个单位，y_1 的变化量。由此可知，x_1 对于 y_1 的影响并不受 x_2 的影响。我们可以将 x_2 的影响看成一个常数，即

$$y_1 = (b_0 + b_2 x_2) + b_1 x_1 + \varepsilon \tag{8.2}$$

现在考虑另一个模型：

$$y_1 = (b_0 + b_2 x_2) + (b_1 + b_3 x_2) x_1 + \varepsilon \tag{8.3}$$

在新公式中，x_2 不仅仅是一个常数（x_1 的初始位置，截距），也同样影响到 x_1 的变化（斜率）。将公式展开，即

$$y_1 = b_0 + b_1 x_1 + b_2 x_2 + b_3 x_1 x_2 + \varepsilon \tag{8.4}$$

新增的一项 $b_3 x_1 x_2$ 包含了两个变量的乘积，所以，公式 8.4 不再是一个线性

模型，而变成了一个非线性模型。我们把公式 8.4 所描述的模型称为调节效应模型或交互效应模型。它描述了两个或多个变量之间相互影响的关系。

在解释 x_1 对 y_1 的影响时，除了 b_1 之外，还有一部分影响来自 b_3。在解释系数 b_3 时，不能简单解释为 x_1 的变化对 y_1 的变化的影响，而是在某个 x_2 的特定取值下，x_1 对 y_1 变化的影响。回到公式 8.4 当中可知，如果将 x_2 作为一个系数，它既影响了 x_1 的截距，又影响了 x_1 的斜率。具体而言，当 $x_2=0$ 的时候，x_1 变化 1 个单位，y_1 变化 b_1 个单位；当 $x_2=1$ 的时候，x_1 变化 1 个单位，y_1 变化 (b_1+b_3) 个单位；当 $x_2=-1$ 的时候，x_1 变化 1 个单位，y_1 变化 (b_1-b_3) 个单位。

简而言之，不含调节效应的模型，自变量在调节变量的不同水平上对因变量的影响是相同的(斜率平行)，而含有调节效应时，自变量在调节变量的不同水平上对因变量的影响是不同的(斜率不平行)，如图 8-1 所示。

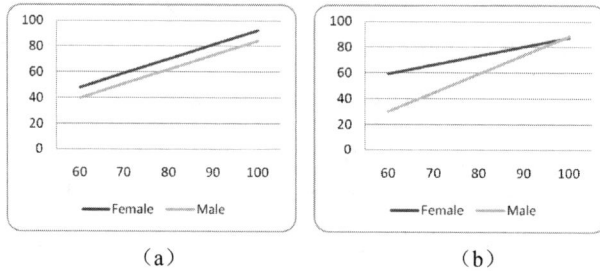

图 8-1 不包含乘积项的回归分析(a)与包含(显著)乘积项的回归分析(b)

二、调节效应建模

在一般调节效应建模中(如公式 8.4)，常常采用模型图 8-2 来表示。不难看出，图 8-2 的模型实际上就是一个多元回归模型，只不过多元回归的一个预测变量是乘积项。这类回归方程，由于乘积项的存在，使得自变量对因变量的影响不再是线性关系，所以也叫非线性模型。

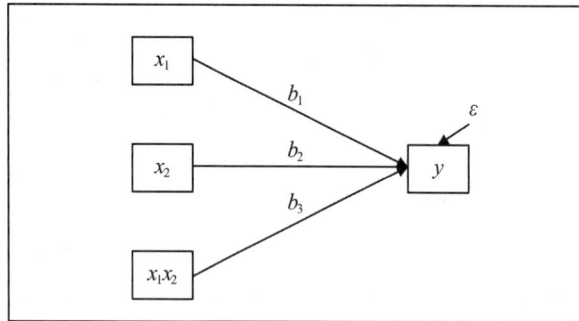

图 8-2 调节效应示意图

而通常对于调节效应的建模图还常常可以看到图 8-3 的表示方式。

在图 8-3 中，x_1 为自变量，y 为因变量，而 x_2 为调节变量。注意 x_2 影响的是 x_1 到 y 的路径，说明在 x_2 的不同取值上，该路径的大小不同。但是注意该模型图只是一个理论模型，并没有实际的操作性定义，我们并不能发现调节效应当中的关键参数 b_1，b_2 和 b_3 的估计。所以，若需要建构数学模型，仍然应该采用图 8-2 的方式。

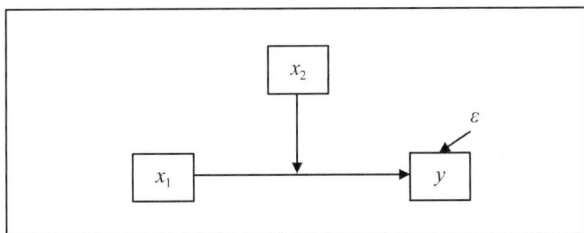

图 8-3 调节效应建模图

第二节 调节效应的检验方法

一、外显变量调节效应

外显变量的调节效应，如同第一节中介绍的，使用乘积项的方式将线性回归方程变成非线性方程进行求解。温忠麟等人(2012)总结了外显变量调节效应的分析步骤，如表 8-1 所示。

表 8-1 调节效应分析框架(温忠麟等，2012)

	类别自变量	连续自变量
类别调节变量	· 交互作用的两因素方差分析(ANOVA)	· 分组回归：按调节变量 X_2 取值分组，做 Y 对 X_1 的回归。回归系数差异显著，则调节效应显著 · 编码调节变量，自变量中心化后，做层次回归
连续调节变量	· 自变量编码，调节变量中心化，做层次回归。若系数显著，则调节效应显著	· 自变量和调节变量中心化，做层次回归 · 高阶交互效应项

(一)调节效应检验的步骤

在做乘积项之前，如果是连续变量，需要进行中心化处理，以免因乘积产生多重共线性。中心化即用变量的原始数据减去该变量的均值，即

$$x_{iC} = x_i - \overline{x} \tag{8.5}$$

在普通多元回归中，中心化并不改变参数估计的置信区间，只改变相对位置，相当于对函数图像进行了平移，使得图像的中心穿过原点。也就是说，中心化之后，在回归方程解释的时候，自变量为 0 并不表示其水平处于零点，而表示处于均值水平。对于虚拟编码的类别变量，是否中心化不影响乘积项的多重共线性问题。而如果不考虑变量的单位或量尺的时候，可以简单地使用标准化数值替代中心化数值。注意，在构建乘积项的时候，将已经中心化（或标准化）了的变量构造乘积项之后，不再对乘积项进行中心化（或标准化）。

由于上述操作，在计算交互作用标准化解的时候，使用原始的标准化解显得不合适（参见温忠麟等，2012）。回忆第二章中计算标准化系数的公式 $\beta_i = b_i \cdot SD(y)/SD(x_i)$，可知在原始计算标准化解的时候，采用的公式为

$$\beta_3' = b_3 \cdot SD(x_1 x_2)/SD(y) \tag{8.6}$$

计算标准化回归系数的过程是将 $x_1 x_2$ 标准化 $Z(x_1 x_2)$；而我们在求标准化解时关注的是两个标准分数的乘积 $Z(x_1)Z(x_2)$。但是，在一般情况下，$Z(x_1 x_2)$ 与 $Z(x_1)Z(x_2)$ 并不相同。那么，有研究者提出的解决方法就是，直接采用标准分数的乘积项 $Z(x_1)Z(x_2)$ 做回归分析，在结果中报告非标准化的结果，即为正确的标准化回归系数（Friedrich，1982）。所以，一个更合适的交互项的标准差的表达应该为 $SD(x_1) \cdot SD(x_2)$，一个更加合适的交互项标准化估计应为

$$\beta_3'' = b_3 \cdot SD(x_1) \cdot SD(x_2)/SD(y) \tag{8.7}$$

它表示相对于自变量 x_1，调节变量 x_2 改变了多少个因变量的单位。所以，如果我们使用原始标准化估计值 β_3' 计算合适的标准化估计值 β_3'' 的时候，需要进行如下转换。

$$\beta_3'' = \beta_3' \cdot SD(x_1) \cdot SD(x_2)/SD(x_1 x_2) \tag{8.8}$$

注意当调节效应显著时，应先解释调节效应。一般而言，正向的调节效应意味着自变量和调节变量之间相互促进，随着调节变量水平的增高，自变量对因变量的影响也增强。负向的调节效应意味着自变量和调节变量之间相互牵制，随着调节变量水平的增高，自变量对因变量的影响减弱。进一步地，主效应的解释只针对调节效应不同水平影响方向相同时才有意义。若调节效应在图解当中呈现出交叉的影响模式，主效应不再具有实质性的意义。

综上所述，在对连续外显变量进行检验的时候，应遵从以下步骤。

（1）中心化或标准化：将自变量 x_1 和调节变量 x_2 都减去各自的样本均值，做中心化处理，转换为 $C(x_1)$ 和 $C(x_2)$（或将 x_1，x_2 和 y 标准化，得到标准化后的变量 $Z(x_1)$，$Z(x_2)$ 和 $Z(y)$）。

（2）计算交互项：将 $C(x_1)C(x_2)$ 相乘得到交互项 $C(x_1) * C(x_2)$（或计算标准化后变量 $Z(x_1)$ 和 $Z(x_2)$ 的乘积，得到交互项 $Z(x_1) * Z(x_2)$）。

(3)以 y(或 $Z(y)$)为因变量,以 $C(x_1)$,$C(x_2)$ 和 $C(x_1) * C(x_2)$(或 $Z(x_1)$,$Z(x_2)$ 和 $Z(x_1) * Z(x_2)$)为自变量做回归分析。计算得到结果中的非标准化回归系数就是正确的结果。

在本章中主要考察连续变量的交互作用的情况。连续变量的乘积项回归模型同样也适用于类别变量、分组回归的方法,只不过解释方式不同:用回归处理分类变量的时候,采用虚拟变量(dummy variable)编码的方式,然后计算乘积项(辛涛,2010)。应注意虚拟变量不再需要中心化处理。对于分类变量,采用传统意义上的方差分析即可分析交互作用。交互作用在描述乘积关系的时候并不强调变量的主次地位,它们之间的关系是对称的,所以在解释交互作用的时候一般解释一个方向(任意用一个变量做自变量,另一个变量做调节变量即可)。而调节效应更强调"自变量"和"调节变量"之间的关系,研究者主要研究"自变量"对因变量的影响,而"自变量"在"调节变量"的不同水平上对因变量的解释是不同的。对于分组回归,参考第九章的内容。

(二)效应量

在使用温忠麟等人的规则的时候,注意其检验的目的是加入乘积项是否能提高模型整体的解释率(乘积项的效应大小)。

第一种方法,可以采用温忠麟等人(2012)的方法,分别计算包含乘积项前后的两个回归方程的解释率 R^2,计算其变化 ΔR^2。

第二种方法,可以直接计算乘积项所对应系数的偏决定系数。一般而言,第二种方法计算的效应比第一种方法大,因为偏决定系数是刳除了其他变量影响之后乘积项对因变量的净影响[①]。

第三种方法,可以按照调节效应的标准化解,计算"调节效应量",即

$$r^2 = (b_3 \cdot SD(x_1)SD(x_2)/SD(y))^2 \tag{8.9}$$

它表示相对于自变量 x_1,调节变量 x_2 改变了多少个因变量的单位的大小,更符合调节效应的实际意义。

(三)图解与简单斜率检验

如果只是停留在回归方程的模型上,是无法解释好一个调节效应的。心理学中需要让研究者知道,调节效应显著后到底意味着什么。所以,一般在解释调节效应的时候,需要进行图解(plotting),最后做简单的斜率检验(simple slope test)。一般将调节变量分成三个水平:-1 个标准差、均值以及+1 个标准差(如果是标准化的数值,取±1 和 0 即可),分别在这三个水平上做自变量对因变量的

① 有兴趣的读者可以参见偏相关(partial correlation)与部分相关(part correlation)的关系。

回归，得到三个斜率系数，然后根据图像进行解释（图 8-1）。然后检验调节变量取值 ±1 个标准差时，自变量 X_1 对因变量 Y 的回归系数。当调节变量取其均值水平时，X 对 Y 的斜率就是原始回归模型中得到的 X 的系数，因此不用另外进行检验（Jaccard & Turrisi，2003）。

在进行简单斜率检验时，最好检验标准化系数，即 Z_1 和 Z_2。在标准化之后，对于低于均值一个标准差的 Z_2 值，直接在标准化的 Z_2 值上加 1，从而得到一个新变量 Z_{2_below}，即 $Z_{2\_below} = Z_2 + 1 = 0$ 时，正好对应的是 $Z_2 = -1$。将转换后的变量 Z_{2_below}，以及 Z_1，二者的乘积项 $Z_1 * Z_{2\_below}$ 加入回归方程之后，得到 Z_1 的回归系数及其显著性，就是当 $Z_2 = -1$ 时，X 对 Y 的简单斜率的标准化系数及显著性。类似地，对于高于均值一个标准差的 Z_2 值，直接在标准化的 Z_2 值上减 1，构建变量 Z_{X2_above}。通过分别对不同的转换分数做回归分析，研究者就能够得到简单斜率的检验（Jaccard & Turrisi，2003）。

在分类调节变量与连续自变量的交互作用中，简单斜率的检验用来回答组 A（或组 B）中，自变量 X 对因变量 Y 的影响是否显著不等于 0。对分类调节变量采用虚拟编码的方法时，对于参照组，虚拟变量的值为 0，因此得到的 X 的回归系数检验就是参照组的简单斜率。而对于比较组的简单斜率检验，可以对分类变量重新编码，将原来的比较组编码为参照组，后续过程相同，从而就可以直接通过回归分析得到 X 对 Y 简单斜率的检验。

二、潜变量调节效应

SEM 的一大优点是可以考察包含潜变量的模型。所以调节效应分析思路也可以应用到潜变量模型中。同样地，使用包含乘积项的模型的思路，一个（包含两个内源变量和一个外源变量）潜变量调节效应模型如下。

$$\eta_1 = \gamma_1 \xi_1 + \gamma_2 \xi_2 + \gamma_3 \xi_1 \xi_2 + \zeta \tag{8.10}$$

但是，潜变量的乘积项在结构方程模型中并不是那么容易估计的。检验潜变量之间的交互作用有多种方法，如乘积指标法（Kenny & Judd，1984），潜调节结构方程（latent moderated structural equations，LMS）（Schermelleh-Engel，Klein & Moosbrugger，1998），准极大似然方法（quasi-maximum likelihood，QML）（Klein & Muthén，2007），以及贝叶斯方法（Zhu & Lee，1999；Lee，Song & Tang，2007）等。在本书中，我们将给读者呈现潜变量调节效应的几种常用的、方便在 Mplus 软件中实现的方法，有兴趣的读者请参考温忠麟等人（2012）的著作。

（一）量表分与因素得分

在没学 SEM 之前，常用的计算心理特质交互作用的方法，就是将每个维度上的特质分数加和或求均值，得到一个特质的维度分数，再在这个合成的分数上进行后续的分析。所以，其实使用量表分（scale score）进行分析是最直接、简单的方法。如果测量信度都较高，这样做既简单又符合实际情况。

当测量信度较低时，或不同的项目对题目贡献不同，可以采用因素得分的方法替换量表分。本书第三章中介绍了因素得分，实际上也是一种"化潜为显"的方法。SEM 也具有同样的功效，只不过在分数合成的时候，采用了"加权平均数"的方法，考虑了每个项目对因子贡献的差异，同时考虑了每个项目的测量信度，排除了测量误差，使得特质分数计算更准确。使用因素得分可以轻松地将潜变量的议题转换到显变量的议题当中。其建模的方式仍然采用图 8-2 的建模方式。

（二）指标乘积法

有研究者提出了指标乘积法，通过构建潜变量的乘积指标，来分析潜变量之间的交互效应（Kenny & Judd，1984）。指标乘积法的思路是构造一个"乘积项"的潜变量 ξ_3，这个潜变量的指标是由乘积项组成的。例如，一个两个因子的模型 ξ_1 和 ξ_2，每个因子有两个指标，分别对应于 x_1，x_2，x_3 和 x_4。在建立 ξ_1 和 ξ_2 的乘积项模型的时候，直接采用指数对应相乘的办法，即使用 $x_1 x_3$ 与 $x_2 x_4$ 作为 ξ_3 的指标，如图 8-4 所示。

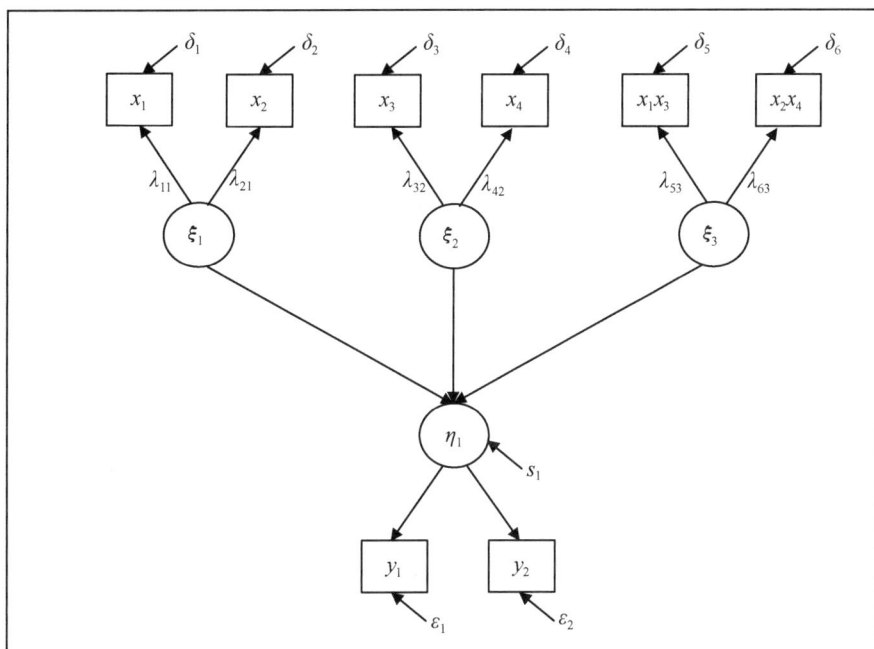

图 8-4　指标乘积法示意图

构造指标乘积的时候，实际上是一个非常复杂的过程。首先，假设每个因素有两个指标（如图 8-2 中，x_1，x_2，x_3 和 x_4）产生的指标乘积实际上有 4 个：$x_1 x_3$，$x_1 x_4$，$x_2 x_3$ 和 $x_2 x_4$。在应用中，两个指标的模型实际上是不可识别的，3 个或以上指标的情况产生的指标乘积会更多。例如，3 个指标的因素，乘积指标有 9 个……这种情况给估计造成了巨大的困难。其次，乘积指标理论上应该满足一定的限制。例如，当计算 x_1x_3 时，理论上应满足 x_1 和 x_3 各自相对于潜变量的数量关系，即 $x_1x_3=\lambda_{11}\lambda_{32}\xi_1\xi_2+(\lambda_{11}\xi_1\delta_3+\lambda_{32}\xi_2\delta_1+\delta_1\delta_3)$（约束模型）而非 $x_1x_3=\lambda_{53}\xi_3+\delta_5$（无约束模型）。在约束模型中，载荷 λ_{53} 被约束为 $\lambda_{11}\lambda_{32}$，测量误差 $\mathrm{var}(\delta_5)$ 被约束为 $\mathrm{var}(\lambda_{11}\xi_1\delta_3+\lambda_{32}\xi_2\delta_1+\delta_1\delta_3)$，模型限定复杂。再次，在计算乘积项的时候，需要事先进行中心化处理。即使 ξ_1 和 ξ_2 的均值为零，乘积项 $\xi_1\xi_2$ 的均值也未必为零，因而需要用到有均值结构的 SEM 模型。有兴趣的读者可以参考本章末的附录（温忠麟，吴艳，2010；温忠麟等，2012）。

对于上述问题的讨论，目前较为一致的结论如下。第一，在构造指标乘积的时候，应注意"大配大，小配小"的原则，即载荷大的指标相乘，载荷小的指标相乘，每个指标最多用一次。如果遇到两个潜变量的指标数量不同，可以"留高去低"，即抛弃指标较多的且载荷较小的指标建立到模型中，或打包后再配对（打包议题参见本书第六章）。第二，无约束方法以其建模简单、稳健性高、基本上不降低精确性等优点在同类方法中胜出，故应用当中，研究者不必再考虑乘积指标的理论限制（约束模型）而应直接当成新的因子（无约束模型）进行建模。第三，在进行中心化与均值结构 SEM 的选择当中，应先将所有指标（包含内源变量指标）中心化，然后建立无均值结构的模型，这是目前最简单的建模方法。构建乘积指标之后无须再进行中心化。

(三)潜调节结构方程

有研究者引入了潜调节结构方程，在建立模型的时候可以不再进行其他的处理(Klein & Moosbrugger，2000)。该方法解决了乘积项非正态分布的偏差问题，因为即使当 ξ_1 和 ξ_2 都服从正态分布，$\xi_1\xi_2$ 也是非正态的(Jöreskog & Yang，1996)。因此，ML 估计的分布假设在潜调节模型中无法满足。观测指标的分布被视为有限的混合分布，其分布函数的对数用 EM 算法进行估计，效果优良。但是，使用该方法计算时间较长。潜变量乘积法也可以使用 Mplus 语句直接进行计算。潜变量乘积法的模型建构如图 8-5 所示。

该模型的优点在于：①统计有效性，因为对于调节效应，模型只需估计一个参数，即潜交互项 $\xi_1\xi_2$ 的回归系数；②该方法在 Mplus 中很容易实现。但是该模型的缺点在于：①关于模型的拟合、标准化解，以及潜变量交互作用对因变量的变异解释，都需要单独处理；②由于模型的估计基于相同的观测变量，但增加了一个潜变量，LMS 的参数估计比乘积指标法更难，且模型更不容易识别。

使用潜调节结构方程进行分析时，主要有以下两个步骤。

第一，构建不包含潜交互项的结构方程模型 Model 0，作为基准模型。Mplus 可以输出拟合指标（CFI、TLI、RMSEA、χ^2），判定模型的拟合情况。

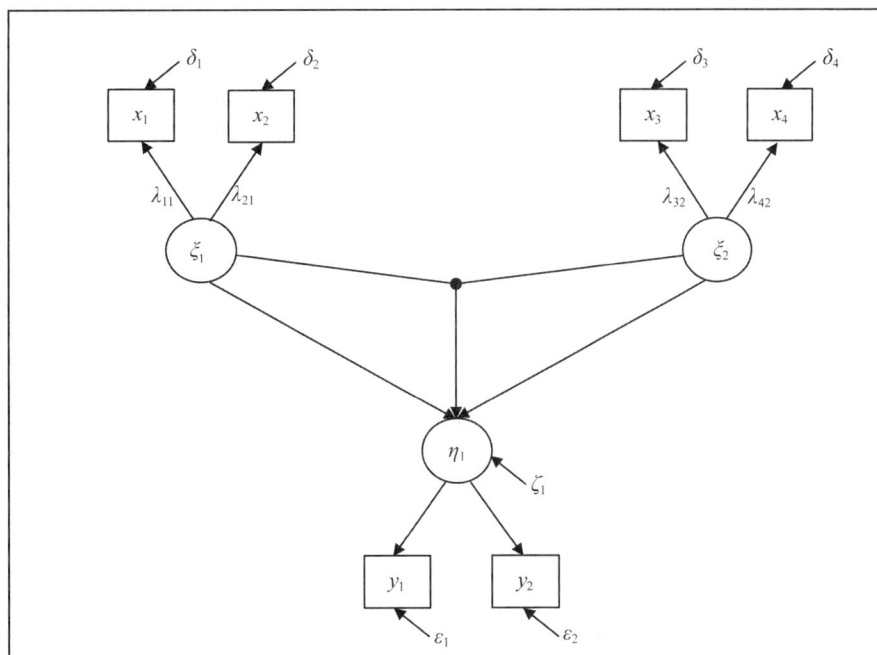

图 8-5 潜调节结构方程示意图

第二，构建包含潜交互项的结构方程模型 Model 1，分析潜变量的调节作用是否显著。但是目前 Mplus 不能输出潜调节结构方程模型的拟合指标，因此使用似然比检验，得到 Model 1 的相对拟合指标(D 值)，从而进行模型评价。D 值的计算公式见公式 8.11，它服从 $df=1$ 的渐进卡方分布。如果 D 显著，则表明 Model 1 更加拟合数据，交互作用存在。

$$D=-2\big[(\text{log-likelihood for Model 0})-(\text{log-likelihood for Model 1})\big]$$

$$(8.11)$$

如果 Model 0 拟合良好，且 D 显著，则可以认为 Model 1 也是合适的模型。如果 D 不显著，则无法判断 Model 1 的拟合情况是否等于或者弱于 Model 0 的拟合情况。

交互作用的存在也可以结合潜交互项的系数是否显著来进行判断。

第三节 Mplus 实例分析

一、研究问题确定

继续采用 PISA 2015 年中国北上广苏随机挑选的 2000 名学生数据，探索焦虑水平对内部动机影响学业表现的调节作用。采用三个模型进行分析：

模型一：外显变量交互作用。采用数据中合成好的指标考察交互效应。

模型二：指标乘积法交互作用模型。

模型三：潜调节结构方程模型。

在进行交互作用分析之前，变量都进行中心化处理（标准化）。本例中依旧将学生的社会经济地位作为控制变量。特别地，由于模型三只输出非标准化解，为了对比，模型采用固定方差的方法，输出非标准化解。

二、数据处理与结果分析

（一）模型一：外显变量调节作用

模型一为外显变量调节作用模型，具体语句如图 8-6 至图 8-8 所示。

```
TITLE: THIS IS AN EXAMPLE OF MODERATION ANALYSIS M1
DATA: FILE IS PISA2015_CHI_SE_Z.DAT;
VARIABLE:
NAMES ARE CNT GRD GEN ST1181-ST1185 ST1001-ST1005
           ST1031-ST1034 ST1041-ST1045 ST1071-ST1073
           ST0941-ST0945 ST1131-ST1134 ST1291-ST1298
           AGE DISCLS TSPCLS INQINS DIRINS
           ENJSCI ITRSCI EFFSCI ANX MOT SES
           ACHSCI ACHEXP ACHEVA ACHINT ACHCOT ACHPRO
           ACHPHY ACHLIV ACHEAR
           ZST1181-ZST1185 ZST0941-ZST0945 ZENJ ZANX;
USEV ARE SES ACHSCI ZENJ ZANX ZENJXANX;
MISSING ARE GEN-ST1298 (5-9) AGE-SES (95-99)
           ZST1181-ZANX (9);
DEFINE: ZENJXANX = ZENJ * ZANX;
MODEL:
ACHSCI ON SES ZENJ ZANX ZENJXANX;
```

通过 DEFINE 语句构造乘积指标，注意数据应先进行中心化或标准化。

图 8-6 外显变量调节作用（模型一）分析输入语句

```
THIS IS AN EXAMPLE OF MODERATION ANALYSIS M1
SUMMARY OF ANALYSIS
Number of groups                                          1
Number of observations                                1981
Number of dependent variables                            1
Number of independent variables                          4
Number of continuous latent variables                    0

MODEL FIT INFORMATION
Number of Free Parameters                    6
Loglikelihood
        H0 Value                     -11655.036
        H1 Value                     -11655.036
Information Criteria
        Akaike (AIC)                  23322.073
        Bayesian (BIC)                23355.621
        Sample-Size Adjusted BIC      23336.559
          (n* = (n + 2) / 24)
Chi-Square Test of Model Fit
        Value                             0.000
        Degrees of Freedom                    0
        P-Value                          0.0000
RMSEA (Root Mean Square Error Of Approximation)
        Estimate                          0.000
        90 Percent C.I.             0.000   0.000
        Probability RMSEA <=0.05          0.000
CFI/TLI
        CFI                               1.000
        TLI                               1.000
Chi-Square Test of Model Fit for the Baseline Model
        Value                           418.427
        Degrees of Freedom                    4
        P-Value                          0.0000
SRMR (Standardized Root Mean Square Residual)
        Value                             0.000
```

图 8-7 外显变量调节作用（模型一）输出结果（基本信息、模型拟合）

```
MODEL RESULTS
                                              Two-Tailed
              Estimate      S.E.    Est./S.E.   P-Value
 ACHSCI    ON
   SES         33.753      1.798     18.772     0.000
   ZENJ        11.219      1.981      5.663     0.000
   ZANX        -7.248      1.966     -3.686     0.000
   ZENJXANX    -3.693      1.560     -2.368     0.018
 Intercepts
   ACHSCI     556.864      2.555    217.956     0.000
 Residual Variances
   ACHSCI    7547.354    239.812     31.472     0.000

STANDARDIZED MODEL RESULTS
STDYX Standardization
                                              Two-Tailed
              Estimate      S.E.    Est./S.E.   P-Value
 ACHSCI    ON
   SES          0.385      0.019     20.245     0.000
   ZENJ         0.116      0.020      5.693     0.000
   ZANX        -0.075      0.020     -3.694     0.000
   ZENJXANX    -0.048      0.020     -2.370     0.018
 Intercepts
   ACHSCI       5.767      0.087     66.109     0.000
 Residual Variances
   ACHSCI       0.810      0.016     51.001     0.000

R-SQUARE
   Observed                                  Two-Tailed
   Variable   Estimate      S.E.    Est./S.E.   P-Value
   ACHSCI       0.190      0.016     11.994     0.000
```

图 8-8　外显变量调节作用（模型一）输出结果（参数估计）

（二）模型二：指标乘积法

模型二为指标乘积法。由于本例中项目载荷大小相近且样本量大，故使用一般配对与"大配大、小配小"并无差异，如图 8-9 至图 8-11 所示。

```
TITLE: THIS IS AN EXAMPLE OF MODERATION ANALYSIS M2
DATA: FILE IS PISA2015_CHI_SE_Z.DAT;
VARIABLE:
NAMES ARE CNT GRD GEN ST1181-ST1185 ST1001-ST1005
        ST1031-ST1034 ST1041-ST1045 ST1071-ST1073
        ST0941-ST0945 ST1131-ST1134 ST1291-ST1298
        AGE DISCLS TSPCLS INQINS DIRINS
        ENJSCI ITRSCI EFFSCI ANX MOT SES
        ACHSCI ACHEXP ACHEVA ACHINT ACHCOT ACHPRO
        ACHPHY ACHLIV ACHEAR
        ZST1181-ZST1185 ZST0941-ZST0945 ZENJ ZANX;
USEV ARE SES ACHSCI ZST1181-ZST0945 ENJXANX1-ENJXANX5;
MISSING ARE GEN-ST1298 (5-9) AGE-SES (95-99)
        ZST1181-ZANX (9)
DEFINE: ENJXANX1 = ZST1181 * ZST0941;
        ENJXANX2 = ZST1182 * ZST0942;
        ENJXANX3 = ZST1183 * ZST0943;
        ENJXANX4 = ZST1184 * ZST0944;
        ENJXANX5 = ZST1185 * ZST0945;
MODEL:
ANX BY ZST1181* ZST1182-ZST1185;
ENJ BY ZST0941* ZST0941-ZST0945;
ENJXANX BY ENJXANX1* ENJXANX2-ENJXANX5;
ANX@1; ENJ@1; ENJXANX@1;
ACHSCI ON SES ENJ ANX ENJXANX;
```

图 8-9　指标乘积法（模型二）输入语句

```
SUMMARY OF ANALYSIS
Number of groups                                           1
Number of observations                                  1995
Number of dependent variables                            16
Number of independent variables                           1
Number of continuous latent variables                     3

MODEL FIT INFORMATION
Number of Free Parameters              54
Loglikelihood
        H0 Value                   -47469.383
        H1 Value                   -47066.534
Information Criteria
        Akaike (AIC)                95046.766
        Bayesian (BIC)              95349.080
        Sample-Size Adjusted BIC    95177.519
          (n* = (n + 2) / 24)
Chi-Square Test of Model Fit
        Value                         805.697
        Degrees of Freedom              114
        P-Value                        0.0000
RMSEA (Root Mean Square Error Of Approximation)
        Estimate                        0.055
        90 Percent C.I.                 0.052    0.059
        Probability RMSEA <=0.05        0.009
CFI/TLI
        CFI                             0.959
        TLI                             0.951
Chi-Square Test of Model Fit for the Baseline Model
        Value                       16886.787
        Degrees of Freedom              136
        P-Value                        0.0000
SRMR (Standardized Root Mean Square Residual)
        Value                           0.039
```

图 8-10　指标乘积法(模型二)输出结果(基本信息、模型拟合)

```
MODEL RESULTS
                                              Two-Tailed
              Estimate     S.E.    Est./S.E.   P-Value
ANX      BY
   ZST1181     0.725      0.021     34.005     0.000
   ZST1182     0.707      0.021     32.876     0.000
   ZST1183     0.784      0.020     38.372     0.000
   ZST1184     0.749      0.021     35.501     0.000
   ZST1185     0.560      0.023     24.883     0.000
ENJ      BY
   ZST0941     0.834      0.018     45.382     0.000
   ZST0942     0.893      0.018     50.668     0.000
   ZST0943     0.880      0.018     49.502     0.000
   ZST0944     0.917      0.017     53.026     0.000
   ZST0945     0.882      0.018     49.399     0.000
ENJXANX  BY
   ENJXANX1    0.816      0.026     31.362     0.000
   ENJXANX2    0.849      0.024     34.808     0.000
   ENJXANX3    0.843      0.025     34.387     0.000
   ENJXANX4    0.841      0.026     32.788     0.000
   ENJXANX5    0.629      0.026     24.310     0.000
ACHSCI   ON
   ENJ        11.889      2.052      5.794     0.000
   ANX        -9.121      2.164     -4.215     0.000
   ENJXANX    -6.842      2.180     -3.138     0.002
ACHSCI   ON
   SES        34.181      1.795     19.043     0.000
ENJ      WITH
   ANX        -0.073      0.025     -2.904     0.004
ENJXANX  WITH
   ANX        -0.020      0.027     -0.748     0.454
   ENJ         0.025      0.025      0.977     0.329
STDYX Standardization
```

图 8-11　指标乘积法(模型二)输出结果(参数估计)

	Estimate	S.E.	Est./S.E.	Two-Tailed P-Value
ANX BY				
ZST1181	0.725	0.014	51.710	0.000
ZST1182	0.707	0.014	48.752	0.000
ZST1183	0.784	0.012	65.500	0.000
ZST1184	0.748	0.013	56.182	0.000
ZST1185	0.560	0.018	31.351	0.000
ENJ BY				
ZST0941	0.835	0.008	110.698	0.000
ZST0942	0.894	0.005	165.616	0.000
ZST0943	0.881	0.006	150.991	0.000
ZST0944	0.917	0.005	202.696	0.000
ZST0945	0.881	0.006	150.405	0.000
ENJXANX BY				
ENJXANX1	0.684	0.015	45.056	0.000
ENJXANX2	0.743	0.014	53.792	0.000
ENJXANX3	0.736	0.014	53.315	0.000
ENJXANX4	0.715	0.015	48.961	0.000
ENJXANX5	0.558	0.018	30.466	0.000
ACHSCI ON				
ENJ	0.123	0.021	5.820	0.000
ANX	−0.094	0.022	−4.226	0.000
ENJXANX	−0.071	0.023	−3.142	0.002
ACHSCI ON				
SES	0.391	0.019	20.472	0.000
ENJ WITH				
ANX	−0.073	0.025	−2.904	0.004
ENJXANX WITH				
ANX	−0.020	0.027	−0.748	0.454
ENJ	0.025	0.025	0.977	0.329
ENJXANX2	0.448	0.021	21.868	0.000
ENJXANX3	0.458	0.020	22.561	0.000
ENJXANX4	0.489	0.021	23.447	0.000
ENJXANX5	0.688	0.020	33.642	0.000
R-SQUARE				

Observed Variable	Estimate	S.E.	Est./S.E.	Two-Tailed P-Value
ACHSCI	0.183	0.015	12.223	0.000

图 8-11　指标乘积法（模型二）输出结果（参数估计）（续）

（三）模型三：潜调节结构方程

模型三为潜调节结构方程，具体语句如图 8-12 所示。

```
TITLE: THIS IS AN EXAMPLE OF MODERATION ANALYSIS M3
DATA: FILE IS PISA2015_CHI_SE_Z.DAT;
VARIABLE:
NAMES ARE CNT GRD GEN ST1181-ST1185 ST1001-ST1005
         ST1031-ST1034 ST1041-ST1045 ST1071-ST1073
         ST0941-ST0945 ST1131-ST1134 ST1291-ST1298
         AGE DISCLS TSPCLS INQINS DIRINS
         ENJSCI ITRSCI EFFSCI ANX MOT SES
         ACHSCI ACHEXP ACHEVA ACHINT ACHCOT ACHPRO
         ACHPHY ACHLIV ACHEAR
         ZST1181-ZST1185 ZST0941-ZST0945 ZENJ ZANX;
USEV ARE SES ACHSCI ZST1181-ZST0945;
MISSING ARE GEN-ST1298 (5-9) AGE-SES (95-99)
         ZST1181-ZANX    (9);
ANALYSIS: TYPE = RANDOM;                          定义 EM 算法
         ALGORITHM = INTEGRATION;
MODEL:
ANX BY ZST1181* ZST1182-ZST1185;
ENJ BY ZST0941* ZST0941-ZST0945;
ANX@1 ENJ@1;
ENJXANX | ANX XWITH ENJ;                          构造 LMS 乘积项
ACHSCI ON SES ENJ ANX ENJXANX;
```

图 8-12　潜调节结构方程（模型三）输入语句

由于模型三和模型二适用的变量相同，故基本信息相同。由于使用了"RANDOM"命令，在随机模型中输出的模型拟合指标有似然函数值和信息函数值，如图 8-13 所示。

```
MODEL FIT INFORMATION
Number of Free Parameters              37
Loglikelihood
        H0 Value                  -33556.879
        H0 Scaling Correction Factor   1.5959
           for MLR
Information Criteria
        Akaike (AIC)               67187.758
        Bayesian (BIC)             67394.899
        Sample-Size Adjusted BIC   67277.348
           (n* = (n + 2) / 24)
```

图 8-13　潜调节结构方程(模型三)输出结果(模型拟合)

由于采用随机效应模型，参数估计结果也只显示非标准化结果，如图 8-14 所示。

MODEL RESULTS	Estimate	S.E.	Est./S.E.	Two-Tailed P-Value
ANX　　BY				
ZST1181	0.724	0.024	29.750	0.000
ZST1182	0.707	0.025	27.858	0.000
ZST1183	0.784	0.021	38.037	0.000
ZST1184	0.749	0.023	32.541	0.000
ZST1185	0.560	0.026	21.231	0.000
ENJ　　BY				
ZST0941	0.835	0.025	32.906	0.000
ZST0942	0.893	0.022	40.784	0.000
ZST0943	0.881	0.020	43.064	0.000
ZST0944	0.917	0.023	40.371	0.000
ZST0945	0.882	0.022	40.050	0.000
ACHSCI　　ON				
ENJ	11.920	2.205	5.406	0.000
ANX	-9.040	2.308	-3.917	0.000
ENJXANX	-5.403	2.064	-2.618	0.009
ACHSCI　　ON				
SES	34.152	1.758	19.422	0.000
ENJ　　WITH				
ANX	-0.072	0.031	-2.332	0.020
Residual Variances				
ACHSCI	7627.263	249.075	30.622	0.000
ZST1181	0.476	0.029	16.203	0.000
ZST1182	0.500	0.027	18.834	0.000
ZST1183	0.385	0.023	16.767	0.000
ZST1184	0.440	0.026	16.756	0.000
ZST1185	0.686	0.029	23.834	0.000
ZST0941	0.302	0.024	12.851	0.000
ZST0942	0.201	0.017	12.111	0.000
ZST0943	0.223	0.017	12.941	0.000
ZST0944	0.158	0.014	11.080	0.000
ZST0945	0.224	0.021	10.764	0.000

图 8-14　潜调节结构方程(模型三)输出结果(参数估计)

三、文献中的报告

(一)模型一：外显变量调节作用

缺失数据 19 名，有效分析被试 1981 名。使用极大似然估计对缺失数据进行插补。变量的相关、均值和标准差如表 8-2 所示。

表 8-2　焦虑调节学习兴趣影响科学成绩变量的相关、均值和标准差

	ACHSCI	SES	ZENJ	ZANX	ZENJXANX
ACHSCI	1.00				
SES	0.41	1.00			
ZENJ	0.18	0.14	1.00		
ZANX	−0.12	−0.08	−0.08	1.00	
ZENJXANX	−0.07	−0.06	0.03	−0.02	1.00
M	526.45	−0.91	0.00	0.00	−0.08
SD	96.55	1.10	1.00	1.00	1.25

如表 8-3 所示，在控制了 SES 的影响之后，学习兴趣与焦虑之间交互作用显著($Est. = -3.693$，$p = 0.018$)，兴趣与焦虑之间相互牵制。从图 8-15 可知，当焦虑水平低的时候，学习兴趣对成绩的正向作用大；随着焦虑水平的上升，兴趣对成绩的正向作用逐渐被削弱。在考虑的交互作用之后，学业兴趣和考试焦虑对科学成绩的主效应仍然显著：整体而言，兴趣越大，成绩越好($Est. = 11.219$，$p < 0.001$)；焦虑水平越高，成绩越低($Est. = -7.248$，$p < 0.001$)。模型结构图如图 8-16 所示。

表 8-3　焦虑调节学习兴趣影响科学成的参数估计(外显变量)

	Est.	S. E.	t	p
SES	33.753	1.798	18.772	<0.001
ZENJ	11.219	1.981	5.663	<0.001
ZANX	−7.248	1.966	−3.686	<0.001
ZENJXANX	−3.693	1.560	−2.368	0.018

(二)模型二：指标乘积法

缺失数据 5 名，有效分析被试共 1995 名。采用 SEM 分析兴趣与焦虑对科学成绩的交互作用。变量描述统计如表 8-4 所示。注意到因为进行了标准化，题目的均值为 0，标准差为 1。

模型拟合良好：$\chi^2 = 806$，$df = 114$，$p < 0.001$，RMSEA = 0.055，CLI =

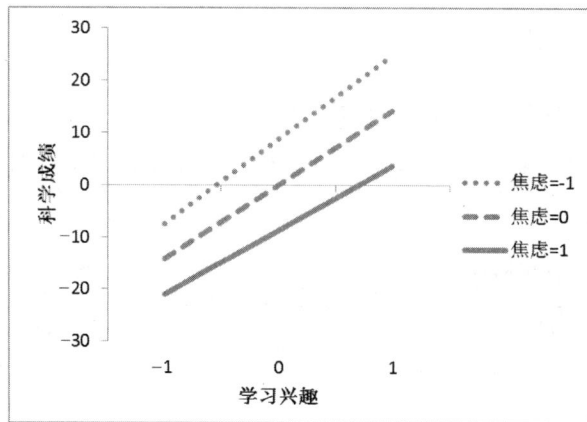

图 8-15　焦虑对学习兴趣影响科学成绩的调节效应

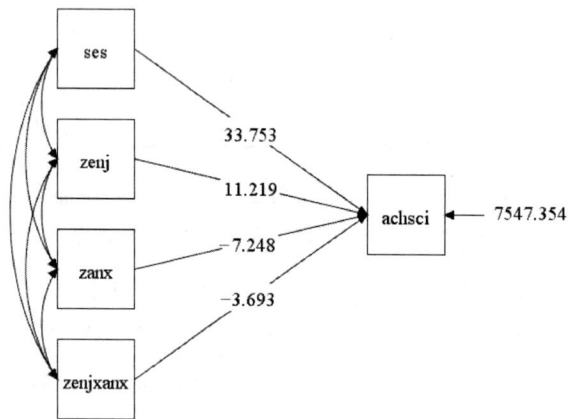

图 8-16　焦虑调节学习兴趣影响科学成绩的结构图（外显变量交互作用）

0.959，TLI＝0.951，BIC＝95349。结构部分参数估计如表 8-5 所示。可知在控制了 SES 的影响之后，学习兴趣与焦虑之间交互作用显著（Est. ＝ －6.842，p ＝ 0.002），兴趣与焦虑之间相互牵制（图 8-15）[1]。从图 8-15 可知，当焦虑水平低的时候，学习兴趣对成绩的正向作用大；随着焦虑水平的上升，兴趣对成绩的正向作用逐渐被削弱。在考虑的交互作用之后，学业兴趣和考试焦虑对科学成绩的主效应仍具有影响：整体而言，兴趣越大、成绩越好（Est. ＝11.889，p ＜0.001）；焦虑水平越高，成绩越低（Est. ＝ －9.121，p ＜0.001）。模型图如图 8-17 所示。

特别地，对比模型一可知，使用指标乘积法进行 SEM 分析，结果参数比使用指标稍大。因为模型二考虑了测量误差，使得心理特质在模型中的表达更

---

[1]　由于三种方法画出来的图解几乎相同，故本例中均参照模型一的图解，模型二和模型三不再画图。但是注意在单独使用某一个模型的时候需要进行图解。

表 8-4　焦虑调节学习兴趣影响科学成绩变量(指标)的相关、均值和标准差

	1	2	3	4	5	6	7	8	9	10	11	12	13	14	15	16	17
1. ACHSCI	1.00																
2. ZST1181	−0.13	1.00															
3. ZST1182	−0.01	0.63	1.00														
4. ZST1183	−0.11	0.54	0.55	1.00													
5. ZST1184	−0.14	0.50	0.46	0.63	1.00												
6. ZST1185	−0.10	0.37	0.35	0.41	0.52	1.00											
7. ZST0941	0.18	−0.10	−0.03	−0.06	−0.03	−0.07	1.00										
8. ZST0942	0.17	−0.09	0.00	−0.03	−0.01	−0.07	0.77	1.00									
9. ZST0943	0.12	−0.11	−0.05	−0.04	0.00	−0.07	0.73	0.79	1.00								
10. ZST0944	0.18	−0.12	−0.03	−0.05	−0.03	−0.07	0.75	0.82	0.81	1.00							
11. ZST0945	0.14	−0.09	0.00	−0.02	0.00	−0.07	0.74	0.77	0.78	0.82	1.00						
12. ENJXANX1	−0.04	0.01	−0.03	0.00	0.00	0.02	−0.02	−0.01	0.00	−0.01	−0.03	1.00					
13. ENJXANX2	−0.08	−0.05	0.00	−0.06	−0.04	0.00	0.01	0.02	0.02	0.02	0.02	0.58	1.00				
14. ENJXANX3	−0.05	−0.02	0.00	0.01	0.02	0.01	0.06	0.08	0.04	0.06	0.05	0.47	0.55	1.00			
15. ENJXANX4	−0.08	0.00	−0.05	0.00	0.01	−0.01	−0.01	0.00	0.01	0.00	−0.02	0.48	0.48	0.56	1.00		
16. ENJXANX5	−0.07	0.00	−0.03	0.00	0.00	0.05	0.01	0.00	0.01	−0.01	0.02	0.34	0.39	0.41	0.47	1.00	
17. SES	0.41	−0.10	−0.04	−0.06	−0.07	−0.08	0.13	0.12	0.11	0.12	0.11	−0.04	−0.03	−0.04	−0.05	−0.06	1.00
M	525.22	0.00	0.00	0.00	0.00	0.00	0.00	0.00	0.00	0.00	0.00	−0.10	0.00	−0.04	−0.03	−0.07	−0.92
SD	97.60	1.00	1.00	1.00	1.00	1.00	1.00	1.00	1.00	1.00	1.00	1.19	1.14	1.14	1.18	1.13	1.11

精确。

表 8-5 焦虑调节学习兴趣影响科学成绩的参数估计(指标乘积法)

	Est.	S. E.	t	p
SES	34.181	1.795	19.043	<0.001
ENJ	11.889	2.052	5.794	<0.001
ANX	-9.121	2.164	-4.215	<0.001
ENJXANX	-6.842	2.18	-3.138	0.002

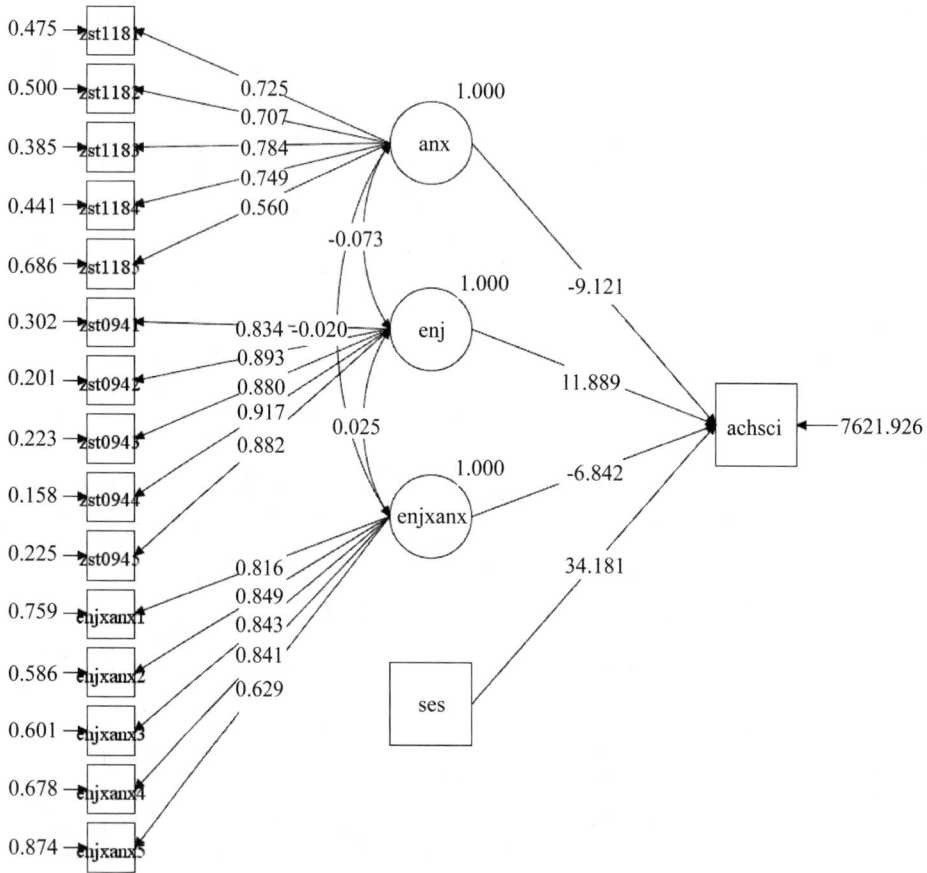

图 8-17 焦虑调节学习兴趣影响科学成绩的结构图(指标乘积法)

(三)模型三：潜调节结构方程

缺失数据 42 名，有效分析被试共 1958 名(描述统计见表 8-4)。采用 LMS 方法，BIC＝67394。如表 8-6 所示，参数估计结果显示，当焦虑水平低的时候，学习兴趣对成绩的正向作用大；随着焦虑水平的上升，兴趣对成绩的正向作用逐渐被削弱。在考虑的交互作用之后，学业兴趣和考试焦虑对科学成绩的主效应仍然显著。模型图参见图 8-18。

对比三种估计方法，模型二由于考虑了测量误差，比模型一参数估计效果更佳，标准误更小。模型三整体拟合比模型二更优(BIC更小)，两个模型的主效应估计相当，而 LMS 方法交互作用估计效应稍小。与此同时，LMS 估计标准误稍大，而且模型计算时间相对较长。三个模型得出一致结论：兴趣与焦虑之间存在相互牵制的交互作用，而兴趣和焦虑本身对科学成绩也有影响。

表 8-6　焦虑调节学习兴趣影响科学成绩的参数估计(潜调节结构方程法)

	Est.	S. E.	t	p
SES	34.152	1.758	19.422	<0.001
ENJ	11.92	2.205	5.406	<0.001
ANX	-9.04	2.308	-3.917	<0.001
ENJXANX	-5.403	2.064	-2.618	0.009

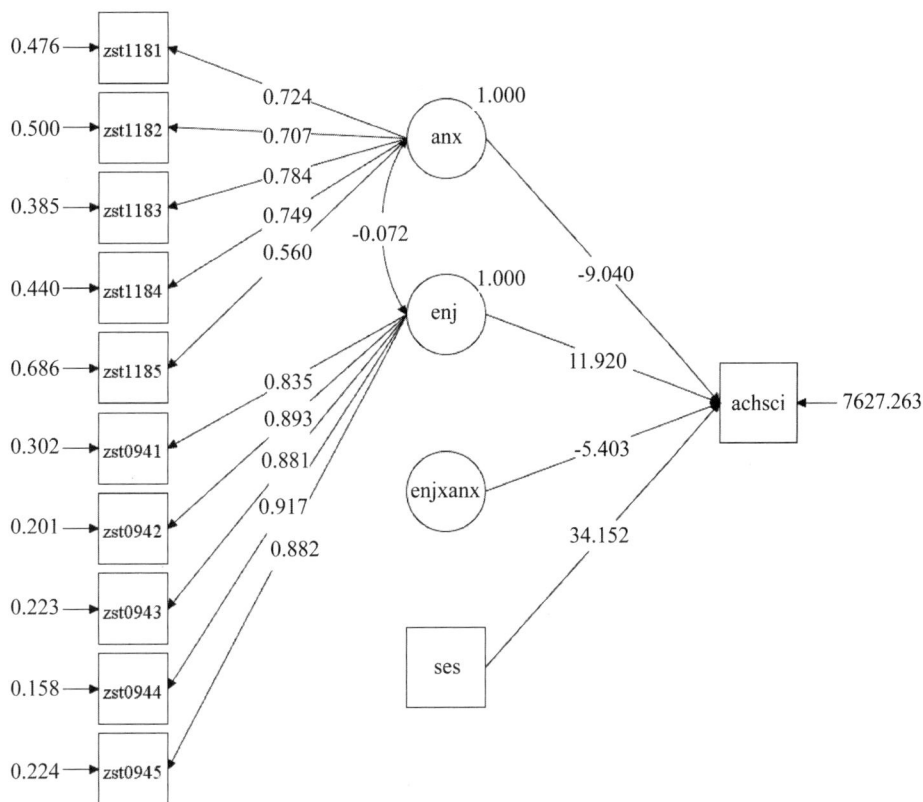

图 8-18　焦虑调节学习兴趣影响科学成绩的结构图(潜调节结构方程法)

附录一：约束结构

虽然乘积指标方法对 $\xi_1\xi_2$ 构建了新的指标变量，但是这些指标变量是基于已有的观测变量，并没有给模型提供新的信息。增加交互项之后，模型需要估计的参数个数增加，因此，加入乘积项之后，模型中的参数可能需要满足一定的约束条件。

关于是否需要进行参数约束，有三类方法：约束方法（constrained approach），部分约束方法（partially constrained approach），无约束方法（unconstrained approach）。

（一）约束方法

在指标乘积法提出后的很长一段时间内，如何对参数进行约束是很多研究者们关心和讨论的问题（Jöreskog & Yang，1996；Kenny & Judd，1984）。

在这里，我们使用图 8-4 的例子简单地说明约束方法的实质。根据模型图，我们可以知道：$x_1 = \tau_1 + \lambda_{11}\xi_1 + \delta_1$，$x_3 = \tau_3 + \lambda_{32}\xi_2 + \delta_3$，$\tau_1$ 和 τ_3 是截距。为了模型识别，$\lambda_{11} = 1$，$\lambda_{32} = 1$。那么，乘积指标 $x_1 x_3 = \tau_1\tau_3 + \tau_1\lambda_{32}\xi_2 + \tau_3\lambda_{11}\xi_1 + \lambda_{11}\lambda_{32}\xi_1\xi_2 + \lambda_{11}\xi_1\delta_3 + \lambda_{32}\xi_2\delta_1 + \tau_1\delta_3 + \tau_3\delta_1 + \delta_1\delta_3$，也就是说，乘积指标 $\lambda_1\lambda_2$ 涉及的所有参数都是用模型中已有的其他参数来表示的，因此在估计乘积指标的载荷、截距、特殊因子方差及协方差时，就会有一些限定条件。相应地，在估计潜变量 $\xi_1\xi_2$ 的均值和方差时也都有一些限定条件。

一般的 SEM 分析中，有一些参数限定为常数，另一些自由估计。但是由上述公式可知，在估计潜变量交互作用的约束方法中，这些常规自由估计的参数中有一些参数之间需要进一步设定非线性的关系，而不能独立地估计。

约束方法在指标变量正态分布时具有一些优点，尤其是在小样本的时候：模型更容易收敛，并且能提供准确的参数估计。但是，约束方法中的限定条件是基于潜变量服从正态分布的前提假设。因此在违背正态性假设时，约束方法会产生较大的估计偏差，不具备稳健性。而且，该方法要求应用研究者能厘清所有变量之间的关系，需要复杂的约束等式。这对于一般应用者来说很难实现，而且容易出错。因此在实际中，约束方法并没有被广泛使用。

（二）部分约束方法

在传统的约束方法中，有关潜变量 ξ_1，ξ_2 和 $\xi_1\xi_2$ 的方差和协方差的约束，$\varphi_{33} = \varphi_{11}\varphi_{22} + \varphi_{21}$（$\varphi_{33}$，$\varphi_{11}$，$\varphi_{22}$ 分别是 $\xi_1\xi_2$，ξ_1，ξ_2 的方差，φ_{21} 是 ξ_1 与 ξ_2 的协方差），是基于（ξ_1，ξ_2）服从二元正态分布的前提假设的。有研究者指出，当约束方

法用于估计非正态数据的潜变量交互作用时，交互效应的估计会产生系统偏差（Wall & Amemiya，2001）。

因此，他们提出了一种部分约束的方法，广义乘积指标（generalized appended product indicator，GAPI）方法。该方法取消了潜变量 $\xi_1\xi_2$ 方差和协方差的约束，但是其他参数还是和约束方法中一样需要限定。部分约束方法的优点在于纠正了传统约束方法的部分错误约束，对于非正态数据的估计更加有效。但是这种方法还是要求复杂的约束，应用研究者在实际中依然很难操作。

（三）无约束方法

有研究者提出了一种新的无约束方法，取消了对乘积指标和潜交互项之间关系的一系列烦琐的限定，使得模型更加简单，容易实现（Marsh et al.，2004b）。用矩法估计，可以证明无约束方法和约束方法得到的涉及交互效应的那些方程是相同的。但是对于无约束方法，潜变量 $\xi_1\xi_2$ 至少需要两个指标变量。

举一个简单的例子。当所有观测指标都中心化之后，构建乘积指标变量 x_1x_3 时，$x_1x_4 = \lambda_{53}\xi_3 + \delta_5$，在无约束方法中，$\lambda_{53}$ 和 $\mathrm{var}(\delta_5)$ 都是自由估计的，而不像约束方法中需要用 x_1 和 x_3 的参数来表示。除了不加约束外，无约束方法的其他假设都与约束方法相同。另外，由于无约束的方法没有施加任何由潜变量多元正态假设推导而来的约束条件，因此，在违背多元正态假设时，该方法也具备一定的稳健性。而且在违背多元正态假设时，样本量越大，无约束的方法偏差越小（Marsh et al.，2004b）。

他们的模拟研究发现，无约束方法与部分约束和约束方法在以下方面相当：拟合优度，模型收敛到适当解的比例；主效应和交互效应估计的偏差；估计的精确度。只有对于样本量较小的正态数据进行估计时，无约束方法的精确度比约束方法略低。

因此，综合来看，考虑到无约束方法建模简单、稳健性高、估计精度高等特点，推荐在乘积指标模型估计时使用无约束方法，尤其是在样本量大的时候。

附录二：均值结构

即使潜变量 ξ_1 和 ξ_2 的均值都为 0，潜变量 $\xi_1\xi_2$ 的均值也不一定等于 0，而是等于 φ_{21}。而包含均值结构会使得模型变得更加复杂。因此，在分析潜变量交互作用时，模型中是否需要考虑均值结构也是研究者们关注的问题之一。到目前为止，研究者们已经提出了如下一些建议。

（一）原始指标：需要均值结构（Jöreskog & Yang，1996）

当使用原始指标来构建乘积指标时，模型需要均值结构。也就是说，模型中不仅要包含自变量和因变量的所有指标变量的截距项，而且要包含所有潜变量的均值项。这种情况下，指标乘积的表述本身就已经非常复杂了，如 $x_1x_3 = \tau_1\tau_3 + \tau_1\lambda_{32}\xi_2 + \tau_3\lambda_{11}\xi_1 + \lambda_{11}\lambda_{32}\xi_1\xi_2 + \lambda_{11}\xi_1\delta_3 + \lambda_{32}\xi_2\delta_1 + \tau_1\delta_3 + \tau_3\delta_1 + \delta_1\delta_3$。当进一步计算 x_1x_3 的方差及其与其他变量的协方差时，计算过程非常复杂，计算量也很大。

(二)中心化指标：需要均值结构(Algina & Moulder，2001)

首先是将 ξ_1 和 ξ_2 的指标变量 $x_1 \sim x_4$ 做中心化处理，记作 $cx_1 \sim cx_4$，再构建乘积项 $c_1x_1cx_3$，cx_2cx_4。之后，以中心化的指标变量 $cx_1 \sim cx_4$，以及中心化指标的乘积项 cx_1cx_3，cx_2cx_4，作为潜变量的测量指标构建模型。此时指标乘积的表述变得更加简单，如 $x_1x_3 = \lambda_{32}\xi_2 + \lambda_{11}\xi_1 + \lambda_{11}\lambda_{32}\xi_1\xi_2 + \delta_1\delta_3$。潜变量 ξ_1 和 ξ_2 的均值为 0。

但是，即便如此，$\xi_1\xi_2$ 的均值依旧不为 0，而是等于 $\varphi_{21} = \text{cov}(\xi_1，\xi_2)$，只要 ξ_1 和 ξ_2 之间存在相关，$\xi_1\xi_2$ 的均值就一定不为 0。那么，因变量的均值 $E(\eta) = \gamma_3 E(\xi_1\xi_2)$，所以模型的结构方程部分仍然需要均值结构，并且因变量的指标变量也需要截距项。

(三)正交化乘积指标，不需要均值结构(Little，Bovaird & Widaman，2006；Marsh，Wen，Hau，Little，Bovaird & Widaman，2007)

该方法分为两步：第一步，以乘积指标(如 x_1x_3，x_2x_4)为因变量，以指标变量 $x_1 \sim x_4$ 为自变量进行回归分析，保存残差 $R_{-x_1x_3}$，$R_{-x_2x_4}$；第二步，以残差为指标变量，构建潜变量交互作用，由此产生正交化的测量指标。

使用这种方法，不需要潜变量的均值结构，模型定义较为简单，并且不会改变交互效应大小的评价，但是会改变主效应的评价。因此在使用该方法时，主效应的结果是不可靠的。另外，如果 $\text{cov}(\xi_1，\xi_1\xi_2) \neq 0$ 或 $\text{cov}(\xi_2，\xi_1\xi_2) \neq 0$，这种方法会存在结构不一致的问题。

(四)双重中心化：不需要均值结构(Lin，Wen，Marsh & Lin，2010)

该方法也分为两步：第一步，将 ξ_1 和 ξ_2 的指标变量 $x_1 \sim x_4$ 做中心化处理，记作 $cx_1 \sim cx_4$，构建乘积项 cx_1cx_3，cx_2cx_4。之后，对乘积项中心化 $c(cx_1cx_3)$，$c(cx_2cx_4)$。第二步，以中心化的指标变量 $cx_1 \sim cx_4$，以及中心化的乘积项 $c(cx_1cx_3)$，$c(cx_2cx_4)$ 作为潜变量的测量指标构建模型。

这种方法是推荐实际研究者使用的方法，原因如下：①使用双重中心化之后，模型定义过程不需要潜变量的均值结构，容易操作；②在实际应用中，如果能够在模型中定义不含均值结构，那么就不需要再将中心化指标的乘积指标再次中心化，因为当模型没有均值结构时，不论乘积指标是否再次中心化，理论上估计结果都是相同的；③模拟研究发现，无论模型是否有均值结构，主效应、交互效应和指标的载荷等研究者感兴趣的主要参数的估计值非常一致，所以实际应用中可以简化。

第九章 结构方程模型中的调节效应(二)
——多组结构方程模型

在考察调节效应的时候,除了上一章中介绍的构造乘积项的方法,还有分组回归分析的方法。该方法适用于调节变量为分类变量的情形。以此拓展,当调节变量为分类变量的时候,若自变量和因变量之间的数量关系较为复杂,涉及潜变量的结构模型和测量模型的时候,分组的方法就拓展到 SEM 当中,即多组结构方程模型(multi-group SEM)。这里,组的概念相当于一个调节变量的不同水平。一般调节效应模型(乘积项模型)的检验思路是将调节效应作为一个新的参数纳入统计模型中,以考察不同组之间的影响有无差异。多组 SEM 的思路是通过将不同的组样本分别进行估计,然后通过限定对应的参数相等与否来达到检验调节效应的目的。可以说,多组 SEM 分析是一般调节效应的逆分析——多组 SEM 的终极问题是检验几个组效应相同,而乘积项调节效应是检验几个组效应不同。

第一节 多组回归的基本概述及方法

一、回归系数的差异检验

多组回归分析当中,如果调节变量是两个组,基本检验假设是两个组的回归方程对应的斜率是否相等。虚无假设是两个组的斜率相等,检验的统计量是 t 参数,满足

$$t = \frac{b_{\mathrm{I}} - b_{\mathrm{II}}}{\sqrt{\dfrac{SSE_{\mathrm{I}} + SSE_{\mathrm{II}}}{n_{\mathrm{I}} + n_{\mathrm{II}} - 4} \cdot \dfrac{SS_{\mathrm{I}} + SS_{\mathrm{II}}}{SS_{\mathrm{I}} \cdot SS_{\mathrm{II}}}}} \tag{9.1}$$

其中,下标 I 和 II 表示第 I 组和第 II 组,b 是回归方程的系数,SSE 为误差变异,SS 为总变异,n 为各组样本量。若 t 检验显著,表示两个组的系数 b 不同,拒绝虚无假设,说明调节效应存在,或两个组斜率之间存在差异。

二、多组回归的差异检验方法

如果调节变量有三个组或多个组,可以采用以下方法进行交互作用检验。

（1）建立一个多组回归分析模型 M0，其中各组参数自由估计，作为基线模型。

（2）在 M0 中限制各组的回归系数相等，得到模型 M1，与 M0 比较并进行检验。如果 M1 没有被拒绝，即可以认为各组的回归系数相等，交互效应不显著；否则，如果 M1 被拒绝，即可以认为各个组的回归系数不全相等，交互效应显著。

（3）在交互效应显著的情况下，可以进一步分析哪些组之间的回归系数不相等，做法是只限制感兴趣的那些组之间的回归系数相当，然后与 M0 比较进行检验。

第二节　多组 SEM 的基本原理

一、多组 SEM 的基本原理及方法

多组 SEM 的虚无假设与多组回归分析模型的基本相同，即检验"两个组的对应参数相等"。该方法适合检验调节变量为分组变量，且分类组数不太多的外显变量（如性别、年级、文化等），自变量和因变量为潜变量（多个指标测量）的情形。该方法历史较长，又有 SEM 软件支持，在文献中讨论较多。

在这里，需要引入几个新的概念。如果在多个组或多个样本中，对应参数相同，表示具有样本恒等性（equivalent 或 invariant）。简单来说，多组 SEM 就是同时考察了多个样本的 SEM 模型。两个样本的模型在基本构念上完全相同（所设定的路径相同），只是让两个组的参数自由估计。如果估计出来的参数相等（或统计上不具备差异性），则表示基本构念具备跨样本的一致性，或跨样本的恒等性。

多组 SEM 的基本原理是对不同的平行样本之间相同构念的 SEM 模型进行跨样本一致性的评估。但是由于 SEM 本身较为复杂，所以在进行多组比较的时候，需要按照一定的程序。有研究者提出了多组 SEM 的五个不同的议题（Byrne，1994）。

（1）观测变量（或测量指标对因素的贡献）的数据是否跨样本相同？即测量模型恒等。

（2）因素结构是否跨样本相同？即结构模型恒等。

（3）是否有特定参数（如回归系数或相关系数）跨样本相同？此问题是某些特定参数的跨样本恒等。

（4）潜变量均值是否跨样本相同？即均值结构恒等。

（5）因素结构是否可以跨样本复制？即交叉验证的概念。

所以，在进行多组比较的时候，研究者一般遵从上述几个问题，从测量模型到结构模型分别进行检验。多组 SEM 的分析基本模型如下。

$$y_g = \Lambda_{yg} \eta_g + \varepsilon_g \tag{9.2}$$

$$x_g = \Lambda_{xg} \xi_g + \delta_g \tag{9.3}$$

$$\eta_g = B_g \eta_g + \Gamma_g \xi_g + \zeta_g \tag{9.4}$$

其中，下标 g 表示该参数是来自第 g 个组(或第 g 个样本)。可知多组 SEM 的基本假设与普通 SEM 并无明显不同，只是在模型估计的过程中同时考察 g 个组(样本)。

由于估计是在平行组之间进行的，所以多组 SEM 的识别同样遵从各个组内的识别准则。估计结果当中，模型整体的卡方值和自由度等于各个组的卡方值与自由度之和。估计方法与一般 SEM 的估计方法相同。

第一次估计设定几个组的参数自由估计，得到一个最符合数据的复杂模型(M0)。然后，分别检验各个部分是否具备跨样本的恒等性。首先进行测量部分恒等性的检验，在模型中限定载荷具备跨样本的恒等性(M1)。估计之后对两个模型(M0 和 M1)进行差异检验(嵌套模型检验)。由于限定了更多参数，使得估计结果和原始数据更不相符，估计效果变差，卡方值变大。若卡方值的变化达到显著水平，说明两个模型之间有差异，即测量部分恒等性的模型(M1)显著劣于自由估计模型(M0)，则该结果不具备测量恒等性。此时，理论上停止后续的检验。若卡方值并无统计差异，说明 M1 与 M0 相当，则该结果满足测量恒等性，可以继续检验其他部分的恒等性。

在检验完测量部分恒等性之后，进一步检验结构部分恒等性模型(M2)。同理，若 M2 显著劣于 M1，则停止检验；若差异不明显，则说明结构恒等，继续进行下一步。依此类推，完成多组 SEM 的检验。

侯杰泰等人(2004)指出，一般做多组 SEM 的时候，测量恒等模型基本上是需要检查的。在检查了测量恒等模型之后，研究者可以根据自己的研究需要进行恒等设定。若研究目的是比较测量信度，则继续比较因子协方差恒等、测量误差恒等；若研究目的是组间均值，则继续比较截距与均值恒等。后者可以顺带比较测量信度，检验因子协方差与测量误差恒等，也可不做该步骤。

二、运用多组 SEM 检验调节效应

当自变量为潜变量，调节变量为可观测的类别变量时，我们使用多组结构方程模型 SEM 的方法来检验变量间的交互作用，也就是检验结构方程系数的跨组不变性。具体来说，以调节变量仅有两个水平为例，将两组(根据调节变量的类别分组)中自变量对因变量的影响系数约束为相等时，若模型拟合明显变差，则存在交互效应。其检验步骤如下。

(1)结构等价性(configural invariance)。检验各个类别是否具有相同的因子结构。若模型整体拟合良好，则因子结构等价性成立。

(2)弱等价性(weak invariance)。将各组的因子载荷限定为相等。如果模型拟合没有显著变差，则弱等价性成立。

(3)检验回归系数的等价性。将各组中要检验的结构方程系数限定为相等。

如果模型拟合明显变差，则存在交互效应。

每一步都是在上一步等价性成立的基础上进行的，而模型拟合的比较也是当前模型的拟合和上一步等价性成立的模型拟合情况进行的对比。这里模型拟合的比较使用卡方差异检验(chi-square different test)。

在使用多组 SEM 进行调节效应检验时应注意以下几点。第一，只有在自变量为潜变量而调节变量为可观测的分类变量时才推荐使用多组 SEM 的方法。而自变量和调节变量都是潜变量时，不推荐使用多组 SEM。如果这种情况下使用多组 SEM，则研究者需要对潜调节变量进行人为分组(如使用因子得分分组)，这很容易导致不准确的结果。第二，多组 SEM 需要各组都具备 SEM 分析要求的样本量。第三，使用多组 SEM 方法犯第Ⅱ类错误的概率较大，检验力弱，不容易检验出实际存在的调节作用。第四，该方法无法估计交互效应的大小，只能检验交互是否存在。因此，除非有一个自变量是可观测的类别变量，否则不推荐使用该方法。

第三节　Mplus 实例分析

一、研究问题确定

本例以 PISA 2015 中的中国北上广苏组被试和美国组被试为两个样本进行多组 SEM 比较。检验的问题为科学动机对科学自我效能感的影响。科学动机分为两个维度：兴趣与工具性动机。两个维度分别有 5 个和 4 个项目进行测量(参见本书第三章)。科学自我效能感有 8 道题目进行测量(参见本书第四章)。检验该 SEM 全模型在中国组和美国组之间的恒等性问题。

从两个国家的原始数据中各随机抽取 20% 的学生作为本次分析的样本。美国 1142 名，中国 2008 名，共 3150 名。现在进行多组 SEM 的比较。按照多组 SEM 的思路，分别设定 6 个模型。M0 为自由估计模型，不在模型中设定任何参数。M1 为测量恒等模型，设定中国组和美国组的测量部分(载荷)相等。M2 为因素协方差恒等模型，设定外源变量之间的协方差矩阵相等。M3 为量尺恒等模型，设定美国组和中国组的观测指标截距相等。M4 为结构恒等模型，设定外源变量对内源变量的影响相等。M5 为误差残差恒等模型，设定测量误差、潜变量方差相等。M6 为均值恒等模型，设定潜变量均值恒等。

二、数据处理与结果分析

特别地，由于多组比较需要参考非标准化结果，所以在本例中，我们采用固定方差的方法，让载荷自由估计，具体程序如图 9-1 所示。

(一)M0：自由估计

```
TITLE: THIS IS AN EXAMPLE OF MULTIPLE GROUP ANALYSIS M0
DATA: FILE IS PISA2015_TWO_SE.DAT;
VARIABLE:
NAMES ARE CNT GRD GEN ST1181-ST1185 ST1001-ST1005
         ST1031-ST1034 ST1041-ST1045 ST1071-ST1073
         ST0941-ST0945 ST1131-ST1134 ST1291-ST1298
         AGE DISCLS TSPCLS INQINS DIRINS
         ENJSCI ITRSCI EFFSCI ANX MOT SES
         ACHSCI ACHEXP ACHEVA ACHINT ACHCOT ACHPRO
         ACHPHY ACHLIV ACHEAR;
USEV ARE ST0941-ST1298;
MISSING ARE GEN-ST1298 (9) AGE-SES (95-99);
GROUPING IS CNT (840 = USA 970 = BSGS);
MODEL:
ENJS BY ST0941*;
ENJS BY ST0942-ST0945;
INST BY ST1131*;
INST BY ST1132-ST1134;
EFFS BY ST1291*;
EFFS BY ST1292-ST1298;
ENJS@1;INST@1;EFFS@1;
EFFS ON ENJS INST;
[ENJS-EFFS@0];
ENJS WITH INST@-0.2;
MODEL BSGS:
ENJS BY ST0941*;
ENJS BY ST0942-ST0945;
INST BY ST1131*;
INST BY ST1132-ST1134;
EFFS BY ST1291*;
EFFS BY ST1292-ST1298;
ENJS;INST;EFFS;
[ST0941-ST1298];
[ENJS-EFFS@0];
OUTPUT:SAMPSTAT;TECH1;
```

多组比较的指令，第一组为默认参照组。

用*表示自由估计，Mplus 默认固定第一个题目载荷为 1，固定方差为 1，使用@1 命令。注意两个潜变量的外源变量模型不可识别，把其相关固定为 −0.2。

默认 MODEL 为两组估计相同的参数，使用"MODEL BSGS"设定第二组参数为自由估计。潜变量方差设定为自由估计。潜变量均值为 0，模型才可识别。

图 9-1　多组 SEM 输入语句(M0：自由估计)

由此可知，在本例中，采用"MODEL BSGS"指令定义第二组(中国组)与第一组(美国组)估计参数不一样，以达到自由估计的目的。注意 MODEL 语句中第一组为默认组(编号数字小的一组)。特别地，第二组在自由估计的时候注意设定潜变量均值和截距以达到识别的要求。

```
SUMMARY OF ANALYSIS
Number of groups                                    2
Number of observations
   Group USA                                     1101
   Group BSGS                                    1998
   Total sample size                             3099
Number of dependent variables                      17
Number of independent variables                     0
Number of continuous latent variables               3
```

图 9-2　多组 SEM 输出结果(M0：自由估计、基本信息)

结果中可知两个组的人数分别为 1101 和 1998，共计 3099 人。描述统计中也分别给出两个组的均值和协方差（相关）矩阵，如图 9-2 至图 9-7 所示。

```
SAMPLE STATISTICS
    ESTIMATED SAMPLE STATISTICS FOR USA
              Means
              ST0941      ST0942      ST0943      ST0944      ST0945
        1     2.833       2.617       2.807       2.905       2.895
              Means
              ST1131      ST1132      ST1133      ST1134      ST1291
        1     1.994       2.117       2.113       2.150       2.016
              Means
              ST1292      ST1293      ST1294      ST1295      ST1296
        1     1.907       2.117       2.243       1.913       2.073
              Means
              ST1297      ST1298
        1     2.233       2.411
              Covariances
              ST0941      ST0942      ST0943      ST0944      ST0945
ST0941        0.662
ST0942        0.506       0.723
ST0943        0.525       0.500       0.625
ST0944        0.516       0.491       0.510       0.653
ST0945        0.515       0.508       0.522       0.557       0.675
ST1131       -0.173      -0.155      -0.164      -0.154      -0.196
ST1132       -0.183      -0.163      -0.180      -0.168      -0.213
ST1133       -0.176      -0.179      -0.190      -0.169      -0.212
ST1134       -0.182      -0.176      -0.170      -0.147      -0.186
ST1291       -0.136      -0.190      -0.146      -0.145      -0.162
ST1292       -0.171      -0.209      -0.166      -0.185      -0.213
ST1293       -0.163      -0.197      -0.158      -0.168      -0.190
ST1294       -0.157      -0.200      -0.171      -0.157      -0.185
ST1295       -0.176      -0.191      -0.173      -0.195      -0.212
ST1296       -0.162      -0.188      -0.168      -0.181      -0.194
ST1297       -0.174      -0.230      -0.180      -0.196      -0.214
ST1298       -0.183      -0.212      -0.167      -0.173      -0.197
              Covariances
              ST1131      ST1132      ST1133      ST1134      ST1291
ST1131        0.768
ST1132        0.634       0.816
ST1133        0.593       0.667       0.788
ST1134        0.596       0.661       0.680       0.863
ST1291        0.244       0.245       0.252       0.238       0.829
ST1292        0.232       0.221       0.236       0.216       0.535
ST1293        0.202       0.237       0.238       0.228       0.523
ST1294        0.195       0.212       0.224       0.222       0.526
ST1295        0.215       0.194       0.219       0.203       0.483
ST1296        0.220       0.206       0.207       0.224       0.520
ST1297        0.198       0.201       0.200       0.220       0.500
ST1298        0.219       0.223       0.239       0.267       0.511
              Covariances
              ST1292      ST1293      ST1294      ST1295      ST1296
ST1292        0.832
ST1293        0.536       0.926
ST1294        0.512       0.571       0.875
ST1295        0.530       0.533       0.544       0.834
ST1296        0.459       0.537       0.541       0.536       0.852
ST1297        0.512       0.558       0.557       0.550       0.556
ST1298        0.496       0.568       0.584       0.492       0.536
              Covariances
              ST1297      ST1298
ST1297        0.982
ST1298        0.650       1.018
```

图 9-3　多组 SEM 输出结果（M0：自由估计、美国组描述统计）

```
ESTIMATED SAMPLE STATISTICS FOR BSGS
```

Means	ST0941	ST0942	ST0943	ST0944	ST0945
1	2.922	2.911	2.814	2.931	2.894

Means	ST1131	ST1132	ST1133	ST1134	ST1291
1	1.836	1.907	1.899	1.990	2.140

Means	ST1292	ST1293	ST1294	ST1295	ST1296
1	2.141	2.391	2.129	2.289	2.067

Means	ST1297	ST1298			
1	2.519	2.237			

Covariances	ST0941	ST0942	ST0943	ST0944	ST0945
ST0941	0.423				
ST0942	0.340	0.461			
ST0943	0.330	0.374	0.484		
ST0944	0.321	0.365	0.367	0.433	
ST0945	0.330	0.356	0.372	0.371	0.473
ST1131	-0.078	-0.083	-0.094	-0.081	-0.085
ST1132	-0.088	-0.094	-0.108	-0.090	-0.100
ST1133	-0.088	-0.092	-0.111	-0.090	-0.095
ST1134	-0.076	-0.077	-0.096	-0.086	-0.093
ST1291	-0.102	-0.111	-0.129	-0.118	-0.117
ST1292	-0.115	-0.124	-0.125	-0.120	-0.118
ST1293	-0.101	-0.115	-0.126	-0.113	-0.117
ST1294	-0.092	-0.118	-0.124	-0.118	-0.109
ST1295	-0.102	-0.117	-0.131	-0.126	-0.123
ST1296	-0.099	-0.125	-0.130	-0.131	-0.118
ST1297	-0.080	-0.105	-0.130	-0.113	-0.119
ST1298	-0.116	-0.133	-0.149	-0.146	-0.139

Covariances	ST1131	ST1132	ST1133	ST1134	ST1291
ST1131	0.430				
ST1132	0.313	0.453			
ST1133	0.310	0.360	0.434		
ST1134	0.278	0.332	0.344	0.514	
ST1291	0.100	0.094	0.097	0.093	0.525
ST1292	0.072	0.065	0.065	0.047	0.316
ST1293	0.086	0.079	0.085	0.082	0.316
ST1294	0.089	0.076	0.088	0.075	0.272
ST1295	0.073	0.079	0.084	0.074	0.290
ST1296	0.088	0.088	0.090	0.086	0.270
ST1297	0.054	0.049	0.051	0.041	0.281
ST1298	0.092	0.095	0.087	0.082	0.260

Covariances	ST1292	ST1293	ST1294	ST1295	ST1296
ST1292	0.656				
ST1293	0.391	0.663			
ST1294	0.309	0.364	0.606		
ST1295	0.350	0.384	0.391	0.672	
ST1296	0.292	0.317	0.323	0.346	0.627
ST1297	0.339	0.389	0.288	0.401	0.327
ST1298	0.342	0.353	0.322	0.354	0.364

Covariances	ST1297	ST1298			
ST1297	0.755				
ST1298	0.432	0.769			

图 9-4　多组 SEM 输出结果(M0：自由估计、中国组描述统计)

```
MODEL FIT INFORMATION
Number of Free Parameters                 109
Loglikelihood
        H0 Value                     -43384.310
        H1 Value                     -42885.354
Information Criteria
        Akaike (AIC)                  86986.621
        Bayesian (BIC)                87644.854
        Sample-Size Adjusted BIC      87298.516
          (n* = (n + 2) / 24)
```

图 9-5　多组 SEM 输出结果(M0：自由估计、模型拟合)

```
Chi-Square Test of Model Fit
        Value                                997.913
        Degrees of Freedom                      231
        P-Value                              0.0000
Chi-Square Contribution From Each Group
        USA                                  429.317
        BSGS                                 568.596
RMSEA (Root Mean Square Error Of Approximation)
        Estimate                             0.046
        90 Percent C.I.                      0.043    0.049
        Probability RMSEA <= .05             0.980
CFI/TLI
        CFI                                  0.979
        TLI                                  0.976
Chi-Square Test of Model Fit for the Baseline Model
        Value                                37162.407
        Degrees of Freedom                      272
        P-Value                              0.0000
SRMR (Standardized Root Mean Square Residual)
        Value                                0.032
```

图 9-5 多组 SEM 输出结果（M0：自由估计、模型拟合）（续）

```
MODEL RESULTS
                                                    Two-Tailed
                    Estimate    S.E.    Est./S.E.   P-Value
Group USA
  ENJS     BY
    ST0941          0.709      0.019    37.028      0.000
    ST0942          0.686      0.021    32.665      0.000
    ST0943          0.706      0.018    38.650      0.000
    ST0944          0.719      0.019    38.381      0.000
    ST0945          0.732      0.019    38.425      0.000
  INST     BY
    ST1131          0.737      0.021    34.557      0.000
    ST1132          0.815      0.021    38.882      0.000
    ST1133          0.806      0.020    39.330      0.000
    ST1134          0.806      0.022    36.380      0.000
  EFFS     BY
    ST1291          0.628      0.022    28.837      0.000
    ST1292          0.625      0.022    28.580      0.000
    ST1293          0.673      0.023    29.299      0.000
    ST1294          0.673      0.022    30.525      0.000
    ST1295          0.643      0.022    29.594      0.000
    ST1296          0.644      0.022    29.185      0.000
    ST1297          0.681      0.024    28.525      0.000
    ST1298          0.674      0.025    27.458      0.000
  EFFS     ON
    ENJS           -0.273      0.036    -7.689      0.000
    INST            0.334      0.036     9.179      0.000
  ENJS     WITH
    INST           -0.200      0.000   999.000    999.000
  Means
    ENJS            0.000      0.000   999.000    999.000
    INST            0.000      0.000   999.000    999.000
  Intercepts
    ST0941          2.833      0.024   116.323      0.000
    ST0942          2.616      0.026   102.504      0.000
    ST0943          2.807      0.024   118.578      0.000
    ST0944          2.905      0.024   120.036      0.000
    ST0945          2.895      0.025   117.604      0.000
    ST1131          1.994      0.026    75.476      0.000
    ST1132          2.117      0.027    77.829      0.000
    ST1133          2.114      0.027    79.038      0.000
    ST1134          2.150      0.028    76.764      0.000
    ST1291          2.016      0.028    73.004      0.000
    ST1292          1.906      0.028    68.890      0.000
    ST1293          2.117      0.029    72.492      0.000
    ST1294          2.244      0.028    79.140      0.000
    ST1295          1.914      0.028    69.100      0.000
    ST1296          2.074      0.028    73.988      0.000
    ST1297          2.233      0.030    74.280      0.000
    ST1298          2.412      0.031    78.808      0.000
    EFFS            0.000      0.000   999.000    999.000
  Variances
    ENJS            1.000      0.000   999.000    999.000
    INST            1.000      0.000   999.000    999.000
```

图 9-6 多组 SEM 输出结果（M0：自由估计、非标准化估计、美国组）

```
Residual Variances
    ST0941          0.149       0.008      18.681      0.000
    ST0942          0.243       0.012      20.755      0.000
    ST0943          0.116       0.007      17.329      0.000
    ST0944          0.125       0.007      17.599      0.000
    ST0945          0.128       0.007      17.423      0.000
    ST1131          0.214       0.011      19.172      0.000
    ST1132          0.137       0.009      15.301      0.000
    ST1133          0.125       0.008      14.875      0.000
    ST1134          0.199       0.011      18.045      0.000
    ST1291          0.338       0.017      20.296      0.000
    ST1292          0.345       0.017      20.363      0.000
    ST1293          0.363       0.018      20.133      0.000
    ST1294          0.310       0.016      19.636      0.000
    ST1295          0.320       0.016      20.012      0.000
    ST1296          0.335       0.017      20.082      0.000
    ST1297          0.405       0.020      20.339      0.000
    ST1298          0.452       0.022      20.655      0.000
    EFFS            1.000       0.000     999.000    999.000
```

图 9-6　多组 SEM 输出结果(M0：自由估计、非标准化估计、美国组)(续)

```
Group BSGS
  ENJS       BY
    ST0941          0.618       2.973       0.208      0.835
    ST0942          0.689       3.314       0.208      0.835
    ST0943          0.698       3.354       0.208      0.835
    ST0944          0.685       3.294       0.208      0.835
    ST0945          0.689       3.314       0.208      0.835
  INST       BY
    ST1131          0.598       2.873       0.208      0.835
    ST1132          0.695       3.341       0.208      0.835
    ST1133          0.704       3.384       0.208      0.835
    ST1134          0.651       3.127       0.208      0.835
  EFFS       BY
    ST1291          0.401       4.243       0.095      0.925
    ST1292          0.475       5.027       0.095      0.925
    ST1293          0.516       5.459       0.095      0.925
    ST1294          0.464       4.905       0.095      0.925
    ST1295          0.517       5.469       0.095      0.925
    ST1296          0.449       4.756       0.095      0.925
    ST1297          0.499       5.276       0.095      0.925
    ST1298          0.491       5.194       0.095      0.925
  EFFS       ON
    ENJS           -0.418       4.792      -0.087      0.930
    INST            0.217       2.554       0.085      0.932
  ENJS       WITH
    INST           -0.200       0.000     999.000    999.000
  Means
    ENJS            0.000       0.000     999.000    999.000
    INST            0.000       0.000     999.000    999.000
  Intercepts
    ST0941          2.922       0.015     200.703      0.000
    ST0942          2.911       0.015     191.495      0.000
    ST0943          2.814       0.016     180.670      0.000
    ST0944          2.931       0.015     199.076      0.000
    ST0945          2.894       0.015     187.846      0.000
    ST1131          1.836       0.015     124.977      0.000
    ST1132          1.907       0.015     126.577      0.000
    ST1133          1.899       0.015     128.685      0.000
    ST1134          1.990       0.016     123.998      0.000
    ST1291          2.140       0.016     131.851      0.000
    ST1292          2.141       0.018     117.844      0.000
    ST1293          2.391       0.018     131.042      0.000
    ST1294          2.128       0.017     122.012      0.000
    ST1295          2.289       0.018     124.580      0.000
    ST1296          2.067       0.018     116.393      0.000
    ST1297          2.519       0.020     129.118      0.000
    ST1298          2.236       0.020     113.688      0.000
    EFFS            0.000       0.000     999.000    999.000
  Variances
    ENJS            0.772       7.418       0.104      0.917
    INST            0.740       7.113       0.104      0.917
  Residual Variances
    ST0941          0.128       0.005      27.406      0.000
    ST0942          0.094       0.004      24.480      0.000
    ST0943          0.108       0.004      25.332      0.000
    ST0944          0.070       0.003      22.283      0.000
    ST0945          0.107       0.004      25.337      0.000
    ST1131          0.166       0.006      27.263      0.000
```

图 9-7　多组 SEM 输出结果(M0：自由估计、非标准化估计、中国组)

ST1132	0.095	0.005	20.391	0.000
ST1133	0.067	0.004	16.298	0.000
ST1134	0.200	0.007	27.419	0.000
ST1291	0.287	0.010	28.414	0.000
ST1292	0.323	0.012	27.586	0.000
ST1293	0.270	0.010	26.024	0.000
ST1294	0.288	0.011	27.323	0.000
ST1295	0.277	0.011	26.135	0.000
ST1296	0.329	0.012	28.084	0.000
ST1297	0.388	0.014	27.846	0.000
ST1298	0.413	0.015	28.203	0.000
EFFS	1.271	26.890	0.047	0.962

图 9-7　多组 SEM 输出结果（M0：自由估计、非标准化估计、中国组）（续）

（二）M1～M6：限制模型

在 Mplus 中，如果不加入每个组的模型命令语句，则默认两个组载荷、截距相等，默认外源变量协方差矩阵、外源变量对内源变量的影响以及误差、残差不等。所以在 M1～M5 的设定中，需要根据定义的模型来添加或删去适当的限定语句。

在 M1 模型中，MODEL BSGS 组只要求估计截距，且潜变量的均值固定为0。这样模型就默认两组的测量恒等；同时，潜变量的方差、协方差不等。该模型也叫弱恒等性模型，如图 9-8 所示。

```
TITLE: THIS IS AN EXAMPLE OF MULTIPLE GROUP ANALYSIS M1
DATA: FILE IS PISA2015_TWO_SE.DAT;
VARIABLE:
NAMES ARE CNT GRD GEN ST1181-ST1185 ST1001-ST1005
        ST1031-ST1034 ST1041-ST1045 ST1071-ST1073
        ST0941-ST0945 ST1131-ST1134 ST1291-ST1298
        AGE DISCLS TSPCLS INQINS DIRINS
        ENJSCI ITRSCI EFFSCI ANX MOT SES
        ACHSCI ACHEXP ACHEVA ACHINT ACHCOT ACHPRO
        ACHPHY ACHLIV ACHEAR;
USEV ARE ST0941-ST1298;
MISSING ARE GEN-ST1298 (9) AGE-SES (95-99);
GROUPING IS CNT (840 = USA 970 = BSGS);
MODEL:
ENJS BY ST0941*;
ENJS BY ST0942-ST0945;
INST BY ST1131*;
INST BY ST1132-ST1134;
EFFS BY ST1291*;
EFFS BY ST1292-ST1298;
ENJS@1;INST@1;EFFS@1;
EFFS ON ENJS INST;
MODEL BSGS:
[ST0941-ST1298];
ENJS;INST;EFFS;
[ENJS@0 INST@0 EFFS@0];
```

图 9-8　多组 SEM 输入语句（M1 测量恒等）

部分结果如图 9-9 所示。

```
MODEL RESULTS
                                                Two-Tailed
                     Estimate    S.E.   Est./S.E.  P-Value
  Group USA
   ENJS      BY
     ST0941          0.680      0.017    40.135     0.000
     ST0942          0.722      0.018    40.408     0.000
     ST0943          0.729      0.017    41.794     0.000
     ST0944          0.727      0.017    41.945     0.000
     ST0945          0.735      0.018    41.530     0.000
   INST      BY
     ST1131          0.728      0.019    38.319     0.000
     ST1132          0.828      0.020    41.275     0.000
     ST1133          0.830      0.020    41.781     0.000
     ST1134          0.796      0.020    39.070     0.000
   EFFS      BY
     ST1291          0.582      0.018    33.070     0.000
     ST1292          0.640      0.019    34.201     0.000
     ST1293          0.693      0.020    35.331     0.000
     ST1294          0.652      0.019    34.778     0.000
     ST1295          0.679      0.019    35.511     0.000
     ST1296          0.629      0.019    33.842     0.000
     ST1297          0.682      0.020    33.797     0.000
     ST1298          0.673      0.020    33.052     0.000
   EFFS      ON
     ENJS           -0.276      0.036    -7.648     0.000
     INST            0.335      0.037     9.081     0.000
   INST      WITH
     ENJS           -0.310      0.029   -10.573     0.000
  Group BSGS
   ENJS      BY
     ST0941          0.680      0.017    40.135     0.000
     ST0942          0.722      0.018    40.408     0.000
     ST0943          0.729      0.017    41.794     0.000
     ST0944          0.727      0.017    41.945     0.000
     ST0945          0.735      0.018    41.530     0.000
   INST      BY
     ST1131          0.728      0.019    38.319     0.000
     ST1132          0.828      0.020    41.275     0.000
     ST1133          0.830      0.020    41.781     0.000
     ST1134          0.796      0.020    39.070     0.000
   EFFS      BY
     ST1291          0.650      0.019    33.679     0.000
     ST1292          0.714      0.020    34.859     0.000
     ST1293          0.774      0.021    36.114     0.000
     ST1294          0.728      0.020    35.557     0.000
     ST1295          0.758      0.021    36.292     0.000
     ST1296          0.702      0.020    34.527     0.000
     ST1297          0.761      0.022    34.495     0.000
     ST1298          0.751      0.022    33.676     0.000
   EFFS      ON
     ENJS           -0.324      0.028   -11.711     0.000
     INST            0.191      0.030     6.273     0.000
   INST      WITH
     ENJS           -0.158      0.016   -10.111     0.000
```

图 9-9　多组 SEM 部分输出结果(M1：测量恒等参数估计)

如图 9-10 所示，M2 命令在 M1 命令中添加了 ENJS WITH INST(1)。在 Mplus 中，设定多个组参数相等的命令为语句后用小括号加上数字，从 1 开始编号。设定了编号的参数在两组中限定相等，若有多个参数需限定相等，则按照顺序在小括号后面进行编号(参见 M4、M5)，如(2)(3)……

```
TITLE: THIS IS AN EXAMPLE OF MULTIPLE GROUP ANALYSIS M2
DATA: FILE IS PISA2015_TWO_SE.DAT;
VARIABLE:
NAMES ARE CNT GRD GEN ST1181-ST1185 ST1001-ST1005
        ST1031-ST1034 ST1041-ST1045 ST1071-ST1073
        ST0941-ST0945 ST1131-ST1134 ST1291-ST1298
        AGE DISCLS TSPCLS INQINS DIRINS
        ENJSCI ITRSCI EFFSCI ANX MOT SES
        ACHSCI ACHEXP ACHEVA ACHINT ACHCOT ACHPRO
        ACHPHY ACHLIV ACHEAR;
USEV ARE ST0941-ST1298;
MISSING ARE GEN-ST1298 (9) AGE-SES (95-99);
GROUPING IS CNT (840 = USA 970 = BSGS);
MODEL:
ENJS BY ST0941*;
ENJS BY ST0942-ST0945;
INST BY ST1131*;
INST BY ST1132-ST1134;
EFFS BY ST1291*;
EFFS BY ST1292-ST1298;
ENJS@1;INST@1;EFFS@1;
EFFS ON ENJS INST;
ENJS WITH INST (1);
MODEL BSGS:
[ST0941-ST1298];
ENJS;INST;EFFS;
[ENJS@0 INST@0 EFFS@0];
```

图 9-10   多组 SEM 输入语句(M2：因素协方差恒等)

部分结果如图 9-11 所示。

MODEL RESULTS				
	Estimate	S.E.	Est./S.E.	Two-Tailed P-Value
Group USA				
ENJS BY				
ST0941	0.665	0.016	41.129	0.000
ST0942	0.706	0.017	41.441	0.000
ST0943	0.713	0.017	42.922	0.000
ST0944	0.711	0.017	43.088	0.000
ST0945	0.719	0.017	42.646	0.000
INST BY				
ST1131	0.712	0.018	39.220	0.000
ST1132	0.809	0.019	42.409	0.000
ST1133	0.812	0.019	42.968	0.000
ST1134	0.779	0.019	40.014	0.000
EFFS BY				
ST1291	0.582	0.018	33.067	0.000
ST1292	0.640	0.019	34.198	0.000
ST1293	0.693	0.020	35.328	0.000
ST1294	0.652	0.019	34.775	0.000
ST1295	0.679	0.019	35.508	0.000
ST1296	0.629	0.019	33.840	0.000
ST1297	0.682	0.020	33.794	0.000
ST1298	0.673	0.020	33.049	0.000
EFFS ON				
ENJS	-0.273	0.035	-7.741	0.000
INST	0.329	0.036	9.147	0.000
ENJS WITH				
INST	**-0.195**	**0.015**	**-12.622**	**0.000**
Group BSGS				
ENJS BY				
ST0941	0.665	0.016	41.129	0.000
ST0942	0.706	0.017	41.441	0.000
ST0943	0.713	0.017	42.922	0.000
ST0944	0.711	0.017	43.088	0.000
ST0945	0.719	0.017	42.646	0.000

图 9-11   多组 SEM 部分输出结果(M2：因素协方差恒等参数估计)

INST	BY				
ST1131		0.712	0.018	39.220	0.000
ST1132		0.809	0.019	42.409	0.000
ST1133		0.812	0.019	42.968	0.000
ST1134		0.779	0.019	40.014	0.000
EFFS	BY				
ST1291		0.582	0.018	33.067	0.000
ST1292		0.640	0.019	34.198	0.000
ST1293		0.693	0.020	35.328	0.000
ST1294		0.652	0.019	34.775	0.000
ST1295		0.679	0.019	35.508	0.000
ST1296		0.629	0.019	33.840	0.000
ST1297		0.682	0.020	33.794	0.000
ST1298		0.673	0.020	33.049	0.000
EFFS	ON				
ENJS		-0.316	0.027	-11.710	0.000
INST		0.186	0.030	6.247	0.000
ENJS	WITH				
INST		-0.195	0.015	-12.622	0.000

图 9-11　多组 SEM 部分输出结果(M2：因素协方差恒等参数估计)(续)

模型 M3 去掉截距自由估计的语句，Mplus 默认两组截距恒等，如图 9-12 所示。限定潜变量协方差恒等，方差自由估计，部分结果如图 9-13 所示。

```
TITLE: THIS IS AN EXAMPLE OF MULTIPLE GROUP ANALYSIS
DATA: FILE IS PISA2015_TWO_SE.DAT;
VARIABLE:
NAMES ARE CNT GRD GEN ST1181-ST1185 ST1001-ST1005
          ST1031-ST1034 ST1041-ST1045 ST1071-ST1073
          ST0941-ST0945 ST1131-ST1134 ST1291-ST1298
          AGE DISCLS TSPCLS INQINS DIRINS
          ENJSCI ITRSCI EFFSCI ANX MOT SES
          ACHSCI ACHEXP ACHEVA ACHINT ACHCOT ACHPRO
          ACHPHY ACHLIV ACHEAR;
USEV ARE ST0941-ST1298;
MISSING ARE GEN-ST1298 (9) AGE-SES (95-99);
GROUPING IS CNT (840 = USA 970 = BSGS);
MODEL:
ENJS BY ST0941*;
ENJS BY ST0942-ST0945;
INST BY ST1131*;
INST BY ST1132-ST1134;
EFFS BY ST1291*;
EFFS BY ST1292-ST1298;
ENJS@1;INST@1;EFFS@1;
EFFS ON ENJS INST;
ENJS WITH INST (1);                  该模型中第二组潜变量
MODEL BSGS:                          方差释放成自由估计。
ENJS;INST;EFFS;
```

图 9-12　多组 SEM 输入语句(M3：截距恒等)

```
MODEL RESULTS
                                              Two-Tailed
                   Estimate   S.E.   Est./S.E.   P-Value
Group USA
  Means
    ENJS            0.000    0.000    999.000    999.000
    INST            0.000    0.000    999.000    999.000
  Intercepts
    ST0941          2.856    0.022    132.362    0.000
    ST0942          2.816    0.023    121.645    0.000
    ST0943          2.773    0.023    121.998    0.000
    ST0944          2.880    0.023    127.312    0.000
    ST0945          2.853    0.023    124.209    0.000
    ST1131          2.006    0.023     85.801    0.000
    ST1132          2.109    0.026     81.492    0.000
    ST1133          2.102    0.026     81.282    0.000
    ST1134          2.171    0.025     85.552    0.000
    ST1291          2.015    0.023     89.014    0.000
    ST1292          1.970    0.025     79.404    0.000
    ST1293          2.205    0.026     83.362    0.000
    ST1294          2.070    0.025     84.276    0.000
    ST1295          2.070    0.026     78.632    0.000
    ST1296          1.981    0.024     82.429    0.000
    ST1297          2.324    0.027     87.303    0.000
    ST1298          2.194    0.026     83.915    0.000
  Variances
    ENJS            1.000    0.000    999.000    999.000
    INST            1.000    0.000    999.000    999.000

Group BSGS
  Means
    ENJS            0.083    0.037      2.253    0.024
    INST           -0.247    0.036     -6.803    0.000
  Intercepts
    ST0941          2.856    0.022    132.362    0.000
    ST0942          2.816    0.023    121.645    0.000
    ST0943          2.773    0.023    121.998    0.000
    ST0944          2.880    0.023    127.312    0.000
    ST0945          2.853    0.023    124.209    0.000
    ST1131          2.006    0.023     85.801    0.000
    ST1132          2.109    0.026     81.492    0.000
    ST1133          2.102    0.026     81.282    0.000
    ST1134          2.171    0.025     85.552    0.000
    ST1291          2.015    0.023     89.014    0.000
    ST1292          1.970    0.025     79.404    0.000
    ST1293          2.205    0.026     83.362    0.000
    ST1294          2.070    0.025     84.276    0.000
    ST1295          2.070    0.026     78.632    0.000
    ST1296          1.981    0.024     82.429    0.000
    ST1297          2.324    0.027     87.303    0.000
    ST1298          2.194    0.026     83.915    0.000
  Variances
    ENJS            0.733    0.040     18.268    0.000
    INST            0.556    0.031     17.981    0.000
```

图 9-13 多组 SEM 部分输出结果(M3：截距恒等参数估计)

模型 M4 设定两组结构恒等，如图 9-14、图 9-15 所示。

```
TITLE: THIS IS AN EXAMPLE OF MULTIPLE GROUP ANALYSIS M4
DATA: FILE IS PISA2015_TWO_SE.DAT;
VARIABLE:
NAMES ARE CNT GRD GEN ST1181-ST1185 ST1001-ST1005
          ST1031-ST1034 ST1041-ST1045 ST1071-ST1073
          ST0941-ST0945 ST1131-ST1134 ST1291-ST1298
          AGE DISCLS TSPCLS INQINS DIRINS
          ENJSCI ITRSCI EFFSCI ANX MOT SES
          ACHSCI ACHEXP ACHEVA ACHINT ACHCOT ACHPRO
          ACHPHY ACHLIV ACHEAR;
USEV ARE ST0941-ST1298;
MISSING ARE GEN-ST1298 (9) AGE-SES (95-99);
GROUPING IS CNT (840 = USA 970 = BSGS);
MODEL:
ENJS BY ST0941*;
ENJS BY ST0942-ST0945;
INST BY ST1131*;
INST BY ST1132-ST1134;
EFFS BY ST1291*;
EFFS BY ST1292-ST1298;
ENJS@1;INST@1;EFFS@1;
ENJS WITH INST (1);
EFFS ON ENJS (2);
EFFS ON INST (3);
MODEL BSGS:
ENJS;INST;EFFS;
```

图 9-14 多组 SEM 输入语句(M1:测量恒等)

```
MODEL RESULTS
                                        Two-Tailed
                  Estimate   S.E.   Est./S.E.   P-Value
Group USA
EFFS      ON
     ENJS        -0.300    0.022   -13.459     0.000
     INST         0.245    0.024    10.176     0.000

 ENJS     WITH
     INST        -0.195    0.015   -12.599     0.000

Group BSGS
EFFS      ON
     ENJS        -0.300    0.022   -13.459     0.000
     INST         0.245    0.024    10.176     0.000

 ENJS     WITH
     INST        -0.195    0.015   -12.599     0.000
```

图 9-15 多组 SEM 部分输出结果(M4:结构恒等参数估计)

　　最后,在 M5 中,设定测量误差恒等。并且注意将第二组潜变量方差设定为
1,潜变量均值设定为 0,表示潜变量均值恒等,如图 9-16、图 9-17 所示。

```
TITLE: THIS IS AN EXAMPLE OF MULTIPLE GROUP ANALYSIS
DATA: FILE IS PISA2015_TWO_SE.DAT;
VARIABLE:
NAMES ARE CNT GRD GEN ST1181-ST1185 ST1001-ST1005
        ST1031-ST1034 ST1041-ST1045 ST1071-ST1073
        ST0941-ST0945 ST1131-ST1134 ST1291-ST1298
        AGE DISCLS TSPCLS INQINS DIRINS
        ENJSCI ITRSCI EFFSCI ANX MOT SES
        ACHSCI ACHEXP ACHEVA ACHINT ACHCOT ACHPRO
        ACHPHY ACHLIV ACHEAR;
USEV ARE ST0941-ST1298;
MISSING ARE GEN-ST1298 (9) AGE-SES (95-99);
GROUPING IS CNT (840 = USA 970 = BSGS);
MODEL:
ENJS BY ST0941*;
ENJS BY ST0942-ST0945;
INST BY ST1131*;
INST BY ST1132-ST1134;
EFFS BY ST1291*;
EFFS BY ST1292-ST1298;
ENJS@1;INST@1;EFFS@1;
ENJS WITH INST (1);
EFFS ON ENJS (2);
EFFS ON INST (3);
ST0941-ST1298 (4-20);
MODEL BSGS:
ENJS@1;INST@1;EFFS@1;
[ENJS-EFFS@0];
```

图 9-16　多组 SEM 输入语句(M5：误差残差恒等)

```
MODEL RESULTS
                                          Two-Tailed
                   Estimate    S.E.    Est./S.E.   P-Value
Group USA
Means
    ENJS           0.000      0.000    999.000    999.000
    INST           0.000      0.000    999.000    999.000
Variances
    ENJS           1.000      0.000    999.000    999.000
    INST           1.000      0.000    999.000    999.000
 Residual Variances
    ST0941         0.137      0.004     32.922      0.000
    ST0942         0.165      0.005     33.401      0.000
    ST0943         0.113      0.004     30.486      0.000
    ST0944         0.090      0.003     28.328      0.000
    ST0945         0.112      0.004     30.206      0.000
    ST1131         0.183      0.006     33.166      0.000
    ST1132         0.109      0.004     25.385      0.000
    ST1133         0.089      0.004     22.656      0.000
    ST1134         0.200      0.006     32.727      0.000
    ST1291         0.305      0.009     34.642      0.000
    ST1292         0.332      0.010     34.092      0.000
    ST1293         0.307      0.009     32.840      0.000
    ST1294         0.314      0.009     33.976      0.000
    ST1295         0.310      0.009     33.100      0.000
    ST1296         0.335      0.010     34.465      0.000
    ST1297         0.401      0.012     34.343      0.000
    ST1298         0.452      0.013     35.249      0.000
    EFFS           1.000      0.000    999.000    999.000
Group BSGS
Means
    ENJS           0.000      0.000    999.000    999.000
    INST           0.000      0.000    999.000    999.000
Variances
    ENJS           1.000      0.000    999.000    999.000
    INST           1.000      0.000    999.000    999.000
```

图 9-17　多组 SEM 部分输出结果(M5：误差恒等参数估计)

```
Residual Variances
   ST0941       0.137     0.004    32.922    0.000
   ST0942       0.165     0.005    33.401    0.000
   ST0943       0.113     0.004    30.486    0.000
   ST0944       0.090     0.003    28.328    0.000
   ST0945       0.112     0.004    30.206    0.000
   ST1131       0.183     0.006    33.166    0.000
   ST1132       0.109     0.004    25.385    0.000
   ST1133       0.089     0.004    22.656    0.000
   ST1134       0.200     0.006    32.727    0.000
   ST1291       0.305     0.009    34.642    0.000
   ST1292       0.332     0.010    34.092    0.000
   ST1293       0.307     0.009    32.840    0.000
   ST1294       0.314     0.009    33.976    0.000
   ST1295       0.310     0.009    33.100    0.000
   ST1296       0.335     0.010    34.465    0.000
   ST1297       0.401     0.012    34.343    0.000
   ST1298       0.452     0.013    35.249    0.000
   EFFS         1.000     0.000   999.000  999.000
```

图 9-17　多组 SEM 部分输出结果(M5：误差恒等参数估计)(续)

三、文献中的报告

数据包含 51 个缺失被试，共 3099 个有效被试，其中中国北上广苏被试 1998 名，美国被试 1101 名。两个组的原始卡方值分别为 429 和 568。对比六个模型，整体拟合情况如表 9-1 所示。

表 9-1　动机对科学成绩影响的多组 SEM 模型比较

	$\chi^2(\Delta\chi^2)$	$df(\Delta df)$	RMSEA	CFI	TLI	BIC
M0：自由估计	997	231	0.046	0.979	0.976	87644
M1：测量恒等	1046(49)	246(15)	0.046	0.978	0.976	87573
M2：因素协方差恒等	1065(19)	247(1)	0.046	0.978	0.976	87583
M3：量尺恒等	1846(781)	261(14)	0.063	0.957	0.955	88252
M4：结构恒等	1857(11)	263(2)	0.063	0.957	0.955	88246
M5：误差恒等	2686(829)	283(20)	0.074	0.935	0.937	88915
M6：均值恒等	2810(124)	286(3)	0.075	0.932	0.935	89015

从结果可以看出，参数限定越多的模型，卡方值越大，BIC 越大，CFI 和 TLI 都越小，拟合越差。但是整体上基本都是优秀的拟合。限定最多的 M6：RMSEA＝0.075，CFI＝0.932，TLI＝0.935，整体拟合良好。并且可知，M1 与 M2，M3 与 M4 的模型相差几乎都很小。虽然嵌套模型卡方检验都显著，但是由于本研究中样本量比较大，容易得到一个显著的结论。再从 BIC 指标判断，M1 和 M2 模型拟合相对最优[①]。故综合判断，保留 M1 结果最优。中国和美国样本具有测量恒等性。进一步说明，国家(中国和美国)变量对于动机对科学成绩的影响

---

① 对比 M1 与 M2，ΔBIC＝10(≤10)，说明 M1 与 M2 拟合相当。

存在一定的调节效应。参数估计结果(M1 测量恒等模型)如表 9-2、图 9-18、图 9-19 所示。

表 9-2　动机对科学成绩影响的多组 SEM 参数估计

	美国组				中国组			
	Est.	S. E.	t	p	Est.	S. E.	t	p
ENJS	BY				BY			
ST0941	0.680	0.017	40.135	$<$0.001	0.680	0.017	40.135	$<$0.001
ST0942	0.722	0.018	40.408	$<$0.001	0.722	0.018	40.408	$<$0.001
ST0943	0.729	0.017	41.794	$<$0.001	0.729	0.017	41.794	$<$0.001
ST0944	0.727	0.017	41.945	$<$0.001	0.727	0.017	41.945	$<$0.001
ST0945	0.735	0.018	41.53	$<$0.001	0.735	0.018	41.53	$<$0.001
INST	BY				BY			
ST1131	0.728	0.019	38.319	$<$0.001	0.728	0.019	38.319	$<$0.001
ST1132	0.828	0.02	41.275	$<$0.001	0.828	0.02	41.275	$<$0.001
ST1133	0.830	0.02	41.781	$<$0.001	0.830	0.02	41.781	$<$0.001
ST1134	0.796	0.02	39.07	$<$0.001	0.796	0.02	39.07	$<$0.001
EFFS	BY				BY			
ST1291	0.650	0.019	33.679	$<$0.001	0.650	0.019	33.679	$<$0.001
ST1292	0.714	0.02	34.859	$<$0.001	0.714	0.02	34.859	$<$0.001
ST1293	0.774	0.021	36.114	$<$0.001	0.774	0.021	36.114	$<$0.001
ST1294	0.728	0.02	35.557	$<$0.001	0.728	0.02	35.557	$<$0.001
ST1295	0.758	0.021	36.292	$<$0.001	0.758	0.021	36.292	$<$0.001
ST1296	0.702	0.020	34.527	$<$0.001	0.702	0.02	34.527	$<$0.001
ST1297	0.761	0.022	34.495	$<$0.001	0.761	0.022	34.495	$<$0.001
ST1298	0.751	0.022	33.676	$<$0.001	0.751	0.022	33.676	$<$0.001
EFFS	ON				ON			
ENJS	$-$0.276	0.036	$-$7.648	$<$0.001	$-$0.324	0.028	$-$11.711	$<$0.001
INST	0.335	0.037	9.081	$<$0.01	0.191	0.03	6.273	$<$0.001
INST	WITH				WITH			
ENJS	$-$0.310	0.029	$-$10.573	$<$0.001	$-$0.158	0.016	$-$10.111	$<$0.001
Means								
ENJS	0	0	999	999	0	0	999	999
INST	0	0	999	999	0	0	999	999
EFFS	0	0	999	999	0	0	999	999
Intercepts								
ST0941	2.833	0.024	119.62	$<$0.001	2.922	0.015	195.976	$<$0.001
ST0942	2.616	0.026	99.135	$<$0.001	2.911	0.015	193.313	$<$0.001
ST0943	2.808	0.024	115.728	$<$0.001	2.814	0.015	182.726	$<$0.001

续表

	美国组				中国组			
	Est.	S. E.	t	p	Est.	S. E.	t	p
ST0944	2.905	0.024	119.004	<0.001	2.931	0.015	199.128	<0.001
ST0945	2.895	0.025	117.268	<0.001	2.894	0.015	187.212	<0.001
ST1131	1.994	0.026	76.052	<0.001	1.836	0.015	123.671	<0.001
ST1132	2.117	0.028	76.898	<0.001	1.907	0.015	126.924	<0.001
ST1133	2.114	0.027	77.294	<0.001	1.899	0.015	129.747	<0.001
ST1134	2.151	0.028	77.413	<0.001	1.99	0.016	122.305	<0.001
ST1291	2.016	0.027	75.332	<0.001	2.14	0.017	128.700	<0.001
ST1292	1.906	0.028	67.700	<0.001	2.141	0.018	118.797	<0.001
ST1293	2.117	0.030	70.877	<0.001	2.391	0.018	132.365	<0.001
ST1294	2.244	0.028	80.100	<0.001	2.129	0.018	120.514	<0.001
ST1295	1.914	0.029	66.555	<0.001	2.289	0.018	127.137	<0.001
ST1296	2.074	0.028	74.491	<0.001	2.067	0.018	115.419	<0.001
ST1297	2.233	0.030	73.852	<0.001	2.519	0.020	129.167	<0.001
ST1298	2.412	0.031	78.420	<0.001	2.236	0.020	113.687	<0.001
Variances								
ENJS	1	0	999	999	0.685	0.038	17.808	<0.001
INST	1	0	999	999	0.519	0.030	17.497	<0.001
EFFS	1	0	999	999	0.631	0.037	17.031	<0.001
Residual								
ST0941	0.154	0.008	19.272	<0.001	0.127	0.005	27.264	<0.001
ST0942	0.242	0.012	20.653	<0.001	0.095	0.004	24.688	<0.001
ST0943	0.114	0.007	17.282	<0.001	0.109	0.004	25.611	<0.001
ST0944	0.125	0.007	17.856	<0.001	0.070	0.003	22.453	<0.001
ST0945	0.127	0.007	17.684	<0.001	0.106	0.004	25.407	<0.001
ST1131	0.217	0.011	19.490	<0.001	0.165	0.006	27.291	<0.001
ST1132	0.137	0.009	15.564	<0.001	0.095	0.005	21.030	<0.001
ST1133	0.122	0.008	14.790	<0.001	0.069	0.004	17.477	<0.001
ST1134	0.202	0.011	18.478	<0.001	0.199	0.007	27.382	<0.001
ST1291	0.348	0.017	20.66	<0.001	0.284	0.010	28.304	<0.001
ST1292	0.343	0.017	20.39	<0.001	0.324	0.012	27.851	<0.001
ST1293	0.360	0.018	20.107	<0.001	0.272	0.010	26.392	<0.001
ST1294	0.314	0.016	19.92	<0.001	0.287	0.010	27.393	<0.001
ST1295	0.315	0.016	19.839	<0.001	0.282	0.011	26.657	<0.001
ST1296	0.338	0.017	20.295	<0.001	0.327	0.012	28.147	<0.001
ST1297	0.404	0.020	20.446	<0.001	0.389	0.014	28.049	<0.001
ST1298	0.453	0.022	20.771	<0.001	0.413	0.015	28.365	<0.001

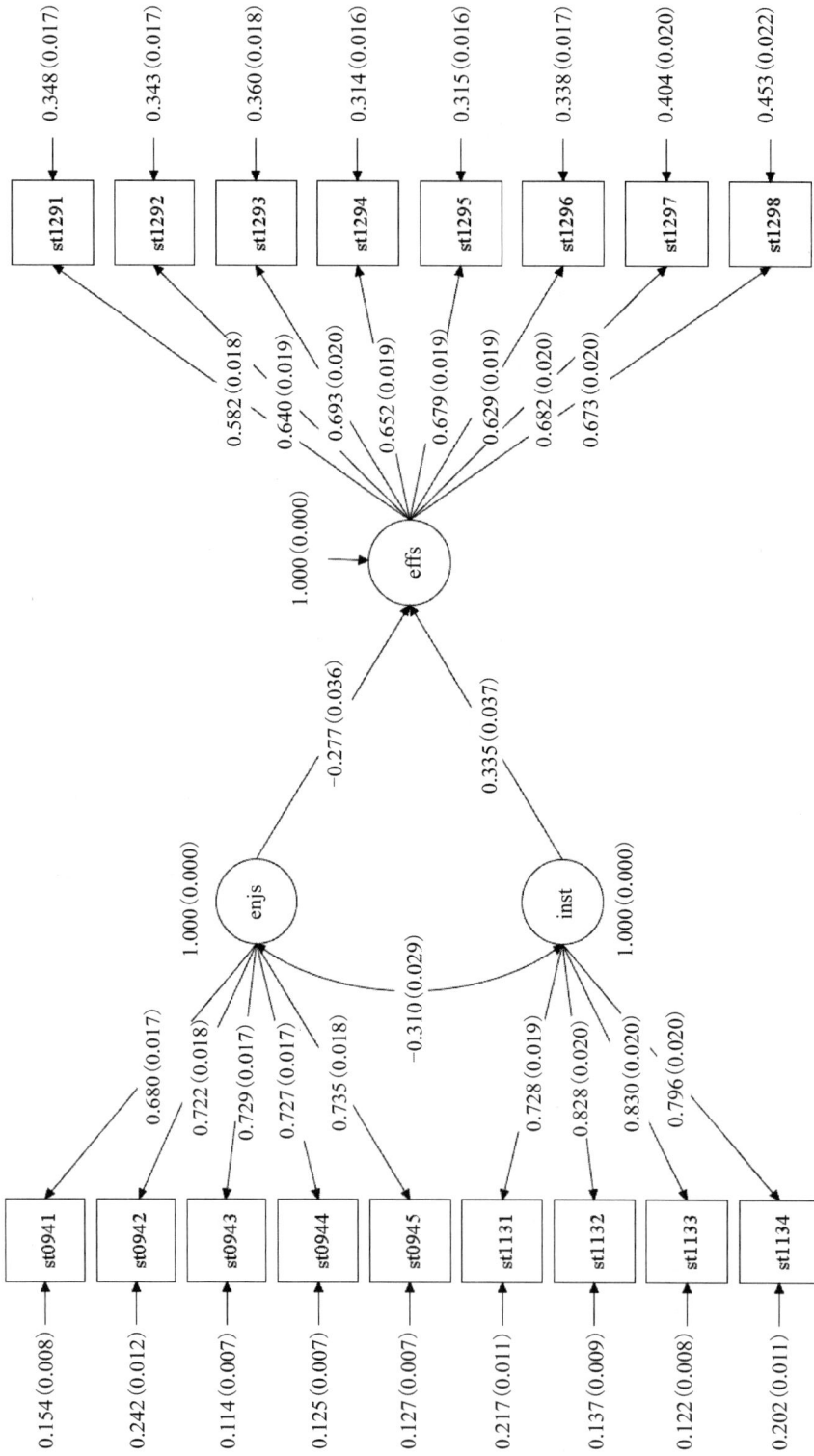

图9-18 动机对科学成绩影响模型结构图——美国组（M1：测量恒等）

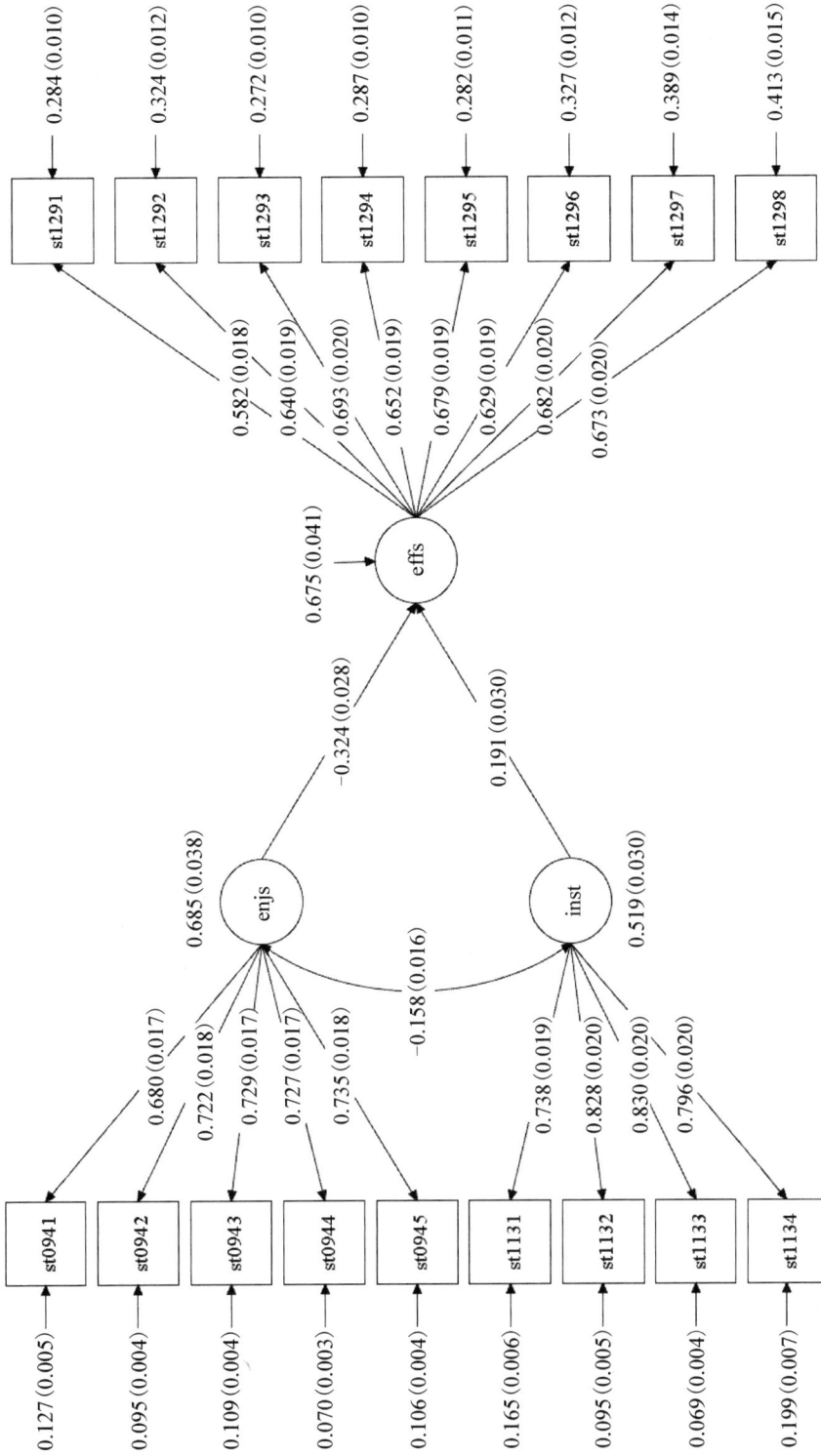

图9-19 动机对科学成绩影响模型结构图——中国组（M1：测量恒等）

第十章　结构方程模型中的中介效应与因果推断

在中介效应最传统的逐步检验法当中，由于其英文为"causal steps approach"，故容易联想到因果关系的证明。但事实上，逐步检验法的检验步骤并不能检验因果关系。本章我们将首先介绍一般的中介效应及其检验方法，再专门针对因果关系提出相关的讨论。

第一节　中介效应的基本原理

一、中介效应建模

在第五章中，我们介绍了路径分析模型，如图 10-1 所示。

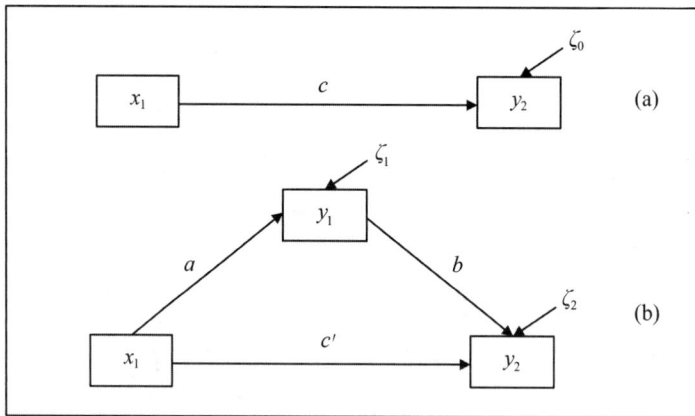

图 10-1　中介效应模型示意图

基本模型为(假设变量都中心化，不含截距项)

$$y_2 = cx_1 + \zeta_0 \tag{10.1}$$

$$y_1 = ax_1 + \zeta_1 \tag{10.2}$$

$$y_2 = c'x_1 + by_1 + \zeta_2 \tag{10.3}$$

图 10-1(a)表示的是一个简单的回归分析模型，x_1 影响 y_2。在图 10-1(b)中，加入了 y_1 这个变量。该模型可以解释成 x_1 先影响 y_1，进而 y_1 也影响 y_2。所以，另一个更常用的解释，是 x_1 通过 y_1 影响 y_2。在这个影响关系中，y_1 既是 x_1 的结

果，又是 y_2 的原因，它在 x_1 到 y_2 的这个关系中起着解释作用。这种模型也可以叫作中介效应模型(mediation effect)，而 y_1 称为中介变量(Baron & Kenny，1986)。

二、效应分解

在这个模型当中，有一些关键的系数(在这里，我们使用中介效应的系数常用表达方法，而不用 SEM 结构部分的系数表示法)。首先，一个经典的中介效应检验是建立在 x_1 对 y_2 有影响的情况下，即它们具有理论上的意义。[①] 在图 10-1 (a)的模型中(公式 10.1)，c 表示了 x_1 对 y_2 的全部影响，在这里称为"总效应(total effect)"。在加入了中介变量 y_1 之后，总效应 c 被分解成了两个部分(公式 10.2 和 10.3)。在图 10-1(b)中，x_1 对 y_2 的影响 c'，是一个直接效应(direct effect)。注意，c 也是一个直接效应，但是 c' 所表示的效应大小比 c 小，因为有一部分作用分解到了中介变量上。这里有两条路径：a 和 b，分别是 x_1 对 y_1 的直接效应和 y_1 对 y_2 的直接效应。而其乘积 ab，则表示了 x_1 通过 y_1 影响 y_2 的效应，称为间接效应(indirect effect)。不难发现，直接效应和间接效应之后应该为总效应。满足

$$c = ab + c' \tag{10.4}$$

在公式 10.4 中，如果 ab 乘积足够大，说明中介变量能够大部分解释总效应，即 c' 几乎为零(检验不显著)，则称"完全中介"。如果 ab 乘积并不能够完全解释总效应，则 c' 不为零(检验显著)，则称"部分中介"。如果 ab 乘积太小以至于几乎为零(检验不显著)，则不存在中介效应。值得注意的是，"完全中介"这个概念在较新的研究中一般不再使用(Preacher & Hayes，2008；Zhao, Lynch & Chen，2010)，原因之一是在实际中，研究者并不能毫无疑问地说，某一中介变量"完全地"解释了总效应。这当中并不能排除其他的任何可能性。

第二节　中介效应的检验方法

一、传统中介效应模型及其检验方法

(一)传统中介效应模型

在传统的中介效应分析中，我们要求总效应 c 需要有意义，因为中介效应的初衷，是为了找出 x_1 影响 y_2 的机制，即中介变量。若它们之间本身没有关系，则无须再做中介效应检验。在进行传统中介效应检验的时候，一般采用逐步检验法的思路。第一步，检验总效应 c 是否显著(图 10-1(a))，若显著说明 x_1 和 y_2 之间具有相互影响的关系，可以进行内部影响机制的讨论；第二步，进行路径分析

---

① 这种假设只适用于传统中介效应检验，不适用于广义中介效应检验。

（图 10-1(b)），对效应进行分解，检验公式 10.4 中的间接效应或直接效应。这是根据公式 10.4 的数学变形得到的两个等价定义：一是检验 ab 是否不为零（系数乘积检验法）；二是检验 $(c-c')$ 是否不为零（系数差异检验法）。系数差异检验法的第一类错误率明显高于系数乘积检验法，所以它们很早就输给了系数乘积检验法。

（二）中介效应的检验

1. Sobel 检验法

目前比较常用的是 Sobel 检验法检验 ab 乘积项是否异于零。Sobel 在 1982 年提出的计算乘积项的标准误：

$$s_{ab} = \sqrt{a^2 s_b^2 + b^2 s_a^2} \tag{10.5}$$

其中，s_{ab} 表示间接效应标准误，a 和 b 为间接效应，s_a 和 s_b 分别为其标准误。然后使用 ab/s_{ab} 进行 Z 检验。Mplus 软件可以对间接效应进行检验，操作便利。其他检验方法可以参照温忠麟等人（2012）的著作。

但这个检验统计量的推导需要假设 ab 服从正态分布，就算其中每一个系数都是正态分布，其乘积通常也不是正态的，因而公式 10.5 中标准误 s_{ab} 的计算只是近似的，可能很不准确。这样，Sobel 检验的局限性是很明显的。

试图用来替代 Sobel 法直接检验的方法至少有三类（方杰，张敏强，2012），包括乘积分布法、Bootstrap 法和马尔可夫链蒙特卡罗（Markov Chain Monte Carlo，MCMC）。乘积分布法默认 ab 分布是两个正态变量的乘积分布，根据乘积分布构建临界值进行检验和区间估计。Bootstrap 法是一种从样本中重复取样的方法，前提条件是样本能够代表总体。马尔可夫链蒙特卡罗法是一种贝叶斯统计方法，将马尔可夫链引入蒙特卡罗模拟中，实现抽样分布随模拟的进行而改变的动态模拟。研究发现，上述三类方法中，用偏差校正的非参数百分位 Bootstrap 法或者有先验信息的 MCMC 法计算系数乘积的置信区间比 Sobel 法得到的置信区间更精确，有更高的检验力。但是，由于 MCMC 法的先验分布通常也无法得到，所以 Bootstrap 法是公认的可以取代 Sobel 检验法而直接检验系数乘积的方法。

2. Bootstrap 检验法

Bootstrap 法是一种从样本中重复取样的方法。例如，将一个 $N=500$ 的样本当作 Bootstrap 总体，从中有放回地重复取样，可以得到一个 $N=500$ 的 Bootstrap 样本。类似地，可以得到比如 1000 个 Bootstrap 样本。对这 1000 个样本进行估计，得到的 1000 个估计值即置信区间的总体，排序之后的 2.5 和 97.5 百分位的估计值，构成了 Bootstrap 区间。检验这个区间是否包含零，从而达到检验中介效应是否显著的目的。这样的检验方法称为非参数百分位 Bootstrap 法，检验力高于 Sobel 检验。[1]

---

① 若用 Bootstrap 检验法检验出的中介效应显著，则用 Sobel 检验法不一定显著；若用 Sobel 检验法检验出的中介效应显著，则用 Bootstrap 检验法一定显著。

之所以叫"非参数"，是因为所论的 Bootstrap 法不涉及总体分布及其参数(不要求正态假设)，利用样本所推导的经验分布代替总体分布，属于非参数方法。该方法可以在 Mplus 软件中实施。

二、广义中介效应模型及其检验方法

(一)遮掩效应

上一节中介绍的中介效应是建立在自变量和因变量之间具有一定的相关关系的假设上，研究者想去探索自变量影响因变量的"机制"。故在一般中介效应中，中介变量的加入会分解掉一部分自变量对因变量的变异，即间接效应小于总效应。但是在理论上，中介效应的加入可能会增加一部分自变量的变异，造成间接效应大于直接效应的情况。实际中，研究者也认为，自变量和因变量之间的相关并不是研究中介效应的先决条件。这里需要引进"广义中介效应"。在广义中介效应的分析框架下，自变量和因变量之间无须相关，但是研究需要有一定的理论意义和背景信息。我们不用去争论中介效应要不要以系数 c 显著为前提，而是应当根据实际情况进行立论，合理地提出相应的问题，建立模型进行分析，并做出相应的解释。这类问题可以用"遮掩效应(suppression effect)"来解释。

遮掩效应一般不太好赋予实际意义。但是原则上，只要间接效应大于总效应的模型都可以用遮掩效应来立论。具体地，如果中介效应模型中 c 不显著，一种情况可能是 a 与 b 的影响相反。比如，a 为正向影响，b 为负向影响，而综合的效应正好抵消，导致总效应为零。比如，在考试当中，成就动机越高的学生，按理说考试成绩应该越高(c 为正)。但是实际中，发现越是想取得好分数的学生，成绩反而没有特别理想(c 为负或 c 为 0)。可能的解释是，成就动机高的学生，焦虑水平高(a 为正)；但是焦虑水平越高，反而会越影响考试的发挥，即成绩越低(b 为负)。所以，综合了上面两个效应之后，会发现成就动机太高的学生，考试成绩反而并不理想。进一步地，在间接效应模型中，我们可能会得到的成就动机与考试成绩之间的关系值仍然为正(理论上讲可能为正，c' 为正)。这时，ab 乘积与 c' 异号，同样也解释为遮掩效应。

另一种情况稍微复杂一点，理论上可能会出现一种"解释溢出"现象，即 c 为正、a 为正、b 为正，但是 c' 为负。这种情况下，通常需要从模型外再找一个变量来解释，这个变量与自变量和中介变量的关系应该相反。比如，本科阶段成绩越好的，读研可能性越大(c 为正)。但是，当我们加入了读研动机作为中介变量时，发现本科成绩对读研行为的预测变为负(c' 为负)，成绩越高的学生，读研动机越强(a 为正)，动机越强的学生，读研可能性越高(b 为正)。为了解释这种现象，我们找到了第三个变量：出国深造。出国深造与学习成绩为正，然而出国深造与(在国内)读研动机的关系却为负。所以，由于存在一部分学生抱有出国深造的打算，造成了该模型"解释溢出"，最后也应按照遮掩效应立论。

(二)中介效应检验的步骤

根据以上讨论，温忠麟等人(2014)提出了中介效应的检验流程(图 10-2)，步骤如下。

(1)检验方程系数 c，如果显著，按中介效应立论，否则按遮掩效应立论。但无论是否显著，都进行后续检验。

(2)依次检验系数 a 和系数 b，如果两个都显著，则间接效应显著，转到第四步；如果至少有一个不显著，则进行第三步。

(3)用 Bootstrap 法直接检验 ab 是否为 0。如果显著不为 0，则间接效应显著，进行第四步；否则间接效应不显著，则停止分析。

(4)检验方程系数 c'，如果不显著，即直接效应不显著，说明只有中介效应。如果显著，即直接效应显著，进行第五步。

(5)比较 ab 和 c' 的符号，如果同号，属于部分中介效应，报告中介效应占总效应的比例 $\dfrac{ab}{c}$。如果异号，属于遮掩效应，报告间接效应与直接效应的比例的绝对值 $\left|\dfrac{ab}{c'}\right|$。

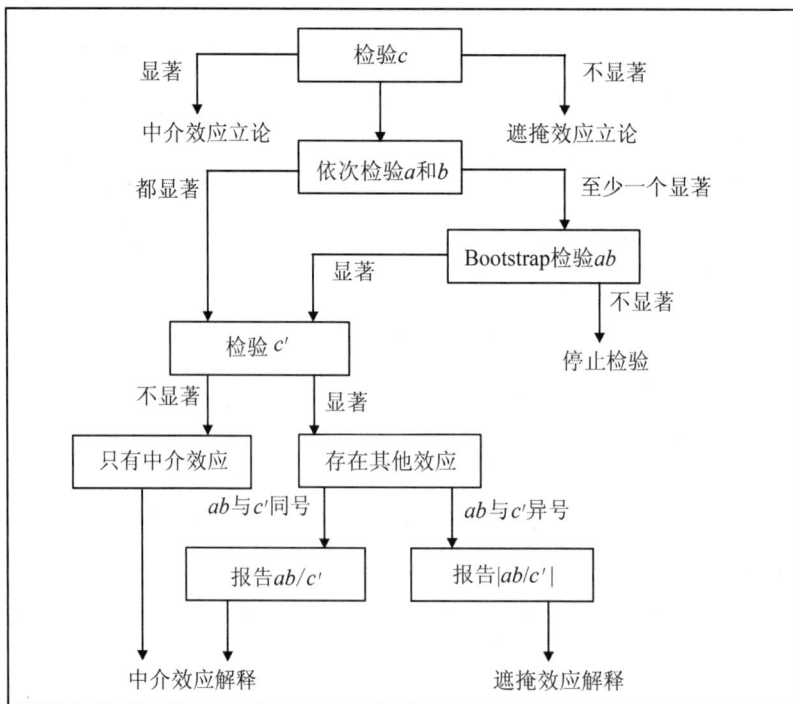

图 10-2 中介效应检验流程(温忠麟，叶宝娟，2014)

（三）潜变量中介效应

潜变量检验中介效应的方法和外显变量检验中介效应的方法相同。只是在检验中介效应之前，需要对测量模型的有效性进行考察，即测验工具是否具有信度和效度。有研究者建议，如果测验信度不够高，则使用两步分析策略：第一步，用显变量建模检验中介效应；第二步，用潜变量建模估计中介效应（Ledgerwood & Shrout，2011）。不过，如果用潜变量检验中介效应已经显著，就没有必要报告显变量分析结果了。

第三节　中介效应的因果推断

一、中介效应与因果关系

严格地讲，要证明一个中介效应，应该存在一个因果链。但是使用横断数据（cross-sectional data）时，自变量、中介变量和因变量数据都是同时收集的，这与进行因果推断时原因应先于结果发生的要求是不符的。在发展性研究中，使用追踪数据（longitudinal data）而非横断数据来检验中介效应更好。有研究者指出这类分析主要有三个问题：①中介模型中路径暗示的因果关系需要时间来展开或显露，然而横断数据的使用暗示这些效应是同时的，这样一个假设在逻辑上是不成立的。②当模型中遗漏了一个关键预测变量时，从一个因果模型中进行因果推断可能是完全错误的，然而使用横断数据进行中介效应分析时遗漏了多个关键预测变量，即先前时间点测量的变量，如果变量的先前水平没有控制好，那么可能会高估或低估中介模型中的路径。③既然因果关系是随着时间展开的，那么因果效应的大小并非对于所有可能的时间间隔都保持不变，因此使用横断数据检验中介模型，或者假设因果效应大小与测量时间间隔无关是不合理的。使用追踪数据进行中介效应检验就可以克服以上这些问题（刘文，刘红云，李宏利，2015）。

一个因果关系的检验需要满足三个要素：第一，原因和结果事件之间在时空上毗连（contiguity）；第二，时间顺序（succession）；第三，必然联系（necessary connection）。首先，时空上毗连这一点更多是一个哲学上的命题，有时候我们很难判断两个事件到底是否时空上毗连（如蝴蝶效应就不算因果），所以第一点在社会科学研究当中可以忽略。其次，时间先后所指的是需要有明确的时间顺序：原因在前、结果在后。在心理学、教育学等社会科学研究中，先因后果是证明因果关系的必要条件，一般采用追踪研究（longitudinal research，或纵向研究、纵贯研究）的研究设计来实现。追踪研究所选取的变量具有滞后性、历时性，和横断研究（cross-sectional research）选取变量的即时性相对应。有研究者指出，因为一次性取样的中介效应检验，实际上是有偏的；更为严格的"中介"机制研究，应该采用追踪研究。最后，必然联系在这里通过两方面来实现：一是因果共变（因的变化一定会引起果的变化，但并非单纯的"相关关系"，因为相关关系没有时间先后）；二是控制无关变量。在实验研究中，实验室的条件更严格，可以保证除了关心的因果变量之外所有变量都被控制，相当于"共变法"（其他条件都相同、都被控制）。实验研究中的随机化、局部控制和重复都是对共变法很好的诠释。而在问卷调查研究中，由于研究本身的条件更宽松，追求生态效度，故在做因果推断时需要格外遵从变量时间的先后顺序、相关显著以及变量控制。时间先后要求的是采用追踪研究的数据收集方式；而变量控制更多采用统计控制，如使用多元回归、协方差分析等方法，在模型中加入控制变量。更为详细的因果关系验证与理论可以参考温忠麟（2017）的研究。

设计出能够反应因果关系的数据收集方法，是提高因果关系真实性的关键环节。在变量先后顺序难以区分的时候，采用两个或两个以上时间点测量数据的交叉滞后分析（cross-lagged analysis）是合适的。下面介绍这种模型。

二、交叉滞后模型

（一）交叉滞后模型的基本模型

交叉滞后模型，称为因果模型、交叉滞后面板模型（cross-lagged panel model）、自回归交叉滞后模型（autoregressive cross-lagged model）等（Bentler，1980）。它被广泛应用于非实验设计的追踪数据分析中，旨在探讨和分析两个或多个变量之间因果关系的方向，同时也可以预估每个变量对另一个变量的因果效应强度。在进行分析的时候，模型中的每个变量都对前一个时间点测量的所有变量做回归。交叉滞后模型在发展研究中是一种非常有用的工具。

交叉滞后模型中的一个基本理论基础是自回归（autoregression）。该模型又称为单一模型（simplex model）或马尔可夫模型（Markov model）。该模型涉及对一个变量的多次重复测量，分析所测变量随时间变化的稳定性，如图 10-3 所示。

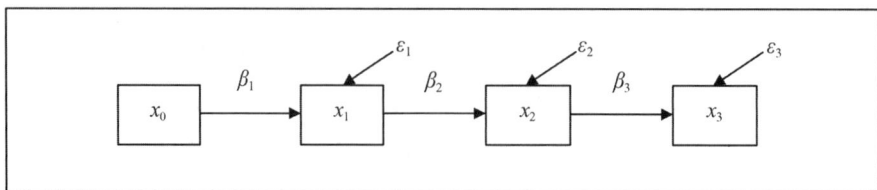

图 10-3　自回归模型示意图

图中的系数 $\beta_1 \sim \beta_3$ 为自回归系数，它描述了自回归效应的大小，表示同一变量上一次测量的分数对此次测量分数预测效应的大小。换言之，自回归系数表示随着时间的推移，个体在相同变量上排序位置的稳定性。自回归系数越大，改变程度越小。

自回归模型只包含对一个变量的重复测量，但是可以把它拓展到包含多个变量的重复测量的情况。如果将其拓展到含有两个变量的情况，得到的模型就是交叉滞后模型。相对于自回归模型，交叉滞后模型的优点是可以探讨两个变量之间的关系，并对变量之间的因果关系做出推断，如图 10-4 所示。

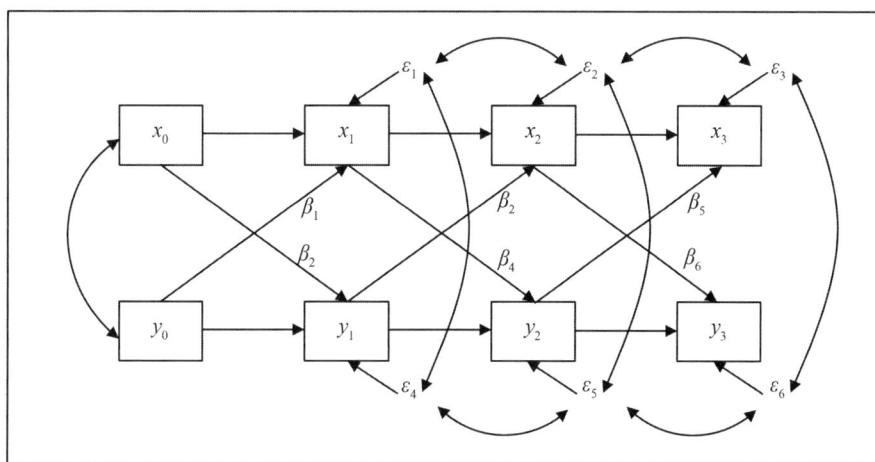

图 10-4　交叉滞后模型示意图

研究者对模型中最感兴趣的模型参数为自回归系数和交叉滞后回归系数。自回归系数的意义与自回归模型中的自回归系数的意义相同，描述了一个变量从一次测量到下一次测量之间的稳定性。交叉滞后回归系数代表交叉滞后效应，表示在排除模型中其他变量的影响之后，一个变量的某次测量分数对另一变量下一次测量分数的预测效应。例如，β_2 描述了在控制变量 y_1 的先前水平 y_0 之后，x_0 对 y_1 的预测效应大小。模型中的自回归效应可以减少交叉滞后效应的估计偏差。由于原因总是先于结果发生，因此，交叉滞后效应还提供了两变量之间因果关系的信息。如果交叉滞后回归系数在 x 到 y 的方向上效应显著，在 y 到 x 的方向上效应不显著，则说明 x 可以预测或影响 y，x 可能是 y 的原因；反之亦然。如果交叉滞后回归系数在两个方向上的效应均显著，则说明两变量之间是相互作用的（reciprocal effects），即随着时间的变化，每个变量都对会另一个变量施加一种因果影响（可参考非递归模型，参见本书第五章）。同样，如果交叉滞后系数在两个方向上效应均不显著，则可以推断两变量之间不存在因果关联性。

需特别强调的是，各内生潜变量的残差设定残差方差之间相关，可以是同一次测量内两个变量的残差方差相关，也可以是同一变量不同次测量之间的残差方差相关。设定残差方差之间相关，更加符合实际情况。例如，可能存在一个稳定的但未包含在模型中的原因在每次测量时都影响某一变量，从而使得这一变量在不同时间点的测量分数的残差方差之间存在正相关。估计残差方差之间的相关可以减小交叉滞后参数和稳定性参数的估计偏差。由于对同一变量进行了多次测量，因此可以假设在不同时间点测量的同一变量的残差方差相等，如 $\varepsilon_1 = \varepsilon_2 = \varepsilon_3$，$\varepsilon_4 = \varepsilon_5 = \varepsilon_6$。

此外，有时候变量 x 和变量 y 之间的交叉效应可能是同时的而非滞后的，这种效应称为同时效应。同时效应可以是相互的，也可以是单向的。当测量的时间间隔较长且所假设的因果关系持续时间较短时，含有同时效应的模型是比较适合的。但是，这种模型可能导致模型收敛、识别和参数估计出现问题。

（二）基于交叉滞后模型的中介效应

鉴于横断数据的中介模型不能真正推理出因果关系的问题，此时使用追踪数据进行中介效应检验就显得尤为重要。在进行检验时需将传统的中介模型和交叉滞后模型结合起来，使用含有中介效应的交叉滞后模型检验追踪的中介效应。考虑到原因产生效应的时间，使用交叉滞后模型支持更强的关于因果关系方向的推论，并且减少了使用横断数据时可能产生的参数估计偏差。

一个含有中介效应的交叉滞后模型如图 10-5 所示。

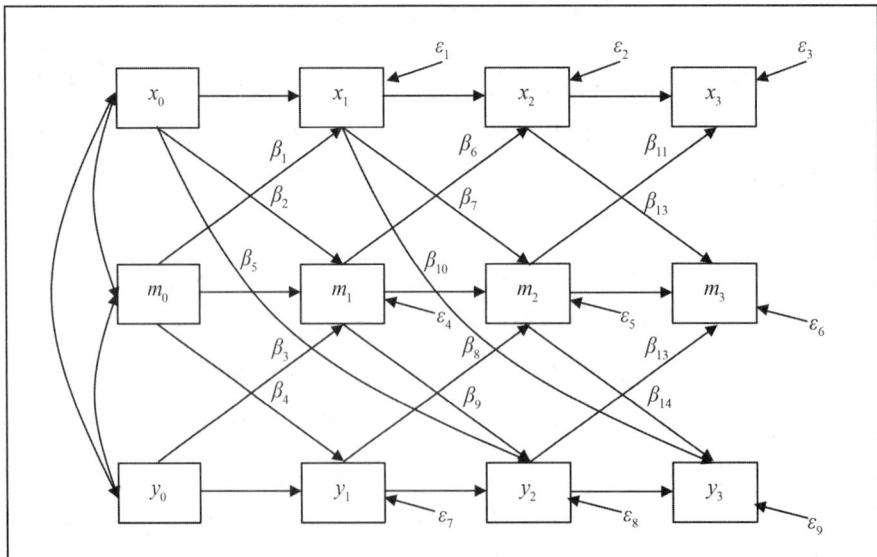

图 10-5 基于交叉滞后模型的中介效应示意图

图 10-5 呈现了一个包含三个变量、四次重复测量的含中介效应的交叉滞后模型（为了简洁，未显示测量误差相关部分）。在图 10-5 所示的模型中，x 通过影响变量 m 进而影响 y。无论是 $x_0 \rightarrow m_1 \rightarrow y_2$ 还是 $x_1 \rightarrow m_2 \rightarrow y_3$，都是使用上一时间点

测量的预测变量来预测本次测量的结果变量。因此，符合因果推断中原因先于结果的先决条件。中介效应开始于 x，通过 m，结束于 y。同时，除了时间点 t 时的 y_t 被时间点 $(t-2)$ 的 x 预测之外，其他的 y_t 都仅被先于其本身一个测量时间点的变量 y_{t-1} 预测，这也是假设中的一种情况。具体情境下，可以根据实际情况进行设定，并适当地增删路径。另外，也可以设定同一测量时间点内的内生潜变量残差之间存在相关。总之，在选择估计路径时，既要保证模型尽量精简，同时也不能遗漏重要的路径。

由此可知，如果使用追踪数据探讨中介效应，必须至少对变量进行三次测量（追踪两次）。且与传统的仅包含三个变量的中介模型不同，上述模型中还包含了多个间接效应，如 $x_0 \to m_1 \to y_2 \to y_3$。将一个变量到另一个变量所有可能的间接效应加起来即得到总间接效应。模型中任何一个具体的间接效应都仅仅展示了多个可能影响路径中的其中一种，所有总间接效应更能描述一个变量对另一个变量的间接影响。

基于交叉滞后模型的中介效应检验与本章前面几节中所提到的中介效应程序相类似，只不过在交叉滞后模型中，模型的设定会更灵活多变，可检验多个间接效应。有兴趣的读者可以参见刘文等人（2015）的著作。

第四节　Mplus 实例分析

本节采用第六章 SEM 全模型的例子，主要介绍中介效应的检验方法。为了方便读者理解，本节例子中采用横断数据（PISA 2015）做演示。注意该中介效应（横断数据）的检验，基于已有的理论假设，而非数据上的证据。

一、研究问题确定

在 PISA 2015 的测验中，对自我效能感在动机影响学业表现的中介效应进行检验。科学成绩采用一个测量题目的科学成就。本例中的基本结果不再赘述，参见本书第六章的例子。

二、数据处理与结果分析

语句中加入"MODEL INDIRECT"一句，进行间接效应的估计。在分析方法中，"ANALYSIS"这句话定义估计效应采用 Bootstrap 方法。在 OUTPUT 中输出 Bootstrap 置信区间，如图 10-6 至图 10-9 所示。

```
TITLE: THIS IS AN EXAMPLE OF MEDIATION ANALYSIS
DATA: FILE IS PISA2015_CHI_SE.DAT;
VARIABLE:
NAMES ARE CNT GRD GEN ST1181-ST1185 ST1001-ST1005
        ST1031-ST1034 ST1041-ST1045 ST1071-ST1073
        ST0941-ST0945 ST1131-ST1134 ST1291-ST1298
        AGE DISCLS TSPCLS INQINS DIRINS
        ENJSCI ITRSCI EFFSCI ANX MOT SES
        ACHSCI ACHEXP ACHEVA ACHINT ACHCOT ACHPRO
        ACHPHY ACHLIV ACHEAR;
USEV ARE ST0941-ST1298 ACHPHY ACHLIV ACHEAR SES;
MISSING ARE GEN-ST1298 (5-9) AGE-SES (95-99);
DEFINE: ST1131 = 5 - ST1131;ST1132 = 5 - ST1132;
        ST1133 = 5 - ST1133;ST1134 = 5 - ST1134;
        ST1291 = 5 - ST1291;ST1292 = 5 - ST1292;
        ST1293 = 5 - ST1293;ST1294 = 5 - ST1294;
        ST1295 = 5 - ST1295;ST1296 = 5 - ST1296;
        ST1297 = 5 - ST1297;ST1298 = 5 - ST1298;
ANALYSIS: BOOTSTRAP = 1000;                        使用 Bootstrap 估计方法
MODEL:
ENJS BY ST0941-ST0945;
INST BY ST1131-ST1134;
EFFS BY ST1291-ST1298;
ACHS BY ACHPHY ACHLIV ACHEAR;
ACHS ON ENJS INST EFFS SES;
EFFS ON ENJS INST;
MODEL INDIRECT:                                    计算间接效应并输出
ACHS IND EFFS ENJS;                                Bootstrap 置信区间
ACHS IND EFFS INST;
OUTPUT: CINTERVAL(BCBOOTSTRAP);STDYX;
```

图 10-6　中介效应输入语句

```
MODEL FIT INFORMATION
Number of Free Parameters                 67
Loglikelihood
        H0 Value                    -58550.363
        H1 Value                    -58066.619
Information Criteria
        Akaike (AIC)                117234.725
        Bayesian (BIC)              117609.818
        Sample-Size Adjusted BIC    117396.956
            (n* = (n + 2) / 24)
Chi-Square Test of Model Fit
        Value                          967.488
        Degrees of Freedom                 183
        P-Value                         0.0000
RMSEA (Root Mean Square Error Of Approximation)
        Estimate                         0.046
        90 Percent C.I.                  0.044    0.049
        Probability RMSEA <=0.05         0.981
CFI/TLI
        CFI                              0.975
        TLI                              0.971
Chi-Square Test of Model Fit for the Baseline Model
        Value                        30997.636
        Degrees of Freedom                 210
        P-Value                         0.0000
SRMR (Standardized Root Mean Square Residual)
        Value                            0.052
```

图 10-7　中介效应模型输出结果(模型拟合)

```
MODEL RESULTS
                                                    Two-Tailed
                        Estimate    S.E.    Est./S.E.  P-Value
ENJS      BY
    ST0941              1.000      0.000    999.000    999.000
    ST0942              1.117      0.022     51.362      0.000
    ST0943              1.130      0.027     42.399      0.000
    ST0944              1.109      0.026     42.069      0.000
    ST0945              1.114      0.028     40.315      0.000
INST      BY
    ST1131              1.000      0.000    999.000    999.000
    ST1132              1.169      0.032     36.822      0.000
    ST1133              1.177      0.033     35.463      0.000
    ST1134              1.087      0.033     32.927      0.000
EFFS      BY
    ST1291              1.000      0.000    999.000    999.000
    ST1292              1.190      0.040     29.978      0.000
    ST1293              1.291      0.044     29.385      0.000
    ST1294              1.159      0.044     26.095      0.000
    ST1295              1.294      0.048     27.030      0.000
    ST1296              1.124      0.042     26.600      0.000
    ST1297              1.248      0.047     26.468      0.000
    ST1298              1.230      0.050     24.571      0.000
ACHS      BY
    ACHPHY              1.000      0.000    999.000    999.000
    ACHLIV              0.921      0.009     99.244      0.000
    ACHEAR              0.996      0.011     92.945      0.000
ACHS      ON
    ENJS               20.392      4.706      4.333      0.000
    INST               -8.871      4.918     -1.804      0.071
    EFFS               15.682      5.523      2.839      0.005
EFFS      ON
    ENJS                0.267      0.029      9.131      0.000
    INST                0.145      0.029      4.983      0.000
ACHS      ON
    SES                35.723      1.940     18.414      0.000
INST      WITH
    ENJS                0.074      0.009      7.986      0.000
    EFFS                0.202      0.013     15.372      0.000
    ACHS             8281.975    290.930     28.467      0.000
```

图 10-8　中介效应模型输出结果（非标准化参数）

```
Intercepts
    ST0941              2.922      0.015    197.937      0.000
    ST0942              2.911      0.015    190.160      0.000
    ST0943              2.814      0.016    176.125      0.000
    ST0944              2.932      0.015    192.937      0.000
    ST0945              2.896      0.016    184.199      0.000
    ST1131              3.165      0.015    206.930      0.000
    ST1132              3.093      0.015    201.216      0.000
    ST1133              3.102      0.015    204.395      0.000
    ST1134              3.011      0.016    184.787      0.000
    ST1291              2.861      0.017    171.594      0.000
    ST1292              2.860      0.019    153.161      0.000
    ST1293              2.609      0.018    142.066      0.000
    ST1294              2.873      0.017    171.339      0.000
    ST1295              2.711      0.019    145.880      0.000
    ST1296              2.934      0.017    167.911      0.000
    ST1297              2.481      0.020    124.750      0.000
    ST1298              2.765      0.020    138.671      0.000
    ACHPHY            563.756      2.809    200.708      0.000
    ACHLIV            554.520      2.591    214.002      0.000
    ACHEAR            559.826      2.814    198.941      0.000
Variances
    ENJS                0.294      0.018     16.011      0.000
    INST                0.263      0.017     15.790      0.000
Residual Variances
    ST0941              0.128      0.010     12.772      0.000
    ST0942              0.093      0.008     11.832      0.000
    ST0943              0.107      0.008     12.943      0.000
    ST0944              0.068      0.006     11.157      0.000
    ST0945              0.106      0.010     10.559      0.000
    ST1131              0.166      0.013     13.049      0.000
    ST1132              0.094      0.008     11.617      0.000
    ST1133              0.068      0.007      9.540      0.000
    ST1134              0.200      0.013     14.839      0.000
    ST1291              0.288      0.013     22.223      0.000
    ST1292              0.323      0.015     21.833      0.000
    ST1293              0.272      0.013     21.595      0.000
    ST1294              0.289      0.014     21.054      0.000
    ST1295              0.279      0.014     19.855      0.000
    ST1296              0.329      0.014     22.767      0.000
    ST1297              0.390      0.016     24.901      0.000
    ST1298              0.414      0.017     24.074      0.000
    ACHPHY            902.898     47.033     19.197      0.000
    ACHLIV            763.183     41.667     18.316      0.000
    ACHEAR           1054.996     50.461     20.907      0.000
```

图 10-9　中介效应模型输出结果（截距和残差）

这一部分和第六章中的结果相同。接下来显示了非标准化和标准化间接效应的估计值、标准误和显著性检验。可以根据该结果计算中介效应量，如图 10-10 所示。

```
TOTAL, TOTAL INDIRECT, SPECIFIC INDIRECT, AND DIRECT EFFECTS
                                             Two-Tailed
                   Estimate    S.E.   Est./S.E.   P-Value
Effects from ENJS to ACHS
   Sum of indirect   4.187    1.563    2.678      0.007
   Specific indirect
     ACHS
     EFFS
     ENJS            4.187    1.563    2.678      0.007
Effects from INST to ACHS
   Sum of indirect   2.279    0.948    2.403      0.016
   Specific indirect
     ACHS
     EFFS
     INST            2.279    0.948    2.403      0.016


STANDARDIZED TOTAL, TOTAL INDIRECT, SPECIFIC INDIRECT, AND DIRECT EFFECTS
STDYX Standardization
                                             Two-Tailed
                   Estimate    S.E.   Est./S.E.   P-Value
Effects from ENJS to ACHS
   Sum of indirect   0.023    0.008    2.686      0.007
   Specific indirect
     ACHS
     EFFS
     ENJS            0.023    0.008    2.686      0.007
Effects from INST to ACHS
   Sum of indirect   0.012    0.005    2.428      0.015
   Specific indirect
     ACHS
     EFFS
     INST            0.012    0.005    2.428      0.015
```

图 10-10　间接效应输出结果

随后，结果部分显示了所有参数估计的 Bootstrap 置信区间。Mplus 中显示了 1%、5% 和 10% 的双侧检验置信区间，如图 10-11 至图 10-12 所示。

CONFIDENCE INTERVALS OF MODEL RESULTS	Lower .5%	Lower 2.5%	Lower 5%	Estimate	Upper 5%	Upper 2.5%	Upper .5%
ENJS BY							
ST0941	1.000	1.000	1.000	1.000	1.000	1.000	1.000
ST0942	1.061	1.076	1.083	1.117	1.154	1.161	1.176
ST0943	1.067	1.078	1.086	1.130	1.171	1.180	1.199
ST0944	1.034	1.058	1.064	1.109	1.152	1.160	1.185
ST0945	1.041	1.060	1.068	1.114	1.159	1.170	1.187
INST BY							
ST1131	1.000	1.000	1.000	1.000	1.000	1.000	1.000
ST1132	1.098	1.109	1.119	1.169	1.224	1.235	1.264
ST1133	1.102	1.120	1.130	1.177	1.235	1.249	1.272
ST1134	0.993	1.025	1.035	1.087	1.144	1.153	1.172
EFFS BY							
ST1291	1.000	1.000	1.000	1.000	1.000	1.000	1.000
ST1292	1.091	1.115	1.129	1.190	1.255	1.273	1.301

图 10-11　参数估计的 Bootstrap 区间输出结果(测量载荷、结构路径)

ST1293	1.192	1.213	1.224	1.291	1.367	1.389	1.425
ST1294	1.054	1.077	1.091	1.159	1.235	1.250	1.301
ST1295	1.175	1.205	1.219	1.294	1.374	1.392	1.437
ST1296	1.025	1.050	1.060	1.124	1.198	1.213	1.244
ST1297	1.142	1.165	1.177	1.248	1.337	1.353	1.378
ST1298	1.113	1.144	1.158	1.230	1.318	1.342	1.371
ACHS BY							
ACHPHY	1.000	1.000	1.000	1.000	1.000	1.000	1.000
ACHLIV	0.898	0.902	0.906	0.921	0.936	0.939	0.945
ACHEAR	0.969	0.978	0.981	0.996	1.015	1.019	1.027
ACHS ON							
ENJS	8.762	11.224	13.178	20.392	28.374	29.791	33.082
INST	−21.904	−19.048	−17.498	−8.871	−1.346	−0.311	3.470
EFFS	1.135	4.364	6.385	15.682	24.182	26.299	30.304
EFFS ON							
ENJS	0.194	0.211	0.218	0.267	0.313	0.327	0.345
INST	0.075	0.095	0.101	0.145	0.197	0.205	0.221
ACHS ON							
SES	31.209	31.992	32.591	35.723	39.166	39.716	40.914
INST WITH							
ENJS	0.051	0.057	0.059	0.074	0.089	0.093	0.100

图 10-11　参数估计的 Bootstrap 区间输出结果（测量载荷、结构路径）（续）

CONFIDENCE INTERVALS OF MODEL RESULTS							
Intercepts							
ST0941	2.884	2.892	2.897	2.922	2.946	2.950	2.959
ST0942	2.871	2.883	2.886	2.911	2.936	2.941	2.952
ST0943	2.771	2.781	2.785	2.814	2.837	2.842	2.852
ST0944	2.895	2.903	2.907	2.932	2.957	2.962	2.970
ST0945	2.855	2.864	2.867	2.896	2.920	2.925	2.934
ST1131	3.128	3.137	3.141	3.165	3.192	3.196	3.204
ST1132	3.052	3.063	3.068	3.093	3.120	3.125	3.132
ST1133	3.063	3.073	3.078	3.102	3.128	3.132	3.142
ST1134	2.965	2.978	2.984	3.011	3.037	3.043	3.051
ST1291	2.819	2.831	2.836	2.861	2.890	2.897	2.907
ST1292	2.815	2.823	2.830	2.860	2.892	2.896	2.910
ST1293	2.565	2.573	2.580	2.609	2.640	2.646	2.662
ST1294	2.835	2.841	2.847	2.873	2.903	2.910	2.920
ST1295	2.655	2.675	2.682	2.711	2.741	2.746	2.759
ST1296	2.893	2.899	2.904	2.934	2.963	2.967	2.983
ST1297	2.430	2.444	2.450	2.481	2.514	2.518	2.532
ST1298	2.716	2.724	2.731	2.765	2.798	2.805	2.814
ACHPHY	556.884	558.679	559.540	563.756	568.746	569.766	572.234
ACHLIV	548.299	549.733	550.465	554.520	558.951	559.857	561.585
ACHEAR	553.260	554.998	555.795	559.826	565.103	566.151	567.814
Variances							
ENJS	0.252	0.261	0.267	0.294	0.329	0.334	0.342
INST	0.223	0.232	0.236	0.263	0.291	0.297	0.307
Residual Variances							
ST0941	0.104	0.109	0.112	0.128	0.146	0.150	0.155
ST0942	0.074	0.079	0.081	0.093	0.107	0.110	0.115
ST0943	0.089	0.092	0.095	0.107	0.122	0.125	0.132
ST0944	0.054	0.058	0.060	0.068	0.081	0.083	0.090
ST0945	0.083	0.089	0.091	0.106	0.123	0.127	0.133
ST1131	0.134	0.143	0.147	0.166	0.189	0.195	0.206
ST1132	0.074	0.080	0.081	0.094	0.109	0.111	0.115
ST1133	0.052	0.055	0.057	0.068	0.080	0.083	0.087
ST1134	0.168	0.175	0.179	0.200	0.223	0.228	0.238
ST1291	0.259	0.265	0.269	0.288	0.312	0.318	0.330
ST1292	0.287	0.295	0.298	0.323	0.348	0.352	0.361
ST1293	0.240	0.248	0.252	0.272	0.294	0.297	0.303
ST1294	0.257	0.264	0.267	0.289	0.313	0.317	0.332
ST1295	0.247	0.253	0.256	0.279	0.303	0.306	0.315
ST1296	0.295	0.303	0.307	0.329	0.355	0.359	0.369
ST1297	0.350	0.362	0.366	0.390	0.418	0.424	0.432
ST1298	0.370	0.381	0.388	0.414	0.445	0.449	0.462
ACHPHY	789.930	821.304	832.059	902.898	986.835	1002.264	1047.745
ACHLIV	667.457	690.948	704.751	763.183	841.498	850.123	871.781
ACHEAR	930.823	961.841	977.903	1054.996	1141.318	1160.292	1190.164
EFFS	0.167	0.175	0.180	0.202	0.223	0.227	0.235
ACHS	7506.138	7744.785	7822.419	8281.975	8768.692	8874.736	9081.811

图 10-12　参数估计的 Bootstrap 区间输出结果（截距、误差方差与残差方差）

最后是间接效应的 Bootstrap 置信区间，如图 10-13 所示。

```
CONFIDENCE INTERVALS OF STANDARDIZED TOTAL, TOTAL INDIRECT, SPECIFIC INDIRECT,
AND DIRECT EFFECTS
                Lower .5%  Lower 2.5%  Lower 5%   Estimate   Upper 5%  Upper 2.5%  Upper .5%

Effects from ENJS to ACHS
  Sum of indirect    0.395     1.353     1.771      4.187     6.932     7.583     8.443
  Specific indirect
    ACHS
    EFFS
    ENJS             0.395     1.353     1.771      4.187     6.932     7.583     8.443
Effects from INST to ACHS
  Sum of indirect    0.368     0.726     0.980      2.279     4.121     4.540     5.385
  Specific indirect
    ACHS
    EFFS
    INST             0.368     0.726     0.980      2.279     4.121     4.540     5.385

STDYX Standardization
                Lower .5%  Lower 2.5%  Lower 5%   Estimate   Upper 5%  Upper 2.5%  Upper .5%
Effects from ENJS to ACHS
  Sum of indirect    0.001     0.006     0.009      0.023     0.037     0.039     0.044
  Specific indirect
    ACHS
    EFFS
    ENJS             0.001     0.006     0.009      0.023     0.037     0.039     0.044
Effects from INST to ACHS
  Sum of indirect   -0.001     0.002     0.004      0.012     0.020     0.021     0.024
  Specific indirect
    ACHS
    EFFS
    INST            -0.001     0.002     0.004      0.012     0.020     0.021     0.024
```

图 10-13　简介效应的 Bootstrap 区间输出结果

三、文献中的报告

自我效能感在动机影响科学成就中有中介效应。其中，自我效能感中介科学兴趣与科学成就的间接效应为 0.029，95% 的 Bootstrap 置信区间为 [0.021, 0.036]，占总效应的 17.29%。自我效能感在工具性动机与科学成就之间呈现遮掩效应，间接效应为 0.012，95% 的 Bootstrap 置信区间为 [0.004, 0.020]，间接效应与直接效应比值的绝对值为 0.27。[①] 模型结构图如图 10-14 所示。

---

① 本例中自我效能感在工具性动机与科学成就之间的遮掩效应在 99% 的置信区间上不显著，中介效应量很小。本例为了演示结果报告仍然按照显著的结果立论。

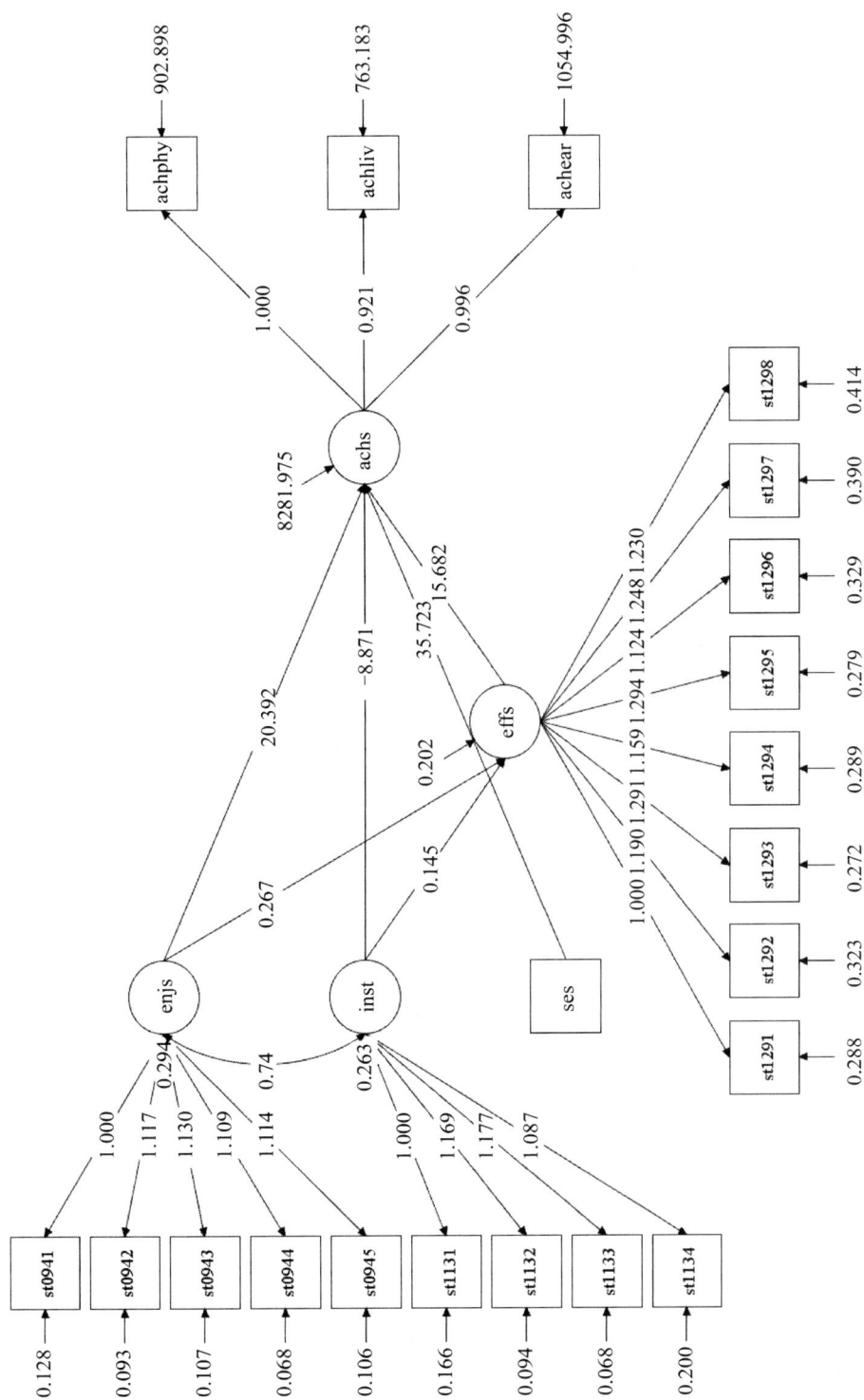

图10-14　中介效应结构图

参考文献

Akaike H. (1973). Maximum likelihood identification of Gaussian autoregressive moving average models. Biometrika,60(2).

Algina J,Moulder B C. (2001). A note on estimating the Jöreskog-Yang model for latent variable interaction using LISREL 8. 3. Structural Equation Modeling: A Multidisciplinary Journal,8(1).

Baron R M,Kenny D A. (1986). The moderator-mediator variable distinction in social psychological research: Conceptual, strategic, and statistical considerations. Journal of Personality and Social Psychology,51(6).

Bentler P M. (1990). Comparative fit indexes in structural models. Psychological Bulletin,107(2).

Bentler P M,Bonett D G. (1980). Significance tests and goodness of fit in the analysis of covariance structures. Psychological Bulletin,88(3).

Bollen G J, Volker D, Wijnen A P. (1989). Inactivation of soil-borne plant pathogens during small-scale composting of crop residues. Netherlands Journal of Plant Pathology,95(1).

Breckler S J(1990). Applications of covariance structure modeling in psychology: Cause for concern? Psychological Bulletin,107(2).

Browne M W. (1984). Asymptotically distribution-free methods for the analysis of covariance structures. British Journal of Mathematical and Statistical Psychology,37(1).

Browne M W,Cudeck R. (1993). Alternative ways of assessing model fit. In Bollen K A & Long J S(Eds.),Testing structural equation models (Vol. 154,pp. 136-136). Newbury Park,CA:Sage.

Browne M W,Cudeck R. (1993). Testing structural equation models (Vol. 154). Newbury Park,CA:Sage.

Byrne B M. (1994). Structural equation modeling with EQS and EQS/Windows: Basic concepts,applications,and programming. Thousand Oaks,CA:Sage.

Byrne B M. (1998). Structural equation modeling with Lisrel, Prelis, and Simplis: Basic concepts, applications, and programming. Structural Equation Modeling: A Multidisciplinary Journal, 7(4).

Campbell D T, Fiske D W. (1959). Convergent and discriminant validation by the multitrait-multimethod matrix. Psychological Bulletin, 56(2), 81.

Cronbach L J. (1951). Coefficient alpha and the internal structure of tests. Psychometrika, 16(3).

Eccles J S, Wigfield A. (2002). Motivational belief, values, and goals. Annual Review of Psychology, 53(1).

Friedrich R J. (1982). In defense of multiplicative terms in multiple regression equations. American Journal of Political Science, 26(4).

Gollob H F, Reichardt C S. (1987). Taking account of time lags in causal models. Child Development, 58(1).

Hau K T, Marsh H W. (2004). The use of item parcels in structural equation modelling: Non-normal data and small sample sizes. British Journal of Mathematical and Statistical Psychology, 57(2).

Hoelter J W. (1983). The analysis of covariance structures: Goodness-of-fit indices. Sociological Methods & Research, 11(3).

Hu L-t, Bentler P M. (1998). Fit indices in covariance structure modeling: Sensitivity to underparameterized model misspecification. Psychological Methods, 3(4).

Hu L-t, Bentler P M, Kano Y. (1992). Can test statistics in covariance structure analysis be trusted? Psychological Bulletin, 112(2).

Jaccard J, Turrisi R. (2003). Interaction effects in multiple regression (2 ed.). California, London, New Delhi: Sage Publications.

Jöreskog K G. (1969). A general approach to confirmatory maximum likelihood factor analysis. Psychometrika, 34(2).

Jöreskog K G, Sörbom D. (1993). LISREL 8: Structural equation modeling with the SIMPLIS command language. Chicago, IL: Scientific Software International.

Jöreskog K G, Yang F. (1996). Nonlinear structural equation models: The Kenny-Judd model with interaction effects. Advanced structural equation modeling: Issues and Techniques.

Kenny D A, Judd C M. (1984). Estimating the nonlinear and interactive effects of latent variables. Psychological Bulletin, 96 (1), 201-210. doi: dx. doi. org/10.

1037/0033-2909.96.1.201.

Klein A, Moosbrugger H. (2000). Maximum likelihood estimation of latent interaction effects with the LMS method. Psychometrika,65(4).

Ledgerwood A, Shrout P E. (2011). The trade-off between accuracy and precision in latent variable models of mediation processes. Journal of Personality and Social Psychology,101(6).

Lee S-Y, Song X, Tang N. (2007). Bayesian methods for analyzing structural equation models with covariates, interaction, and quadratic latent variables. Structural Equation Modeling:A Multidisciplinary Journal,14(3).

Li C-H. (2016). Confirmatory factor analysis with ordinal data:Comparing robust maximum likelihood and diagonally weighted least squares. Behavior Research Methods,48(3).

Lin G-C, Wen Z, Marsh H W, Lin H-S. (2010). Structural equation models of latent interactions: Clarification of orthogonalizing and double-mean-centering strategies. Structural Equation Modeling:A Multidisciplinary Journal,17(3).

Little T D, Bovaird J A, Widaman K F. (2006). On the merits of orthogonalizing powered and product terms:Implications for modeling interactions among latent variables. Structural Equation Modeling:A Multidisciplinary Journal,13(4).

Little T D, Cunningham W A, Shahar G, Widaman K F. (2002). To Parcel or Not to Parcel:Exploring the Question, Weighing the Merits. Structural Equation Modeling: A Multidisciplinary Journal, 9 (2), 151-173. doi: 10. 1207/ S15328007SEM0902_1.

Marsh D J, Coulon V, Lunetta K L, Rocca-Serra P, Dahia P L M, Zheng Z. (1998). Mutation spectrum and genotype-phenotype analyses in cowden disease and bannayan-zonana syndrome, two hamartoma syndromes with germline PTEN mutation. Human Molecular Genetics,7(3).

Marsh H W, Hau K-T, Balla J R, Grayson D. (1998). Is more ever too much? The number of indicators per factor in confirmatory factor analysis. Multivariate behavioral research,33(2).

Marsh H W, Hau K-T, Wen Z. (2004). In search of golden rules:Comment on hypothesis-testing approaches to setting cutoff values for fit indexes and dangers in overgeneralizing Hu and Bentler's (1999) findings. Structural Equation Modeling:A Multidisciplinary Journal,11(3).

Marsh H W, Liem G A D, Martin A J S, Morin A J S, Nagengast B. (2011).

Methodological measurement fruitfulness of exploratory structural equation modeling (ESEM): New approaches to key substantive issues in motivation and engagement. Journal of Psychoeducational Assessment, 29(4).

Marsh H W, Lüdtke O, Nagengast B, Morin A J S, Von Davier M. (2013). Why item parcels are (almost) never appropriate: Two wrongs do not make a right-Camouflaging misspecification with item parcels in CFA models. Psychological Methods, 18(3).

Marsh H W, Muthén B, Asparouhov T, Lüdtke O, Robitzsch A, Morin A J S, Trautwein U. (2009). Exploratory structural equation modeling, integrating CFA and EFA: Application to students' evaluations of university teaching. Structural Equation Modeling: A Multidisciplinary Journal, 16(3).

Marsh H W, Wen Z, Hau K-T. (2004b). Structural equation models of latent interactions: evaluation of alternative estimation strategies and indicator construction. Psychological Methods, 9(3).

Marsh H W, Wen Z, Hau K-T, Little T D, Bovaird J A, Widaman K F. (2007). Unconstrained structural equation models of latent interactions: Contrasting residual-and mean-centered approaches. Structural Equation Modeling: A Multidisciplinary Journal, 14(4).

Martin R A, Puhlik-Doris P, Larsen G, Gray J, Weir K. (2003). Individual differences in uses of humor and their relation to Psychological well-being: development of the humor styles questionnaire. Journal of Research in Personality, 37(1).

McDonald R P, Ho M-H R. (2002). Principles and practice in reporting structural equation analyses. Psychological Methods, 7(1).

McDonald R P, Marsh H W. (1990). Choosing a multivariate model: Noncentrality and goodness of fit. Psychological Bulletin, 107(2).

Muthén B O, du Toit S H C, Spisic D. (2007). Robust inference using weighted least squares and quadratic estimating equations in latent variable modeling with categorical and continuous outcomes. https://www.statmodel.com/download/Article_075.pdf.

Muthén L K, Muthén B O. (2007). Mplus user's guide. Los Angeles, CA: Muthén & Muthén.

Nylund K L, Asparouhov T, Muthén B O. (2007). Deciding on the number of classes in latent class analysis and growth mixture modeling: A monte carlo simulation study. Structural Equation Modeling: A Multidisciplinary Journal, 14 (4).

OECD. (2013). PISA 2012 assessment and analytical framework: Mathematics, reading, science, problem solving and financial literacy OECD (Ed.) doi: 10. 1787/9789264190511-en.

Preacher K J, Hayes A F. (2008). Asymptotic and resampling strategies for assessing and comparing indirect effects in multiple mediator models. Behavior Research Methods, 40(3).

Raykov T, Marcoulides G A. (2004). Using the delta method for approximate interval estimation of parameter functions in sem. Structural Equation Modeling: A Multidisciplinary Journal, 11(4).

Rigdon E E. (1996). CFI versus RMSEA: A comparison of two fit indexes for structural equation modeling. Structural Equation Modeling: A Multidisciplinary Journal, 3(4).

Ryan R M, Deci E L. (2000). Intrinsic and extrinsic motivations: classic definitions and new directions. Contemporary Educational Psychology, 25(1).

Satorra A, Bentler P M. (2010). Ensuring positiveness of the scaled difference chi-square test statistic. Psychometrika, 75(2).

Schermelleh-Engel K, Klein A, Moosbrugger H. (1998). Estimating nonlinear effects using a latent moderated structural equations approach. In Schumacker R E, Marcoulides G A (Eds.), Interaction and nonlinear effects in structural equation modeling (pp. 203-238). Mahwah, NJ, US: Lawrence Erlbaum Associates Publishers.

Steiger J H. (1990). Structural model evaluation and modification: An interval estimation approach. Multivariate behavioral research, 25(2).

Steiger J H. (1998). A note on multiple sample extensions of the RMSEA fit index.

Steiger J H, Lind J. (1980). Statistically-based tests for the number of common factors. Paper presented at the Annual Spring Meeting of the Psychometric Society, Iowa City.

Tucker L R, Lewis C. (1973). A reliability coefficient for maximum likelihood factor analysis. Psychometrika, 38(1).

Wall M M, Amemiya Y. (2001). Generalized appended product indicator procedure for nonlinear structural equation analysis. Journal of Educational and Behavioral Statistics, 26(1).

Zhao X,Lynch Jr J G,Chen Q.(2010).Reconsidering Baron and Kenny:Myths and truths about mediation analysis.Journal of Consumer Research,37(2).

Zhu H T,Lee S Y.(1999).Statistical analysis of nonlinear factor analysis models. British Journal of Mathematical and Statistical Psychology,52(2).

陈国海,Rod A. Martin.(2007).大学生幽默风格与精神健康关系的初步研究.心理科学,30(1).

戴海崎,张锋,陈雪枫.(2007).心理与教育测量(修订本).广州:暨南大学出版社.

方杰,张敏强.(2012).中介效应的点估计和区间估计:乘积分布法、非参数Bootstrap和MCMC法.心理学报,44(10).

侯杰泰,邱炳武,常建芳.(2013).心理与教育论文写作:方法、规则与实践技巧.北京:中国人民大学出版社.

侯杰泰,温忠麟,成子娟.(2004).结构方程模型及其应用.北京:教育科学出版社.

林文莺,侯杰泰.(1995).结构方程分析——模式之等同及修正.教育学报(香港),23(1).

刘红云.(2008).α系数与测验的同质性.心理科学,31(1).

刘红云,张雷.(2005).追踪数据分析方法及其应用.北京:教育科学出版社.

刘文,刘红云,李宏利.(2015).儿童青少年心理学前沿.杭州:浙江教育出版社.

刘源,骆方,刘红云.(2014).多阶段混合增长模型的影响因素:距离与形态.心理学报,46(9).

邱皓政,林碧芳.(2009).结构方程模型的原理与应用.北京:中国轻工业出版社.

温忠麟.(2017).实证研究中的因果推理与分析.心理科学,40(1).

温忠麟,侯杰泰,Marsh H W.(2008).结构方程模型中调节效应的标准化估计.心理学报,40(6).

温忠麟,刘红云,侯杰泰.(2012).调节效应和中介效应分析.北京:教育科学出版社.

温忠麟,吴艳.(2010).潜变量交互效应建模方法演变与简化.心理科学进展,18(8).

温忠麟,叶宝娟.(2014).中介效应分析:方法和模型发展.心理科学进展,22(5).

辛涛.(2010).回归分析与实验设计.北京:北京师范大学出版社.

叶宝娟,温忠麟.(2012).用Delta法估计多维测验合成信度的置信区间.心理科学,35(5).